精益思想丛书

低成本 零缺陷 持续改善

The Machine That Changed the World

The Story of Lean Production

改变世界的机器
精益生产之道

[美] 詹姆斯·P. 沃麦克
（James P. Womack）
[英] 丹尼尔·T. 琼斯
（Daniel T. Jones） 著
[美] 丹尼尔·鲁斯
（Daniel Roos）

余锋 张冬 陶建刚 译

机械工业出版社
CHINA MACHINE PRESS

图书在版编目（CIP）数据

改变世界的机器：精益生产之道 /（美）沃麦克（Womack, J. P.），（英）琼斯（Jones, D. T.），（美）鲁斯（Roos, D.）著；余锋，张冬，陶建刚译．—北京：机械工业出版社，2015.3（2025.7 重印）
（精益思想丛书）
书名原文：The Machine that Changed the World: the Story of Lean Production

ISBN 978-7-111-49467-6

I. 改… II. ①沃… ②琼… ③鲁… ④余… ⑤张… ⑥陶… III. 汽车工业 – 生产方式 – 研究 – 世界 IV. F416.471

中国版本图书馆 CIP 数据核字（2015）第 039007 号

北京市版权局著作权合同登记　图字：01-2014-7815 号。

James P. Womack, Daniel T. Jones, Daniel Roos. The Machine That Changed the World: The Story of Lean Production.

Copyright © 1990 by James P. Womack, Daniel T. Jones, Daniel Roos.

Simplified Chinese Translation Copyright © 2015 by China Machine Press.

Simplified Chinese translation rights arranged with the original publisher, Free Press, a division of Simon & Schuster Inc. through Andrew Nurnberg Associates International Ltd. This edition is authorized for sale in the Chinese mainland (excluding Hong Kong SAR, Macao SAR and Taiwan).

No part of this book may be reproduced or transmitted in any form or by any means, electronic or mechanical, including photocopying, recording or any information storage and retrieval system, without permission, in writing, from the publisher.

All rights reserved.

本书中文简体字版由 Free Press, a division of Simon & Schuster Inc. 通过 Andrew Nurnberg Associates International Ltd. 授权机械工业出版社在中国大陆地区（不包括香港、澳门特别行政区及台湾地区）独家出版发行。未经出版者书面许可，不得以任何方式抄袭、复制或节录本书中的任何部分。

改变世界的机器：精益生产之道

出版发行：	机械工业出版社（北京市西城区百万庄大街 22 号　邮政编码：100037）		
责任编辑：	冯语嫣	责任校对：	董纪丽
印　　刷：	河北宝昌佳彩印刷有限公司	版　　次：	2025 年 7 月第 1 版第 31 次印刷
开　　本：	170mm×242mm　1/16	印　　张：	17.5
书　　号：	ISBN 978-7-111-49467-6	定　　价：	69.00 元

客服电话：(010) 88361066　68326294

版权所有·侵权必究
封底无防伪标均为盗版

译 者 序
The Machine That Changed the World

《改变世界的机器》是一本历久弥新的经典之作。

它最早发表在1990年，主要讲述两种生产方式——大批量生产和精益生产的差异，当时，丰田的销售额只是通用汽车的一半，是福特汽车的2/3。2007年再版时，丰田公司的汽车销量已经超过了福特汽车公司，并紧追通用汽车。随着时间的推移，2014年年初，当我们再次翻译这本研究著作，丰田公司的销售额已经以998万辆雄踞全球销量第一。

如果说25年前，几十位学者和专家花费5年时间的潜心调查，在当时还只是一篇研究论著的话，历史演进至今，事实进一步证实了——精益管理是丰田制胜的法宝，精益同样也能引领其他的企业走向成功。

我接触精益生产是自一次管理层的精益理念培训开始的，虽然作为销售总经理，本不应该对这个生产管理方法感兴趣，但当我一天听下来，便不知不觉地被精益生产的魅力征服了。现在，我作为跨国公司的全球高级副总裁，不仅在自己服务的企业里大力推广精益生产理念，而且利用业余时间在商学院和各种管理论坛上津津乐道，播撒精益生产之种，弘扬精益生产之道。

所以，当我接到机械工业出版社的翻译邀约时，便毫不犹豫地欣然接受。通过逐字逐句的译校，让我对前辈们严谨的治学态度和科学的研究方法深深敬佩。

在中国，无论是制造业还是服务业，已有许许多多的企业开始了它们的精益生产之旅，相信这本书对于广大精益生产管理者和实践者一定会有很多启发。

精益生产不仅是一套工具，精益生产更多是一种管理理念和解决问题的方法。

精益生产是一趟没有终点的旅程，不懈坚持，靠的是企业家和实践者孜孜不倦、追求卓越的梦想和热情。

精益生产是一种文化，是长期潜移默化形成的员工做事的套路。

最后，再次感谢机械工业出版社的各位编辑，给了我和我的同事们向大师学习的机会，让我们在翻译过程中，受益匪浅。

感谢我的同事和朋友——陶建刚、张冬、章天超、费建红，他们的辛勤努力让本书的中文译作日臻完美。

在知识爆炸的今天，精益生产方面的书籍层出不穷。借此机会，我还想为读者推荐詹姆斯·沃麦克（James Womack）先生后续出版的几本力作，譬如《现场观察》，还有迈克·罗瑟（Mike Rother）的《学习观察》和《丰田套路》。这些经典著作是值得精益爱好者反复阅读并领悟其中的道理的。

当然，拥有一个精益生产的头脑，除了看书还要大量且持续不断地实践和交流，欢迎读者通过以下方式和我联系。

精益六西格玛委员会（LSSI）官方微信号：lean6sigma
余锋
williamfengyu@gmail.com

2007 年序
The Machine That Changed the World

为什么丰田会取得成功：两种业务系统的较量

1990 年，当《改变世界的机器》第 1 版出版的时候，丰田的规模只有通用的一半，福特的 2/3。然而今天，本书为新一代读者再次出版的时候，丰田已经轻易超过了福特，并赶超通用成为全球最大最持续成功的工业企业。本书将讲述其中的缘由。

然而，这不仅仅是一个巨型行业内三巨头的故事。本书的巨大贡献——第 1 版及现在再版的原因，是本书明确阐述了两大根本上不同的业务系统，两种人类如何合作创造价值的思维方式。我们的大批量生产系统由通用汽车在 20 世纪 20 年代首创，该系统使得通用成为当时世界最大的工业企业。之后将近 75 年，这个系统被世界上所有行业广泛复制和使用——包括福特和通用电气在内。另外一个业务系统——由丰田在第二次世界大战后 20 年里开创的精益生产，现已快速传播到世界各个角落。

简而言之，本书阐述了大批量生产与精益生产的较量，以及为何精益更具优势。本书不仅讲述了为什么丰田会取得成功，同时也讲述了采用完整精益生产系统的其他公司如何也能取得成功。

为了讲述完整的故事，本书在前 3 章提供了手工生产、大批量生产以及精益生产的历史以及简介，之后在接下来的 5 章里描述了精益生产系统的五大要素。这些要素包括设计产品、整合供应链、处理客户关系、生产产品从下单到交货、管理联合企业。

每一个为客户创造价值的组织，包括像医疗类的服务公司也必须处理以上五大任务。因此精益生产系统的学习之道在于相互支持的方式结合五大要素，使该系统得到广泛应用。改变世界的"机器"就是这种完整的精益业务系统。将在最后3章中描述其在世界上的最初传播。

问世20余载之后，现在称《改变世界的机器》为经典的管理书籍一点也不为过。这是按出版年份排序的第三本书，第一本是彼得·德鲁克的《公司的概念》（1946），此书首次总结了大批量生产公司模式，之后第二本书是阿尔弗雷德·斯隆的《我在通用汽车的岁月》，这位首席系统架构师更详细地解释了大批量生产方式。

鉴于第1版《改变世界的机器》已经成为古董，如果再根据在第一次出版之后所发生以及多年的学习收获而修订第1版就不太妥当。因此，除了修改几处排版和事实错误，在新序言和后记之间的内容与原稿完全一致。然而在后记中，我们增加了相当一部分作者在本书出版后关于精益生产的体会。

通过把这个故事更新，我们相信能够让今天的读者继续从本书中收获宝贵的经验。《改变世界的机器》描述了改变世界的管理思维上的转型，这与任何人的组织都息息相关，因为我们都想成为精益生产者。

丹尼尔·T.琼斯，古德里奇，赫里福德郡，英国
丹尼尔·鲁斯，剑桥，马萨诸塞州，美国
詹姆斯·P.沃麦克，剑桥，马萨诸塞州，美国

前　言
The Machine That Changed the World

1984年，在一个阳光明媚的秋日午后，我们在麻省理工学院大楼的石阶上，思索着未来。我们刚刚结束了一个国际会议，会上我们宣布将出版《汽车的未来》[1]。在这本书中，我们研究了当时世界汽车行业面临的问题。

我们对于汽车行业的研究结果持谨慎乐观态度。我们总结得出，现有的科技方法能够解决由于轿车和卡车的使用而产生的最紧迫的环境和能源问题。这些方法从长期来看仍待商榷，尤其是部分因汽车尾气排放的二氧化碳导致的"温室"效应。但我们认为汽车本身的改进可以解决问题。然而，我们更担忧的是汽车行业和世界经济。

我们总结出北美和欧洲仍然依赖于与当时亨利·福特大批量生产系统相差无几的技术，而这些技术与日本公司创新的一套新技术完全无法比拟。对于这套新技术，我们甚至不知道它的名字。随着日本公司市场份额逐步增加，它们遭遇了越来越多的政治阻力。同时，西方国家公司似乎没能从它们的日本竞争对手身上学习到什么。相反，它们把精力耗在建立贸易壁垒和其他竞争阻碍上，我们认为这只会耽误了解决真正的问题。在下一波经济危机到来之前，我们担心北美和欧洲企业面对日本企业的威胁，却故步自封。在这个过程中，它们拒绝这些新技术带来的发展和创造更有价值的工作。

我们认为防止这种情况发生的最有建设性的一步就是与全球

的汽车生产厂商合作，仔细研究日本新技术。与原本西方的大批量生产技术相比，我们称这些新技术为"精益生产"。但是如何实施呢？当我们在这个阳光明媚的下午思考这个问题的时候，一位与会的行业老总与我们进行了交流，带来了一个清晰的创意。

他问道："为什么不把关心振兴本国汽车行业的政府包括在内呢？然后投入足够的资金来好好地开展这项工作？"于是，国际汽车计划项目（IMVP）在麻省理工学院诞生了，然后，也就有了这本书。

国际汽车项目

1985年年初，麻省理工学院里一个偶尔的活动为国际汽车计划项目提供了理想的机构设置。一个集科技、政策和工业发展为一体的中心因此成立了，由丹尼尔·鲁斯担任第一任主任。这个中心的重任是：突破原有的保守研究，为工业—政府—大学的国际交流探索富有创造性的体系，理解行业变化的根本驱动力和改善应对变化的决策流程。国际汽车计划项目是新中心的一项理想项目，展示了大学在与政府和工业之间合作中担任了创造性的角色。

我们在开始规划国际汽车计划项目的过程中，发现成功主要取决于六大要素：研究透彻、专业知识、全球视野、超然独立、深入行业以及持续反馈。

首先，我们需要检查制造一辆汽车或者货车的一整套必要任务：市场评估、产品设计、详细工程、供应链的协调、各个工厂运营、成品的销售和服务。我们知道很多试图理解这个行业的努力都以失败告终，那是因为研究者只专注工厂以内，而忽略工厂以外的东西。虽然工厂在系统中毋庸置疑是一个非常重要的组成部分，但它也仅仅是全局的一小部分。

我们认识到，要完成透彻的研究工作需要许多种类的专业知识，这些知识通常在大学中是无法找到的。我们要求恪守严谨研究方法的研究者熟知系统的每个方面，同时又能适应工业的无序状态，不像学院模式那样井然有序。我们的方法是找出曾在工业领域有过经验而现在在学院工作的研究者，并且他们愿意回到设计室、供应商以及整车厂数周甚至数月来收集我们得出可靠结论所需的具体信息。

举例来说，理查德·拉明和西口敏宏，我们的供应系统专家，他们在国际汽车计划项目任职期间，分别在萨塞克斯大学和牛津大学攻读博士。然而他们对于供应的兴趣源于之前在西方和日本企业的工作经验。理查德曾是英国捷豹汽车的零部件采购员，而西口敏宏则曾在日本先锋电气任职。他们在国际汽车计划项目任职的四年期间，考察了数百家北美、西欧和日本的零部件供应商和整车厂。此外，他们还研究了较为领先的发展中国家和地区的供应系统，包括韩国、墨西哥和中国台湾地区。

同样，安德鲁·格雷夫斯，我们的技术专家，现在在萨塞克斯大学攻读博士，他之前曾在F1赛车的生产商工作过数年，并花了数月拜访了汽车行业主要的设计与工程中心。在每一次访问中，他都要考察公司引进新技术最佳方法的设想，这些设想源自赛车世界，而持续的技术领先是赛车世界通向成功的关键。

我们的一位工厂专家，约翰·克拉夫奇克，是丰田和通用合资的新联合汽车制造公司（NUMMI）雇用的第一位美国工程师。他在新联合汽车制造公司接受的培训包括很长一段时间待在日本丰田城的各个丰田工厂，在源头学习精益生产的基本概念。约翰在麻省理工学院的斯隆管理学院取得了管理学硕士学位，同时环游世界调研遍布15个国家的90家汽车整车厂，这是我们认为在所有行业中最全面的行业调查。

另外两位麻省理工学院的MBA学生，安东尼·谢里夫和延冈健太郎，根据他们各自之前在克莱斯勒和马自达作为产品计划员的工作经验，通过产品研发流程案例为我们的产品开发提供了新见解。

罗列这些人的名字展现了我们工作的一大特点——建立真正的国际研究团队，使用不同语言和文化技能来了解不同国家的生产方法，并热切期盼向不同背景的同事介绍他们的发现。这些研究者（参见附录B）并不常驻在麻省理工学院，并且他们大多不是美国本土人。更确切地说，我们组建了一支没有地理中心且没有任何一国人占多数的国际化团队。

为了不论在汽车行业内部或外部都被严肃对待，我们需要保持独立性。因此，我们决定从许多汽车公司、零部件供应商和政府那里筹集我们所需的500万美元（附录A列出了36个向国际汽车计划项目捐款的组织）。我们限定了捐款的每家企业和政府不能捐赠超过500万的5%，并将款项存入一个独立账户中。这样任何一家赞助商都无法出于私人目的，指定赞助用途，从而影响我们的工作方向。我们也小心翼翼地从北美、西欧和日本筹集等量赞助，这样我们的研究结论就不会受到任何国家或者地区的压力。

我们的研究者要获得成功，他们需要广泛深入全球汽车制造公司，从工厂车间到决策管理层。因此我们向潜在赞助商清楚地表明他们对于此项目的最有价值的贡献并非金钱，而是他们的工作人员愿意花时间耐心解答我们的问题。在每个案例中，这些公司甚至比我们所期望的还要开诚布公。我们被汽车行业的专业精神所震撼。设施最落后、实力最弱公司的管理人员也与我们诚实地讲述他们存在的问题，最佳工厂及强大公司的管理人员也与我们坦陈他们的成功秘诀。

最终，为了让我们的工作取得成功，我们决定设计出一套反馈体系。这样我们就能够把我们的发现解释给业界、政府以及工会，同时得到他们的反馈，从而取得互利。为此，我们采用了三种方式。

首先，我们召开年会，邀请各个赞助商的联络员参加。在这些会议中，我们仔细回顾了过去一年的研究，征求批评意见以及下一步研究的建议。

其次，我们在世界各地召开年度策略论坛——在加拿大的尼亚加拉湖区、意大利的科莫、墨西哥的阿卡普尔科，向来自赞助公司的高管、政府的官员以及工会和金融界有兴趣的观察员们呈现我们的发现。这些私人会议为行业的高级领导提供了共同探讨从大批量生产过渡到精益生产真正问题的契机，而无须顾虑外界眼色或者故作姿态（附录C列出了参与国际汽车计划项目战略论坛的人员）。

最后，我们为公司、政府和工会举办了数百个私密的简报会。举例来说，我们工厂的实践团队在国际汽车计划项目中参观过的 90 个总装工厂中逐个开展了座谈会。在这些座谈会上，我们重新回顾世界范围的绩效情况，评估我们正在参观的工厂绩效，并且解释工厂可能落后于世界级绩效的原因。另外，我们为公司管理委员会、工会执行委员会、政府部委以及投资界的领导做简报。在每一次简报过程中，我们都向他们解释了大批量生产和精益生产的区别，并阐述了如何由大批量生产过渡到精益生产。

关于本书

我们花了五年时间，在一个巨大行业里探索大批量生产和精益生产的差别。我们既是能接触到大量内部信息并与行业领导们有着日常联系的局内人，又是对当前现状更有开阔视野、通常更具批判性的局外人。在这个过程中，我们逐渐相信精益生产是可以被运用到全球各行各业，并且向精益生产转型将会为人类社会带来深远影响——它将真正改变世界。

因此我们决定不会就我们的研究撰写一篇学术报告，那仅仅是为了在委员会内达成一致的、枯燥的总结。在后面的书中，作为此项目的领导人，我们三位将讲述人类社会是如何制作产品，从大批量生产的盛行时期到现在的衰弱时期，以及一些国家的公司是如何在精益生产时代，开创生产的新方式。在本书最后部分，我们将展示整个世界如何进入精益生产时代的愿景。

我们的故事根据国际汽车计划项目研究人员准备的 116 篇专题报告（见附录 D），但仅仅只提供了我们研究分析的一小部分证据。如对具体话题有兴趣的读者可参考附录 D，也可以写信给国际汽车项目索要影印本（地址：Center for Technology, Policy and Industrial Development, E40-219, MIT, Cambridge, MA 02139 U.S.A ）。

读者应该认识到全球知识和观点的多样性，国际汽车计划项目的研究人员不可能对每一个观点达成一致。本书呈现了三位项目领导的个人观点，但并不能作为所有参与者同意的官方观点。因此，其他参与者并不对书中的错误或遗漏承担任何责任。

本书并非只适合行业人士，任何读者都可以阅读，包括政府官员、工会领导、企业高管以及普通读者，包括世界各国对这个社会如何生产东西感兴趣的人。在本书叙述中，我们对一些公司和国家进行了必要的、准确的比较。我们希望读者能够以正确的态度接受这些事实。我们并不希望使读者感到尴尬或表示赞扬，我们仅仅通过通俗易懂的具体案例来阐述从大批量生产到精益生产的转型。

同时，我们也希望读者明白赞助商对于我们工作的极大支持。他们派企业高管来参加我们的年度会议，其中几位还为本书初稿提出建议，在一些地方提出异议。然而，他们并没有否定我们的研究发现或者赞同我们的结论。书中的观点完全是我们自己的。我们的赞助商愿意让我们在这意义深远的转型时期，不受干扰地思考一些重要问题，对此我们表示衷心感谢。

对读者的最终挑战

在向更多读者呈现我们的工作时，我们生怕读者会因为这又是一本关于在人多地少的国家如何运用独特方式生产商品的"日本"书籍而赞扬或者批评本书。我们的意图断非如此。我们相信精益生产的基本观点是全球通用的，任何人在任何地方都能采用，而且许多非日本公司也认识到了这一点。

因此，我们在本书以后的章节中仔细介绍精益生产的逻辑和技术。我们不会细说日本社会的具体特点——高储蓄率、高文化水平、单一种族、通常个人需要服从集体需要以及愿意甚至心甘情愿加班。一些观察者认为这些是日本成功的原因，但我们认为这些是次要原因。

同样，我们也不会关注日本社会的其他特点——妇女和少数民族在经济中的地位有限、工业界与政府密不可分的关系、外资对国内市场的壁垒以及日本和其他国家的显著区别。这些是其他采用精益生产的国家既不会想要也不会需要借鉴的。这本书并不谈论日本或者其他国家的过错，而是讨论精益生产中什么是正确的。

尽管如此，日本与世界其他国家的贸易和投资紧张局面依然严峻，因此不论是日本的读者还是西方的读者都需要特别努力，并从最初的日本应用中提取出精益生产的普遍原则。

早在20世纪初，大多数欧洲人无法将大批量生产的普遍概念和优势从美国独特的起源中剥离开来。结果，这些非常有益的概念被拒绝了20多年。现今，我们的挑战在于避免再次犯之前同样的错误。

目　　录
The Machine That Changed the World

译者序
2007年序
前言
第1章　工业中的工业在转型　/ 1

精益生产方式的 起源
第2章　大批量生产的兴衰　/ 6
第3章　精益生产的兴起　/ 30

精益生产方式的 要素
第4章　运营工厂　/ 52
第5章　设计汽车　/ 78
第6章　供应链协作　/ 107
第7章　客户关系　/ 134
第8章　管理精益企业　/ 154

精益生产方式的 扩散
第9章　扩散的困惑　/ 185
第10章　完成转型　/ 212

结语　/ 230
2007年修订版后记　/ 232
注释　/ 241
附录　/ 254
鸣谢　/ 263
关于作者　/ 264
如果你今年读一本有关商业的书，这将是一本使你获益最多的书　/ 265

第 1 章
The Machine That Changed the World

工业中的工业在转型

40年前，彼得·德鲁克曾戏称汽车行业为"工业中的工业"。[1] 而今，汽车制造业仍然是世界上最庞大的制造业，每年生产近5 000万辆新车。

我们大多数人只有一辆车，但也有不少人拥有几辆。虽然我们可能没有察觉到，但这些轿车和卡车已经成为我们日常生活的重要组成部分。

然而对于我们来说，实际上汽车行业比它表面上看起来更重要。在20世纪，它就曾两次改变我们如何生产东西的最基本理念。我们如何生产东西不仅支配着我们如何工作，而且支配着我们购买什么，我们如何思考以及我们如何生活。

在第一次世界大战之后，亨利·福特和通用汽车的阿尔弗雷德·斯隆将世界生产业由几百年的手工艺生产方式（由欧洲企业主导），引导到大批量生产的时代。其最大的影响，就是美国很快统领全球经济。

第二次世界大战之后，日本丰田汽车公司的丰田英二和大野耐一倡导了精益生产的概念。日本其他公司和行业纷纷效仿丰田采用这种卓越系统，日本很快获得当今的经济领先地位。

现今，全世界的制造商都在努力实施这种精益生产方式，但他们发现这往往并不容易。最先掌握这种系统的是总部全都设立在日本的公司，当精益生产在这些公司的支持下，传播到北美和西欧的时候，贸易战争以及外商投资的阻力增长也如影随形。

现在我们总是听到说世界经济正面临着严重的产能过剩——一些汽车行业领导曾估计目前汽车的产能比当前5 000万辆全球年销售量超出800万辆。[2]实际上，这种说法是用词不当的。全世界极其缺少具有竞争力的精益生产能力，而缺乏竞争力的大批量生产能力又过于饱和。前者威胁到后者，这才是危机所在。

现在，很多西方公司对精益生产比较了解，至少他们在积极引进这种生产方式。然而，在现有的大批量生产方式上添加精益生产方式，给公司带来很大的烦恼和混乱。对于那些尚未面临生存危机的公司而言，看上去取得的进步也会是有限的。

通用汽车就是非常鲜明的例子。这个行业巨头仍然是全球最大的工业企业[⊖]，毫无疑问它是大批量生产方式运用得最好的企业。然而在当今精益生产的时代，通用汽车发现公司本身有太多的管理人员、太多的工人、太多的工厂。但通用不像福特汽车在20世纪80年代那样，还不至于面临生死攸关的危机，因此通用还未能够开始改变。[3]

本书旨在阐述如何较为容易地从大批量生产到精益生产这一必要的转型。我们将专注于全球汽车制造业，以简单具体的术语解释什么是精益生产、精益生产从何而来、它是如何真正工作以及如何传播到世界各个角落，为每个人带来共同利益。

那为什么我们需要关心全球制造商是否摒弃大批量生产而拥抱精益生产呢？因为精益生产方式将不可避免地传播到汽车行业之外，并会改变几乎所有行业的每一件事，如消费者的选择权、工作性质、公司财富，以及最终，国家的命运。

那么什么是精益生产呢？解释这种创新生产系统的最佳方式可能就是将它与人类设计的另外两种生产方式，即手工艺生产和大批量生产做对比。

⊖ 作者写本书时的情况。——译者注

手工艺生产商雇用非常熟练的工人，使用简单但非常灵活的工具，根据客户定制，每次只制作一件商品。定制家具，装饰艺术品，限量版运动跑车提供了当前的例子。我们都喜欢手工艺生产的概念，但它的问题也很明显：手工艺生产的商品（比如当时的汽车），定制价格高昂，一般人难以承受。因此，大批量生产在 20 世纪初作为另外一种选择相应而生。

大批量生产商采用熟练的专业人员来设计产品，然后用不熟练或半熟练的工人在贵重且用途单一的设备上工作。这些设备大批量地炮制出标准产品。由于这些机器的成本非常高，并且抗中断能力差，大批量生产商加入了许多缓冲元素——额外的供应、额外的员工和额外的空间来确保生产顺利进行。由于生产新的产品会需要更多投入，因此大批量生产商尽可能久地保留标准的设计。结果，消费者得到了更便宜的商品，但付出的代价是品种选择相对较少，并且大多数工作人员会觉得工作单调、士气低迷。

与之相比，精益生产者将手工艺生产和大批量生产的优点相结合的同时，避免了前者的高成本和后者的僵化。为此目的，精益生产商在公司各个层级雇用拥有多种技能的人员，使用高度灵活的自动化设备，生产大量的多样化产品。

精益生产（由国际汽车项目研究者约翰·克拉夫奇克起名），之所以叫"精益"（Lean），因为它与大批量生产相比需要的所有投入都要"精"：工厂人员只需一半，生产空间只需一半，工具设备投资只需一半，开发新产品的设计工时和设计周期都只需一半。除此之外，它要求现场只保留远远少于一半的所需库存。结果，质量不良品减少了，生产产品的品种也越来越丰富。

大批量生产与精益生产相比的最显著区别可能是它们的终极目标。大批量生产商为自己设立了有限的目标，比如"差不多好就行"，这意味着允许存在一定数量的不良品、接受一定水平的库存以及种类不多的标准化产品。如果想要做得更好，他们会争辩，说成本将会超预算或者超出现有人员的能力范围。

而另一方面，精益生产商明确他们追求完美的目标：持续降低成本、零缺陷以及越来越丰富的品种。当然，目前还没有一个精益生产商能够达成这种目标，可能未来也没有一个能达到，但这种永无止境地追求尽善尽美终会带来意外的转变。

首先，精益生产改变人们的工作，但并不总是以我们所想象的方式。包括蓝领工人在内的大多数人会发现精益生产的传播给他们的工作带来了挑战。毫无疑问他们的效率会得到提高，同时，他们也会发现工作变得比以往更有压力，因为精益生产的一个主要目标在于从组织的阶梯逐级往下推动责任。责任意味着控制工作的自由，但同时也会增加犯重大错误的担忧。

同样道理，精益生产改变了职业生涯的含义。在西方国家，我们习惯性认为职业是向更高级的技术水平的不断进步、在相对狭小的领域内的专业性以及对更多的下一级人员的责任，比如财务总监、总生产工程师，等等。

精益生产要求更多更专业的技术，并将这些技术有创新性地运用到团队环境中，而非刻板的等级制度中。矛盾之处在于，你的团队建设做得越好，你可能掌握的可带到其他公司或自己创业的具体专业知识越少。另外，许多员工发现缺乏陡峭分明的职业层次、更细分的职称和责任，既让人失望又让人不安。

如果想要员工在这种环境下得到发展，公司必须为他们提供持续多样的挑战。这样他们才会觉得自己在培养技能，而且他们所获得的各种管理经验能够得到重视。如果没有这些不断涌现的挑战，员工可能会认为在其职业生涯的早期就已经走到尽头。结果，他们会从自己的知识和责任中退缩，精益生产的主要优势也将随之消失。

当然，这样对精益生产及其影响的速描是高度简化了的。这种新思路是从哪里来的，它实际上又是如何工作的？为什么它可以产生这么深远的全球政治经济变化呢？我们在本书中提供了答案。

在"精益生产的起源"中，我们追溯了精益生产的发展演变。然后我们研究"精益生产的要素"，观察精益生产是如何在工厂运营、产品开发、供应链整合、客户关系以及整个精益企业运行的。

最终，在"精益生产的扩散"中，我们观察精益生产是如何在全球以及其他行业传播的，在这个过程中，改变了我们的生活和工作方式。而且我们将看到，精益生产并非以同样的速度扩散。我们将看到有些公司和国家实施精益遇到的阻碍，我们也将给出如何达成精益创新方式的建议。

精益生产方式的起源

任何一个新概念都不是凭空成熟的。确切来说，新概念是在一系列过时概念不再适用的情况下衍生的。精益生产确实是这种情况，它在特定的时期起源于一个国家，因为这个国家工业发展的传统概念似乎不再适用。因此，想要充分了解精益生产及其起源，追溯到更久以前的历史非常重要，事实上需要追溯到19世纪末汽车行业的起源。

在第2章，我们来看看19世纪80年代汽车行业手工艺生产的起源。以及在1915年前后手工艺生产因遇到无法逾越的问题，从而向大批量生产过渡。本书力求仔细描述自20世纪20年代产生的成熟的大批量生产系统，包括其优点和缺点，该系统的缺点最终将成为下一个工业新概念产生的源泉。

在第3章中，我们来考究20世纪50年代精益生产的起源以及它是如何扎根的。我们也会总结20世纪60年代，早在世界其他地方注意到之前，日本全面发展的精益生产系统的主要特征。

第 2 章
The Machine That Changed the World

大批量生产的兴衰

1894年，富有的英国著名议员伊夫林·亨利·埃利斯决定要买一辆车。[1]他并没有去任何一家经销店，也没有联系任何一家本土汽车生产商，因为两者都还未存在。

他反而去了著名的巴黎潘哈德勒瓦瑟机械制造公司（Panhard et Levassor，P&L）定制了一辆汽车。现在只有古董汽车收藏家和汽车历史爱好者才记得P&L公司。但无论如何，在1894年，P&L公司是世界上领先的汽车生产商。[2]

早在1887年，P&L公司中的"L"埃米尔·勒瓦瑟（Emile Levassor）就曾巧遇他的竞争对手——梅赛德斯的创始人戈特利布·戴姆勒（Gottlieb Daimler）。勒瓦瑟通过协商，取得了生产戴姆勒新的"高速"汽油发动机的许可证。

19世纪90年代初，P&L公司每年生产数百辆汽车。这些汽车根据潘哈德系统设计，也就是说发动机在车身前面，乘客坐在后面，发动机驱动车轮前进。

当伊夫林到达P&L公司时，该公司仍然是一家以金属切割为主的生产商，而非汽车生产商。他看到了传统的手工生产系统：P&L公司的劳动力主要来自熟练的手工工人，他们小批量精心制作每一辆汽车。

这些工人完全懂得机械设计原理以及他们使用的材料。此外，他们中的很多人属于个体户，并作为 P&L 公司的独立承包商。更多情况下，他们是独立机械作坊的老板，公司分包给他们某些零配件。

两位公司创始人潘哈德和勒瓦瑟，以及他们的工作合伙人负责与客户交谈，确定客户需要的具体汽车规格，订购需要的零部件并组装最终的产品。包括总体设计和工程设计在内的大部分工作都是由分散于巴黎的各个手工作坊制作。

我们对于大批量生产时代的最基本假设是随着生产量增加，每辆车成本大幅度缩减。这对于以手工为基础的 P&L 公司来说是不现实的，如果公司计划每年生产 20 万台一模一样的汽车，每辆汽车的成本也不会比生产 10 辆汽车的平均成本低。

除此之外，P&L 公司从未曾生产过两台一模一样的汽车，就算设计图是一样的，更别说 20 万辆一样的车了。这是什么原因呢？ P&L 公司的承包商没有使用标准的测量系统，当时的机床也不能切割硬化钢。

与之对比，不同的承包商使用差别细微的量具来生产零件。他们把零件进行热处理，使其表面变硬，能够承受频繁使用。然而，这些零件在热处理炉里经常变形，必须使用额外的机加工保持它们的原来形状。

当这些零件到达 P&L 公司的总装厂时，它们最多只能被称为接近所需规格。装配工的任务是先拿两个零件，将它们锉平，直到它们完全匹配为止。然后他们再锉平另一个零件，使其与之前的那两个零件匹配，之后重复操作几百个零件，直到组装完成整辆汽车。

这种按顺序的匹配产生了我们今天所说的"尺寸的累计误差"。因此，每当装配工完成了最后一部分时，下一辆需要组装汽车的尺寸就会有很大的差别，尽管两辆车的设计图纸是一样的。

P&L 公司无法大批量生产同样的汽车，他们也未曾尝试这样去做，而是专注于根据每位买家的精确需求，定制每辆汽车。他们还强调汽车的性能和手工工艺，组合零件之间的缝隙几乎看不出来。

对于客户来说，至关重要的是潘哈德迎合了他们的需求。这些富有的客户雇用司机和机修工为自己的私人职员。成本、驾驶方便以及简单的维修都不是他们的主要关心点。速度和客户定制化对他们来说才是重要的。

伊夫林·埃利斯毫无疑问是 P&L 公司的典型客户之一。他不想要任何现有汽车中的一辆，他想要符合自己精确要求和品位的汽车。他愿意接受 P&L 公司的基本汽车底盘和发动机，但他告诉公司老板，他希望车身是巴黎汽车车身制造商的特殊设计生产。

同时他向勒瓦瑟提出了一个让当今汽车生产商都会觉得不可思议的要求：他需要把变速器、刹车和发动机的所有控制杆从汽车右侧移到左侧（他的理由并不是因为英国人习惯行驶靠左，如是因为这样，而把引擎控制移到汽车左边根本就是错误的。他要求操控杆仍然置于中间。因为他认为这样的布置更舒服）。

对于 P&L 公司来说，伊夫林的要求似乎简单且合情合理。因为每次只生产一个零件，那么将控制杆从右边移到左边，反向相连就是件容易的事情。对于现在的大批量生产商来说，这种改变需要花费数年，以及数百万甚至数亿美元来设计（即使是在靠左行驶的日本，美国公司仍然不会销售靠右行驶的车辆，这是因为他们认为重新设计装置的成本太高）。

当汽车制作成功后，伊夫林在其聘用的机修工的陪伴下，将车开到巴黎街道上进行广泛的试车。不像现在的汽车，他所订购的新车实际上只是一辆模型车。伊夫林很满意汽车的表现，经过几次回 P&L 车间调试后，伊夫林出发前往英国。

1895 年伊夫林开车到达英国，书写了新的历史。伊夫林成为英国历史上第一位驾驶汽车的人。他从南安普顿开车回家乡，行程 56 英里[⊖]，除去途中停车时间，实际上只用了 5 小时 32 分钟，平均时速达到每小时 9.84 英里。这个速度实际上是公然违法的，英国规定非马车行驶速度必须在每小时 4 英里之内。但伊夫林并没有打算仅仅维持违法者的身份。

1896 年，伊夫林在国会中提出废除当时汽车车速限制的法令，并组织了从伦敦到布莱顿的"解放运动"。在此次旅途中，很多汽车都超出了新的法规每小时 12 英里的限制。在这段时期，很多英国公司开始生产汽车，以此标志着汽车时代从法国蔓延至英国，乃至全世界。

⊖ 1 英里 =1.6 千米。

尽管 P&L 公司后来并不成功，伊夫林 1894 年的汽车也很粗糙（现在在伦敦科技博物馆还可以看到这辆汽车），但伊夫林·埃利斯和 P&L 公司都值得我们纪念。他们一起终结了汽车行业手工生产时代。

总结来说，手工生产有以下特点：

- 工作人员在设计、机器操作和装配方面都非常熟练。大多数工人从实习生开始，逐步成长，能够掌握一系列手工技术。很多人都希望能够拥有自己的机械作坊，成为总装公司的承包商。
- 尽管公司都在一个城市，但十分分散。大多数零件以及汽车的设计来自小型机械作坊。系统由老板/企业家与大家直接联系协调，包括客户、员工和供应商。
- 采用普通的机床，进行金属和木头的钻孔、切割以及其他加工。
- 产量十分低：每年生产大概 1 000 辆或者以下的汽车，其中只有少数汽车是按照同样的设计图纸制造。即使是在 50 辆车中，也不可能有两辆车会一模一样、毫厘不差，因为手工技术本身就存在差异。

没有公司能够凭借这些资源和特点垄断行业，很快，大量的其他竞争对手涌现，并用与 P&L 相似的方式生产汽车。截至 1905 年，离 P&L 生产第一辆汽车，取得商业成功还不到 20 年，西欧和北美数百家公司开始采用手工技术小批量生产汽车。

汽车行业在第一次世界大战之后进入大批量生产，P&L 公司试图挽回局面，但最终还是以失败而告终。然而，几家手工生产公司幸存至今。它们仍然着重于一小块高端奢侈品市场，在需要独一无二的外形和与工厂直接交涉机会的客户中受到欢迎。

以阿斯顿马丁（Aston Martin）为例，在过去 65 年中，阿斯顿马丁在英国生产了不到 1 万辆汽车，现在它每个工作日只生产一辆汽车。它凭借小众和独特定制而存活下来，以客户所需的手工技术生产汽车，卖出高价。在其车身车间里，技术熟练的钣金工用木棒敲打铝板，来制作铝板车身。

在20世纪80年代，汽车行业的科技进步加快了，阿斯顿马丁和类似公司必须与汽车行业巨头联盟（如阿斯顿马丁与福特联盟[3]），以取得不同领域的专业管理经验（从汽车排放控制到碰撞安全）。这是因为它们独立开发这些管理经验的成本实在太高。

在20世纪90年代，这些手工生产公司又面临另外一次危机，由日本公司带领的一些公司掌握了精益生产后开始寻求从这个细分市场上分一杯羹。对于像福特和通用这样的大批量生产公司来说，这个细分市场太小众和专业化了。举例来说，本田开始引进一种铝质车身的NS-X跑车，这对于法拉利的超级高性能跑车来说，无疑是当头一棒。如果这些精益生产的公司能够削减设计和制造成本，改进手工企业的产品质量（它们可以做到），那么传统的手工生产商不是被迫采取精益生产方式，就是在一百多年后被市场淘汰。

怀旧人士将潘哈德及其竞争对手视为汽车生产的黄金时代：手工艺起着重要作用，公司全神贯注每一位客户。此外，自信的手工艺者不断改进他们的技艺，他们中很多人成了独立作坊的老板。

这的确是事实，但回顾往事，手工生产的缺点也同样显而易见。生产成本高企，且不会随着产量增加而减少，这意味着只有富人才能买得起车。此外，每辆车实际上都是模型车，一致性和可靠性都变幻莫测（顺便提一下，这也是困扰当今最杰出的手工产品——人造卫星和美国宇宙飞船的问题）。

像伊夫林·埃利斯这样的车主或者他们的司机和机修工，需要提供他们的道路测试。也就是说，系统缺乏系统测试，而仅仅使用了皮革或者核桃木测试，没能够保证持久性和稳定性，从而确保产品质量。

对于那个时代更致命的一点，是这些承担大部分生产任务的独立作坊无法发展新的科技。独立的手工艺者根本没有资源来追求基本的创新；真正的科技进步要求系统地研究，而不仅仅是敲敲打打。看到所有这些制约因素，追溯历史，就很明确了：亨利·福特的出现才使得汽车行业达到稳定状态。即随着轿车和货车的普遍设计开始成为我们如今熟悉的四个轮子的、发动机前置的、内燃机内置的车时，汽车行业开始进入成熟阶段，为新生产概念的孕育提供了沃土。

在这时候，亨利·福特发现了解决手工生产固有问题的方法。福特的新技术在大幅度削减成本的同时提高了产品质量。福特称这种创新系统为大批量生产。[4]

大批量生产

福特的 1908 年 T 型车是 1903 年 A 型车通过 5 年生产，20 次修改而来的。在 T 型车身上，福特终于达到了两个目的。用我们今天的话来说，这辆车既是应生产而生，又迎合了买车者的喜好，几乎每个人在不需要司机和机修工的情况下就能驾驶和维修。这两大成就为整个汽车行业发展奠定了具有革命性变化的基础。[5]

大批量生产的关键并不是像当时和现在的人们所想的那样，在连续流动的组装线，而是完整和持续的零件互换以及简单的相互连接操作。正是这些生产创新，让组装线的建立变得有可能。

为了实现零件互换，福特坚持在整个生产流程中，每个相同的零件使用同一的测量系统。他这样坚持使用同一测量系统是因为受到组装线成本节约的驱动。特别显著的是这个行业还没有人能找出这种因果关系，因此没有人像福特一样，近乎疯狂地追求使用同一测量系统。

福特尝到了先进机床改善带来的能够加工预硬钢的甜头。加工零件在硬化时的变形一直是之前努力尝试生产标准化零件的障碍，一旦零件变形问题得到解决，福特就能够开发创新的设计，减少所需零件的数量并使得零件更容易组装。比如，福特的四缸发动机的气缸体由一个单一复杂的铸件组成。它的竞争对手分别铸造每个缸体，然后将四个气缸拴在一起。

比起其他竞争对手，集零件互换、简单及容易组装为一体的福特占据了明显优势。其中一个优点就是不再需要技术熟练的装配工，他们原本是每个组装工厂工作人员的主要组成部分。

福特第一次尝试组装汽车是在 1903 年，其中包括建立组装台，通常有一位装配工在上面造车。1908 年，在引进 T 型车前夕，福特一个装配工的平均周期时间（完成一项工作直到开始重复这样工作前的工时），总共514分钟（8.56小时）。每个工人需要完成大部分组装工作，再开始下一步。比如说，一个工人可能需要将所有机械零件装在底盘上，包括车轮、弹簧、发动机、变速箱和发电机，这一套工作需要一整天来完成。装配工在他们的组装台上一遍遍重复这些工作。他们需要获取必要的零件，并锉平使之匹配（福特还未能够找到完美的零件互换），然后他们将零件用螺栓组装在一起。

福特采取让流程更加高效的第一步是将零件送到工作台。这样装配工就能整天待在同一个位置了。

之后在1908年左右，当福特最终达到完美的零件互换，他决定让每一位装配工完成一个单一任务，并在组装厂内的每一台车辆间来回走动。截至1913年8月，就在流动组装线引进之前，福特组装的周期时间已经从514分钟缩短到2.3分钟。

自然而然，整体的生产率得到极大提升，部分是因为对单个工作任务完全熟悉之后，工人可以更快完成工作；还有因为取消了所有零件的锉削和调整工作，工人仅仅需要装上这些已经匹配的零件就可以了。

福特的创新与之前的生产技术相比，节省了很大的成本，之前流程需要每一个工人锉削，并匹配不合适的零件。很可惜的是这种大批量生产的伟大跃进，其重大意义并没有得到足够重视，因此我们无法准确估计这种细致的劳动分工和完美的零件互换节省下来的精力和金钱。我们知道这个数目会很大，可能比福特的下一步在1913年引进的连续组装线节省的成本还要多。

福特很快意识到工人在组装台之间移动的问题：不管距离远近，走动总是花时间的，动作快的工人想要超越前面动作慢的工人，却经常被堵住。1913年春天，在底特律高地公园（Highland Park）新工厂，福特开展了又一项创举：引进流动组装线，组装线将汽车移动到工人面前。这项创新活动将周期时间从2.3分钟缩短到1.19分钟；其区别在于在流动组装线中，工人站在原地，无须走动。

如此显著的改变，人们终于开始注意了，因此我们得到了完好保留此次生产变革的不少数据。记者贺拉斯·阿诺德和费伊·福洛特于1915年在《工程杂志》上写到，对比同样多的工人使用静止和移动组装线技术，福特为世界展现了鲜明并激动人心的画面（如表2-1所示）。

表2-1 手工生产与大批量生产组装工厂比较：1913年与1914年

组装需要的时间	1913年秋晚期手工生产	1914年春大批量生产	努力减少比率（%）
发动机	594	226	62
磁发电机	20	5	75
车轴	150	26.5	83
整车主要零件	750	93	88

注："晚期手工生产"已经涵盖大批量生产的许多因素，尤其是持续的可互换零件以及劳动分工。1913年到1914年巨大的改变在于从静止组装线转变到流动组装线。

资料来源：本书作者参考1984年约翰斯·霍普金斯大学出版社出版的大卫A. 豪威尔（David. A. Hounshell）的《从美国生产方式走向大批量生产方式：1800～1932年》一书248、255和256页的数据得出。

效率的显著提升吸引了众多人的关注，并为其他组装工厂提供了新思路。竞争对手很快意识到福特完成了惊人的发现。福特的新技术实际上降低了固定资产的需求。这是因为福特实际上并没有在组装线上投资——在高地公园工厂投资还不到3 500美元[6]，此生产线大幅度加快了生产进度，缩短等待组装的零件库存，由此节省的成本远远超过琐碎的开销。

福特的流动组装线由两条金属板组成——位于每辆汽车两边车轮之下，与工厂的长度等长。在组装线末端，这些金属条随着传送带升高，翻到地面上，再回到开头。这种设备和机场走道上长长的橡胶带很相似。由于福特只需要传送带和电子发动机来移动它，所需成本非常小。

更惊人的是，福特的发明同时减少了组装一辆汽车所需的人力。此外，福特生产的汽车越多，每辆汽车的成本就越低。即便是1908年福特T型车，使用完全可互换的零件，仍然比其竞争对手要节约不少成本。20世纪20年代早期，当福特产量达到最高峰，即每年生产200万辆相同汽车时，它为客户再减少2/3的实际成本[7]。

为了吸引目标市场的普通消费者，福特设计了前所未有的操作和维修都简易的汽车。它假设买主可能是一个只有简单工具和一些农场机械维修技能的农民，因此T型车的使用说明只是用简单的64页问答形式来撰写，解释了车主如何使用简单的工具解决汽车可能存在的140个问题中的任何一个问题。

比如说，车主可以将发动机气缸内和活塞顶部可能引起震动和动力不足的积碳去除，松开紧固气缸盖的15个螺丝，卸下气缸盖，并用刮刀铲去这些积碳。同样，简单的段落和图标指导客户如何使用福特的工具，除去气门中的积碳。[8] 如果有零件需要更换，车主只需要在福特的经销商店购买，然后只要简单拧上螺丝或螺栓。在T型车上，没有复杂的装配。

福特的竞争对手对福特的流动组装线以及考虑到维修的设计能力而感到震惊。福特结合这些竞争优势，从而占据了世界汽车行业的首位，并且实际上淘汰了那些不符合生产经济的手工生产公司（我们之前指出过，少数欧洲生产极少量奢华轿车的手工生产商可以忽略大批量生产的影响）。

亨利·福特的大批量生产推动着汽车行业超过半个世纪的发展。最终，在北美和欧洲几乎每一个行业都采纳了大批量生产。然而现在，正是这些已经深深扎根于生产哲学中的技术，影响着许多西方国家的公司向精益生产转型。

那么福特在1913年首创并在众多公司使用至今的大批量生产有哪些具体特点呢？让我们来看一看。

工作人员

福特不但在可互换的零件上做得很好，而且在工人互换方面也做得很好。1915年，当高地公园的组装线全面建成，产出达到设计产能，组装工人人数超过7 000人。他们大多是刚来到底特律的，通常直接来自农场。很多人甚至才来美国不久。

1915年的一项调查显示，高地公园工人所用的语言达到50种之多，他们中很多人几乎不会讲英语。[9] 那么这一大群陌生人如何配合，才能生产更多复杂产品（T型车），产量比任何公司之前想象的都还要大，并且能够保持一致的精确度。

答案在于最大限度利用劳动分工。1908年福特手工工厂的熟练装配工要收集所有必要的零件，从工具房领取工具，如有必要还要修理工具，为整车进行复杂的修配和组装工作，并在整车送到运输部门前，检查自己的工作。

与之形成鲜明对比的是福特的大批量生产线只有一项任务：将两个螺帽

按在两个螺栓上,或者是给每辆车装上车轮。装配工并不需要预订零件,获取工具,修理自己的设备,检查质量问题或者了解自己身旁的工人在干什么。他只是埋头思考其他事情。他无法与身旁的同伴,或者是前面的领班说同一种语言,但这并不影响福特系统的成功(我们这里用"他"和"他的"是故意的,因为在第二次世界大战之前,美国和欧洲所有汽车工厂的员工全为男性)。

当然这里需要一个人思考如何集合所有零件以及每个装配工的分工。这个任务就分配给新的职位——工业工程师。相似地,有人需要安排零件到流水线的配送,通常是设计传送带或者斜槽的生产工程师。清洁人员不定期打扫工作区域,熟练的维修工循环修理工具。另外还有专员检查质量。直到组装线的终端才能发现工作出现的问题,因此还有另外一群人需要派上用场,这就是返工工人,他们都保留了装配工的许多技能。

这种程度的劳动分工之后,装配工只需要接受几分钟的培训。由于组装线进度飞快,加快了动作慢的工人步伐也放慢了动作太快的工人步伐,装配工只有严格遵守纪律。之前他们作为工厂整个区域负责人的领班,承担了很多方面的职责,现在变成了半熟练的检查员,可以快速发现懒散或者无法完成分配任务的环节。因此,线上的工人像汽车上的零件一样,可以替换。

福特认为在这种情况下,他的工人们不会主动报告操作中的信息——比如说工具不能正常工作,能够提供改进方法的人也会更少。这些责任落在领班和工程师身上了,由他们向更高的管理层报告自己的发现和建议。这样除领班和工业工程师之外,就能培养出一帮技术有限的非直接工人:维修工、质检人员、清洁工和返工人员。手工生产中几乎不存在这些职能的员工。事实上,福洛特和阿诺德在准备生产数据时(见表2-1[10]),从未想过会雇用这些人员。这些数字只包括直接站在组装线上工作的工人。然而,非直接员工在福特的作用也越来越突出了,随着自动化的引进,大批量生产对组装工人的需求逐渐降低。

福特不仅在工厂进行劳动分工,而且还在设计工作间也进行分工。工业工程师坐在设计关键生产机械的制造工程师旁边工作,设计和整改汽车的产品工程师也加入他们的团队,但这样的分工还只是开始。

一些工业工程师擅长组装,另外一些则专注于利用机器制造各种零件。

一些制造工程师擅长设计组装硬件，还有一些人为某一些零件设计专门的工装设备。有些产品工程师擅长发动机，也有些人擅长车身，甚至还有一些人负责悬挂或电气系统。

那些最初的"有文化知识的员工"，掌握了知识和信息，但很少实际接触汽车或者进入工厂的人，代替了手工生产时期技术熟练的机械作坊老板和老式工厂领班。那些自己既是工人又是管理人员的人一手包揽所有任务，如与组装厂签订合同、设计零件、开发生产设备，在很多情况下，还需要监督机器在车间的运作。相比之下，这些新的专业人员的主要任务是为已成为新兴汽车行业劳动力主力的非熟练的工人设计零件、工具、安排任务。

在这种新体系中，车间工人没有职业计划，可能最多希望当个领班，但新兴的专业工程师却能节节高升。和掌握技能的手工生产者不同，工程师的职业之路并不在于拥有自己的生意。他们也不会像福特所期望的，能够一直待在同一家公司。他们在自己的职业中一步步得到发展——从年轻的工程师培训生直到高级工程师，掌握了专业整个知识体系，管理下属工程师。

工程师职业生涯到达顶峰通常意味着在职业生涯期间，他们从一家公司跳槽到另外一家公司。随着时间的推移，工程学开始有了越来越多的附属专业，这些工程专业工作者发现与同一分支专业的工程师有越来越多的共同话题，而与其他专业的工程师并没有太多要交流的。当轿车和货车变得越来越复杂时，这种劳动细分会引起工程中巨大的功能混乱现象，我们将在第5章中详细介绍。

组织

当福特高地公园工厂建立时，它们基本上还只能算是个组装厂。福特从道奇兄弟（Dodge）那儿采购发动机和底盘，然后从其他公司采购大量零件，组装成整车。1915年，福特在工厂内实现所有功能，实现完整的纵向整合（也就是说从原材料开始自己生产所有零件）。顺应这种逻辑发展，福特在1931年在底特律建立了红河联合企业（Rouge Complex）。福特主张纵向整合的部分原因是他先于其他提供商，完善了大批量生产技术，并能通过自己的工厂完成所有工作，节约巨额成本。但还有一些其他原因：其中一个就是他的独特性使得他无法信任除自己以外的任何人。

然而对他来说，在工厂自制所有零件最重要的原因是他对所需零件的偏差和发货日期的要求，比任何人想象的都要高。他考虑到依靠在自由市场中就近采购，一定会遇到不少困难。因此他决定以公司协调这种"看得见的手"代替市场机制。

哈佛商业学院的阿尔弗雷德·钱德勒教授（Alfred Chandler）在1977年发明了"看得见的手"这种说法。在其同名的书中，他试图为现代大型企业辩护。[11] 亚当·斯密"无形的手"理论的支持者（争论道，如果每个人都只追求自己的利益，那么社会作为一个整体会在自由市场中取得最佳效果）被20世纪纵向整合的现代企业所困惑，在他们看来，纵向整合与自由市场相互冲突。钱德勒争辩说，如果现代企业能够引进必要的预见系统，那么"看得见的手"就会变得非常关键。

钱德勒使用这个术语，简单地表明获取所需原材料、服务以及之后由公司总部的高级管理人员协调内部运营。"看不见的手"则与之不同，它意味着购买独立公司的零件和服务，而这些公司与买家没有财务和其他方面的联系。交易根据价格、交货周期以及质量来定，买卖双方不存在长期或者延续的关系。我们将会看到，问题在于整个纵向整合会带来大规模的等级制度，从而引发这种制度本身的问题，且难以找到明显的解决办法。

这种生产规模和福特系统可能甚至会导致公司管理组织又一次困境，这是由于运输问题和贸易壁垒所引起的。福特想要一次性生产整车，然后售往全世界。但当时的运输系统想要经济地运输大件成品整车，又完全不损坏汽车，是不可能的。

此外，当时和现在的政府政策经常强加贸易壁垒于成品整车。因此福特决定在底特律集中设计、生产自己的零件，而汽车在相对较远的工厂组装。截至1926年，福特汽车的组装线安置在美国超过36个城市，以及海外19个国家[12]。

这个问题刚解决不久，就出现了新的问题：一种单一的标准产品并不适用于全世界的市场。比如，对于美国人来说，福特T型车就是一辆小型车，尤其是当得克萨斯州东部油田的发掘降低了汽油价格，汽车长途旅行也因此更经济实惠了。然而在英国和其他欧洲国家，由于城市拥挤、道路狭窄，T 型车就显得太大了。此外，欧洲国家本身不产油，在 20 世纪 20 年代，他们开始征收很高的燃油税，以此减少进口。欧洲人很快开始叫嚣着福特应该提供小型车。

而且福特在国外大量直接投资引起了对支配当地工业的强烈不满。比如说，福特在 1915 年就成为英国最主要的汽车生产商，他在第一次世界大战中的和平主义受到强烈谴责。福特在英国的本土管理人员最终劝服底特律总部，出售大量的非控股股票给英国人，以消除敌意。在第一次世界大战之后，福特在德国和法国同样遭遇贸易壁垒，零件和整车关税逐步提高。结果，在 20 世纪 30 年代早期，福特已经在英、法、德建立了三个完全整合的生产系统。这些公司生产迎合本国市场喜好的产品，由本国管理人员经营，并试图减少福特底特律总部的干预。

机床

我们看到零件可互换的关键在于设计新的机床，能够加工预硬化的金属，并以绝对的精度冲压钢板。但想要以低价获得可互换零件，就只有先找到既能够大批量生产并且又能将换型成本降到最低甚至为零的机床。也就是说，一台机器想要生产出一件金属零件，必须有人将金属放到机器中，然后有人来调节机器。在手工生产中，单个机器可以完成很多任务，但需要多次调整——这就是熟练的机械工的工作。

通过让机器只完成一项任务，福特大幅度降低了换型时间。然后，他的工程师们优化在这台特制机器上固定加工件的简易工装夹具。缺乏技能的工人们可以简易地把加工件放到位置上，按一下按钮或拉一下控制杆让机器完成所需的任务。这就意味着机器的装卸载可以由仅接受过 5～10 分钟培训的员工完成（事实上，装载福特公司的机器与装配线上装配零件完全一致：零件只有一个方向可以适配，工人只是快速安装）。

此外，由于福特只生产一种产品，他可能将机器按顺序排列，以便每个生产步骤能快速传递到下一个步骤。很多来高地公园参观的人都感叹，福特工厂确实就像一台巨型机器，每一个生产步骤和下一个步骤紧密相连。由于换型时间从几分钟甚至几小时缩短到几秒，福特用同等数量的机器生产出产品的产量更大了。更重要的是，工程师们发现了一种可以同时生产许多零件的方法。这种系统的唯一缺点是缺乏灵活性。改变这些专用机器来开始新的任务耗时费钱。

福特的发动机气缸体铣床就是这个新系统很好的例子。几乎在过去和现在的每一台汽车发动机中，发动机气缸的顶部与气缸盖底部配对，组成完整的发动机。为了保持气缸内的压强，气缸盖和底部之间是平齐的。因此气缸顶部和气缸盖底部需要用研磨机床来研磨。

亨利·利兰在底特律的凯迪拉克工厂（顺便说一下，此工厂汽车的所有零部件在1906年首次达到恒定互换），每个工人负责把气缸体安装在铣床上，然后根据规格仔细加工。工人每次将一件气缸盖放入同一台铣床，重复以上动作。

这样，所有的零件都可以互换，气缸体和气缸盖之间是平齐的，铣床能够加工各种不同的零件。但这种加工流程仍然存在缺点：技术熟练的机械工在机器上操作，需要花费不少时间和精力，因此成本也高。

1915年在高地公园工厂，福特引进了两种专业机床，一种专门铣气缸体，另外一种机床用来铣气缸盖，但并非一次加工一件，而是气缸体一次15件，气缸盖一次30件。更重要的是两种机器都有专门的工装夹具，这样工人就能在上批零件仍在加工的时候，在侧边一个托盘上按顺序放好气缸体和气缸盖。然后，工人将整个托盘推向铣床，流程自动运行。现在整个铣削流程所需要的技术都已经融入设备中，因此流程的成本随之骤降。

福特的机床精密度非常高，并且大多数是自动的或者半自动的，但这些机床也专门生产一种零件，有时甚至细致到荒谬的程度。举例来说，福特购买了冲压机用来加工金属片零件，模具的尺寸正好只够容纳某一零件。当产品规格发生变化，工厂需要更大的零件时，或者像1927年公司重新设计A型车时一样，福特通常像抛弃不再需要的零件和模具那样抛弃了原来的机器。

产品

福特原来的大批量生产的汽车，T型车有9种车身样式，包括两座敞篷车、四座观光车、四座轿车和两座皮卡。然而，这些车的底盘是一样的，包括许多机械零件。1923年，T型车生产达到高峰，福特生产210万辆T型车的底盘，这个数字被认为是标准化大批量生产的最高数值（即便是之后的大众甲壳虫，产量也和T型车旗鼓相当）。

福特汽车的成功首先并且最重要的归结于汽车价格低，并且持续降价。自从T型车问世后，福特就逐步降低价格。降价的一部分原因在于整体的消费者价格变动，政府试图稳定经济，消费者价格随之降低或者升高，但主要是因为产量增加而导致成本降低，而又反过来使产量增加。1927年，在这种循环的终点，福特面临着T型车的需求降低，而且售价无疑低于成本（需求降低是因为通用推出了更现代化的汽车，而且价格只比T型车高一点，同时通用问世一年的旧车型比福特新车还要便宜）。

福特汽车风靡一时还源自汽车设计和材料的耐用性，以及我们之前强调的，普通用户可以自行简单维修汽车。而如今车主最担心的问题在福特年代几乎不存在。比如车身光洁度和零件的配合，或者是汽车的外观方面，如车轮挡泥罩钣金件之间的贴合无缝隙，油漆层无滴漏痕迹，车门关闭时发出让人心满意足的厚重声响，这都不是福特客户所担心的问题，T型车除了发动机盖上，没有其他外部金属片；油漆非常粗糙，几乎不会注意滴痕；几款车型甚至没有车门。

至于日常驾驶中汽车故障或者其他问题，比如发动机失灵，或者其他捉摸不透的电气系统故障，如"检修发动机"信号不时亮起，福特客户丝毫不受这些问题困扰。如果T型车发动机失灵，用户只需要查看福特提供的问答手册就能找到原因，解决问题。例如，他们可能抽空汽油箱，再使用麂皮过滤汽油，吸收其中的水分，再倒回汽油箱。其本质是，如果零件不能完全匹配，或者安装不当，期望车主能够自行修理。由于所有的汽车频繁出现故障，维修方便就显得非常重要。

在高地公园的工厂里，福特几乎不检查成品汽车。在汽车从总装线的终端行驶下来之前，没有人启动发动机。而且，T 型车也从来没有做过行车试验。

然而，尽管以我们今天的眼光来看，当时的制造体制不大可能生产出高质量的产品，福特还是由于第一个掌握了大批量生产方式的原则，得以在后来很快成为世界上最大的行业里占控制地位。直到 50 年后，工厂按精益生产方式组织起来，才能不必在总装线的终端做大量的检查和返修工作而达到几乎完美的质量。

大批量生产的逻辑局限：红河联合企业

真正的大批量生产从高地公园工厂开始，但在哪里终结还未能知道。福特认为难题的最后一块拼图就是在从原材料到成品汽车的每一个生产步骤实施"看得见的手"。他决定于 1927 年在底特律附近建立的红河联合企业来试行这个计划。当时，福特把 A 型车的生产迁移到该地。1931 年在英国达格南和德国科隆也照着这种模式来建立规模小一些的联合企业。

在这些工厂中，福特延续自己生产单件产品的喜好——红河联合企业生产 A 型车，达格南生产 Y 型车，德国生产福特 V8。他在高地公园工厂原来进行金属冲压和切割，增加了轧钢车间和玻璃车间。这样一来，所有需要的原材料由一个大门进入工厂，而成品又从另外一个大门出去。福特成功地实现了完全不需要依靠外界帮助。

他甚至将原材料和运输加入这只"看得见的手"中——通过建立全资的巴西橡胶园，明尼苏达州铁矿，并从五大湖区运输铁矿石和煤矿到红河联合企业，还建造铁路，连接福特在底特律各个生产工厂。

最后，福特企图大批量生产任何东西——包括食物（通过拖拉机制造到大豆油提取工厂），航空运输（使用福特三角发动机来[一]降低商业航空运输的价格，以及福特的"飞行汽车"，希望成为飞行器械中的 T 型车。福特认为只要以标准的大批量生产方式生产所有东西，包括食物、拖拉机、飞机，就能大幅度地降低产品价格，并让一大群人富裕起来。所有项目资金全部由福特公司内部支持，这是因为福特厌恶银行以及外部投资者，所以他下决心全权掌控他的公司。

最终，这些在高地公园工厂以外的投资都化为幻影，原因之一在于实业家们在行业中不断追求协同合作，但很少能真正达成合作，甚至是从未达成。但也因为福特本身完全没有规划全球业务的概念，除了决策集中在中央最高位子上的人那里，也就是福特自己。即使是在福特全盛的时期，这种思想也是不可行的。在 20 世纪 30 年代，当福特精神状态越来越糟糕时，公司也陷入了困境。

斯隆作为福特的必要补充

在 20 世纪 30 年代早期，通用汽车的阿尔弗雷德·斯隆（Alfred Sloan）就已经想出了更好的办法来整顿通用创始人威廉·杜兰特（William Durant）给公司造成的混乱。杜兰特是典型的建造帝国的金融家。他在购买资产后，完全不知道如何管理。结果他疲于管理十几家汽车公司，这些公司独立经营，但产品重叠问题严重。由于除了季度盈亏报告之外，他无法了解这些公司的经营情况，他多次惊奇地发现这些公司为了市场所需生产了太多的汽车，或者没有足够的原材料来维持生产。1920 年经济大衰退，过量生产最终让他筋疲力尽，他的银行家们坚持让有管理技巧的人来掌舵。因此，杜邦集团董事长皮埃尔·杜邦（Pierre du Pont）就成为了通用汽车的新董事长，任命斯隆为通用汽车总裁。

[一] 福特三角发动机（The Ford Trimotor）最早在 1925 年由福特公司制造，是一种由三台引擎组成的运输飞机。到 1933 年 6 月 7 日，这种销往全球各地的用于民用和军用的飞机共生产了 199 架。——译者注

作为麻省理工学院的毕业生（在第二次世界大战之后，他捐助了他在通用的一部分收入在麻省理工建立了斯隆管理学院），斯隆在 20 世纪初已经掌控由比利·杜兰特（Billy Durant）购买的海厄特滚柱轴承公司（Hyatt Roller Bearing）。杜兰特卸任时，他还是副总裁；他在 1919 年写的关于如何运营多部门公司为他赢得了通用总裁的位置。

斯隆很快发现，通用如果想要取得大批量生产的成功，并超越福特成为行业老大，有两个关键问题需要解决：公司需要专业化管理这么多的企业，这是新的生产技术的需要和可能。此外，公司还需要细化福特的基本产品，以斯隆的说法来讲，就是"每一分钱都要花得有目的"。

因为福特只生产一种产品，因此他们并没有通用的产品重叠问题。然而福特存在许多公司结构问题，只是福特不愿意承认。他确实在工厂取得了大批量生产的成功，但他无法设计公司组织和管理系统，来有效管理大批量生产所需要的由工厂、工程和营销系统组成的整个系统。斯隆能够让福特开创的系统得到完善，现在的大批量生产也是根据这个完善的系统来实施的。

斯隆很快找到解决通用汽车每个问题的方案。为了解决管理问题，他将创建分权管理的事业部，根据数字由多个小集团总部管理。斯隆和其他高管监督各个独立公司的盈利中心——五大汽车事业部，以及零件制造事业部，如生产发电机的德科（Delco），生产转向器的萨吉诺（Saginaw），和生产化油器的罗切斯特（Rochester）。斯隆和他的管理团队要求事业部定期提交详细的报告，详述销售、市场份额、库存、盈亏并在分事业部需要公司总部拨款时，审核资金预算。

斯隆认为公司高管并不需要或者说不应该知道太多关于每个事业部的运营详情。如果数据显示事业部业绩糟糕，那么这就表明需要更换总经理了。持续保持业绩增长的总经理们将可能被提升到总部副总裁级别的职位。

为了满足通用汽车希望服务的广阔市场，斯隆开发了五种产品类型，按价格高低销售，从雪佛兰到凯迪拉克。斯隆解释说，这样完全能够迎合不同收入的潜在客户的需求。

在 1925 年左右，斯隆已经为公司问题制定出了解决方案。直到 20 世纪

60年代，他将近90岁时，他才在自己的回忆录中向外公布了这个方案。[13]

同时他找到了公司面临的另外两大问题的解决方法——他通过和杜邦以及摩根银行的联系，得到了稳定的外部资金，以便在必要时得到资助。

此外，他的分权管理不仅在国内取得了成功，同样在通用汽车的国外支公司也同样适用。德国和英国以及其他国家的制造和销售运营变成了独立的公司，由底特律总公司进行业绩上的管理。这种安排只需要很少的管理时间或者直接监督。

由于斯隆的基本管理思想解决了阻碍大批量生产推广最迫切的问题，再怎么赞扬也不算过分。新的财务管理人员和市场专家的加入，补充了工程专业，公司每个职能部门都有了专门的专家。专业劳动分工就得到完善了。

斯隆的创新思想似乎解决了节省生产成本的标准化需求，以及消费者对产品多样性的需求。通过在公司整个产品范围内，标准化许多机械零部件，如水箱和发动机，并常年使用专门设备生产这些零部件。与此同时，他每年改变每种汽车的外观，推出一系列附加的特性，比如自动变速器、空调以及收音机，这些装置可以安装在现有车身设计中，以维持消费者的兴趣。

斯隆的创新是对汽车行业营销和管理的革命。但是这些创新并没有改变由福特首先建立的制度：车间工人仅仅是生产系统中可互换的部分。因此，就车间来说，情况反而更糟糕了。

福特自己对高员工流动率是非常满意的，这是由他的劳动力哲学和实践所决定。然而，他意识到1914年高地公园工厂的连续流系统一旦完全就位，他的公司的效率就比竞争对手高出许多，这样他给工人工资翻倍的同时（到达著名的5美元一天），还能大幅度降低汽车价格。这些运动使得他自我定位为家长式雇主（并避开了工会），同时将他以手工生产为基础的竞争对手逼到墙角。

提高工人工资也带来了问题：福特工人决定留守岗位，因此员工流动率降低了。他们最终不再梦想回到农场或者乡村，也意识到他们可能会长期在福特工作。一旦工人有了这种领悟，他们就会觉得现在的雇用条件似乎越来越难以忍受。

更进一步，汽车市场比经济中其他行业更具有周期性的特点。美国汽车公司当然将劳动力视为可变成本，当公司销售额稍微显露下降时，他们就裁掉工人。所有这些意味着在经济大萧条时，汽车行业为成功的工会运动创造了条件。

然而这实际上属于大批量生产的工会运动。领导层完全接受了管理的角色和组装厂固有的特性。不出乎意料，当美国汽车工人联合会最终在20世纪30年代末与汽车业三大巨头签订协议，主要问题还是工龄和工作权利；这场运动被称为"就业保障运动"。[14]

汽车行业这种循环的特性意味着有部分工人经常会下岗，因此工龄而非能力成为了工人去留的主要指标。同时因为一些工作比另外一些工作要容易或者更有趣，但工资差别不大，工龄也就成了工作分配的主要原则。结果，工作分配的规定越来越复杂，工人不断争取公平公正，必然导致福特大批量生产工厂效率的降低。

大批量生产的全盛时期：1955 年的美国

吸取福特工厂的实践经验，加上斯隆的营销和管理技巧，再混合有组织的管理工作分配和工作任务的新角色，你就看到了大批量生产最终的成熟形态。数十年来，这种系统无往不胜。美国汽车公司统领世界汽车行业，美国市场也占据了世界汽车销售的最大比重。几乎每个其他行业的公司无不采用与此相近的方法，只留下一些有特色的手工生产公司服务销量低的细分市场。

1955 年见证了汽车行业以及它所依托的生产方式变得如此庞大和盛行，这是史无前例的情况。标志着有史以来第一次美国汽车年销量超过 700 万辆。也正是在这一年，在担任通用汽车总裁或董事长 34 年后，斯隆退休了。

三大巨头——福特、通用和克莱斯勒占了汽车销售的 95%，六种车型占所有售出汽车的 80%。汽车行业的手工生产模式，这个曾经是所有行业的生产模式，在美国已经销声匿迹。

然而，当时强大的美国汽车行业现在认识到荣耀只是过眼云烟。讽刺的是，也正是在 1955 年，下坡趋势开始显露了，如图 2-1 和图 2-2 所示。进口汽车份额逐步上升。美国公司早期完美的大批量生产无法保住他们领先的位子。

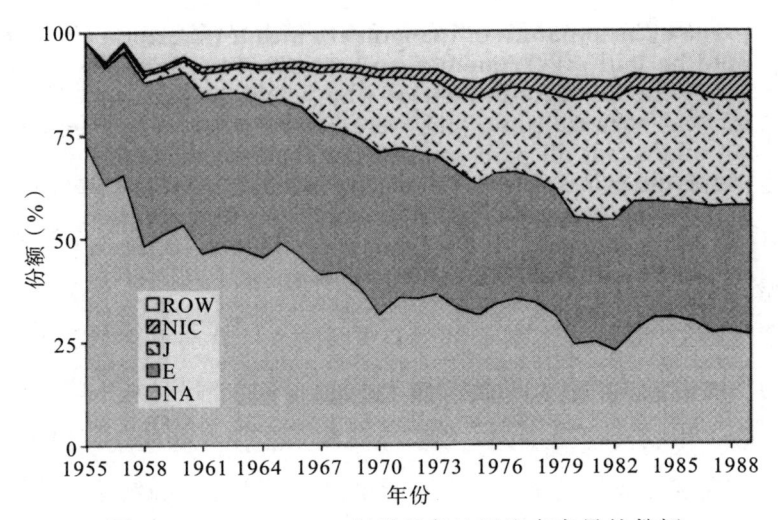

图 2-1 1955～1989 年世界各地区汽车产量的份额

注：此图包括三大主要地区所有汽车公司生产的汽车总量。此外，本图将新兴工业国家和世界其他地区的产量也各自归类。

NA= 北美：美国和加拿大　　　　E= 西欧及北欧
J= 日本　　　　　　　　　　　NIC= 新兴工业国家，主要指韩国、巴西和墨西哥
ROW= 世界其他国家和地区，包括苏联、东欧和中国

资料来源：作者根据《汽车新闻市场数据期刊》1990 版，第 3 页的数据计算。

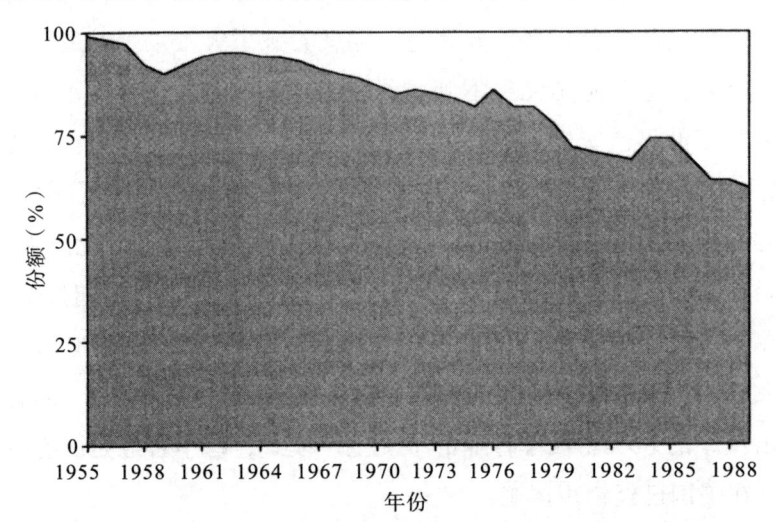

图 2-2 1955～1989 年美国本土公司在汽车市场所占比率

注：这些份额包括美国公司从国外分公司和合资公司进口车的数量，但不包括从独立的外国公司进口的汽车。

资料来源：1955 年到 1981 年根据《汽车新闻市场数据期刊》汽车登记。1982 年到 1989 年根据《沃德汽车报告》汽车销量。

大批量生产方式的传播

美国汽车行业三大巨头丧失竞争优势的一个主要原因,是 1955 年大批量生产已经在全世界流行了。实际上,许多人预测在第一次世界大战之后几年,美国的领先优势会迅速缩小。在战争之前,一波波"朝圣者"已经来访过福特的高地公园工厂,包括安德烈·雪铁龙(Andre Citroen)、路易斯·雷诺(Louis Renault),乔万尼·阿涅利(Giovanni Agnelli)(菲亚特的创始人),赫伯特·奥斯汀(Herber Austin)、威廉·莫里斯(William Morris)(英国名爵汽车)。亨利·福特异乎寻常地乐意与他们讨论他的技术。在 20 世纪 30 年代,他直接在欧洲的达格南和科隆的工厂展示了大批量生产的各个方面。

在第二次世界大战开始前,大批量生产所涵盖的基本思想已经在欧洲很容易了解到。然而,20 世纪 20 年代到 30 年代之间,经济动荡和狭隘的民族主义以及对手工生产传统的依恋,阻碍了这些思想传播得更远。在 20 世纪 30 年代末,大众汽车和菲亚特分别开始了在沃尔夫斯堡和米拉菲奥里的雄伟计划,但第二次世界大战搁置了民用生产。

因此,直到 20 世纪 50 年代,在亨利·福特开创了大批量生产 30 多年之后,这种在美国已经极为常见的技术才传播到其他国家。在 20 世纪 50 年代后期,沃尔夫斯堡(大众)、弗林斯(雷诺)和米拉菲奥里(菲亚特)才以与底特律几大工厂旗鼓相当的规模生产。而且,以戴勒姆-奔驰(梅赛德斯)为首的欧洲部分手工生产公司,也在向大批量生产过渡。

所有这些公司都销售与美国汽车制造商所偏爱的标准汽车及皮卡完全不同的汽车。在前期,欧洲公司专门生产了两种美国不生产的汽车:紧凑、经济型汽车,如大众甲壳虫,以及充满驾驶乐趣的跑车,如英国名爵。之后在 20 世纪 70 年代,他们重新定义豪华轿车,认为这种汽车应该更小车型、更高科技、更多运动性(车重 3 500 磅⊖、燃油喷射、独立悬挂、一体式机身的奔驰,对比 5 000 磅、碳化燃气、直轴式、机身依附底盘的凯迪拉克)。在车厢容量相等时,这种一体成型的汽车比车身依附底盘的汽车要轻。虽然后者

⊖ 1 磅≈0.45 千克。

刚性更大，不容易发出咯咯声，但工艺设计成本更高。

加上欧洲工资更低，产品多样性成了欧洲汽车公司面向世界出口的竞争优势。就像他们的前辈美国一样，欧洲人从20世纪50年代到70年代这25年取得了国外市场的节节胜利。

与底特律的公司相比，欧洲公司致力于推出新的产品特性。在20世纪六七十年代的时候，他们推出了前驱、盘式制动器、燃油喷射、一体式、五挡变速器以及高功率自重比（一体式汽车机身没有金属框架。然而，就像一个铁罐那样，表面金属板把整台车的各个部分整合在一起）。然而美国人不一样，他们更注重舒适——空调、动力转向、音响、自动变速器以及超大且非常平稳的发动机。

如果油价像1973年以前那样持续下降，而且美国人仍然对汽车驾驶环境要求不高的话，历史可能就会按照美国方式来进行。然而，油价飞速上涨，美国的年轻人，尤其是富有的年轻人，希望购买到更有驾驶乐趣的汽车。美国底特律汽车工厂的问题是"附加的"特性，比如空调和音响，是很容易移植到欧洲现有汽车上的。但如果想要推出更紧凑车身、更灵活的悬挂以及更节油的发动机，那么美国公司需要全部重新设计汽车及生产工具。

我们将在以下几章中看到，在20世纪80年代，很显然，欧洲生产系统就像美国底特律生产系统一样，只是工厂的效率和准确率差了一点而已。

欧洲汽车厂在20世纪50年代经历了美国在20世纪30年代所经历的事情。在战后初期几年，大多数欧洲工厂雇用了大批移民——在德国的土耳其人和南斯拉夫人，意大利的西西里人和意大利南方人，在法国的摩洛哥人和阿尔及利亚人，来从事可互换的组装工作。

当战后欧洲劳动力短缺得到缓解之后，他们中的一些人回了自己家乡，剩下的人留下来和本地人一起工作。最终就像美国发生的一样，这些在都灵、巴黎和沃尔夫斯堡的工人意识到大批量生产的工作并不能使他们以后回家创业，这个工作可能成为他们终生的职业。突然，可互换的、单调重复大批量生产的工厂开始无法承受了。工人运动也随之而来。

20世纪70年代，欧洲大批量生产系统通过增加工人工资，减少每周工作时间，才得到平息。欧洲汽车生产商开始实施一些边缘试验，并让工人们参与进来，比如沃尔沃卡尔马工厂，恢复了亨利·福特1910年那样的组装厂，通过给小组的工人组装整车的任务，重新引进手工生产技术。另外，1973年后萧条的经济情况浇灭了工人的期望，也减少了工作的选择。

然而这只是暂时的缓和。20世纪80年代，欧洲工人不断发现大批量生产工作并无太大价值，因此在协商中的首要因素就是缩短在工厂的工作时间。

如果不是日本出现的新型汽车工业，欧洲和美国大批量生产不景气的状况毫无疑问将持续下去。日本汽车工业的真正意义在于它并不是简单地复制美国脆弱的大批量生产方式。日本开发了一套全新的制造东西的方式，我们称为"精益生产"。

第3章
The Machine That Changed the World

精益生产的兴起

　　1950年春天,一位年轻的日本工程师丰田英二,开始了他前往底特律福特红河联合企业的三个月之旅。实际上,这是丰田家族成员第二次拜访,丰田英二的叔叔丰田喜一郎于1929年就曾到访过福特。

　　在许久之前的那次拜访后,丰田家族和在1937年成立的丰田汽车公司都发生了不少变化[1]（家族姓"丰田"日语的意思是富饶的稻田,念作"Toyoda"）,因此处于市场营销的角度考虑,新成长的公司需要一个新的名字。于是,在1936年,公司展开了一场有奖征名活动,共收取了27 000条建议。最后,在日语中没有什么意义的"Toyota"脱颖而出。

　　对这家公司而言大部分的事件是具有灾难性的：20世纪30年代,丰田公司试图生产轿车,却遭到军国政府的阻挠,他们要求丰田制造主要由手工生产的货车,而货车的业务受战争影响很不景气。

　　在1949年年末,销售额大幅度下降迫使丰田解雇了大量员工,持续的罢工导致丰田喜一郎承认管理上的失误,并从公司辞去职务。与福特红河联合企业单日生产7 000辆汽车相比,丰田成立以来的13年中,只生产了2 685辆汽车。[2]

这种情况将很快发生改变。

从能力和抱负来说，丰田英二可不是一位普通的工程师。当时福特红河联合企业是世界上最大且效率最高的制造厂，但是丰田英二对这个庞大企业的每一个细微之处都做了研究。他在给丰田总部的报告中写道："这个生产系统还有一些改进空间。"[3]

简单照抄福特红河联合企业并在此基础上改进，其实是很困难的。丰田英二回到名古屋之后，和在生产制造方面富有才华的大野耐一两人一起很快得出结论：大批量生产方式并不适合日本（其理由在本书后文将有解释）。从这个结论开始，慢慢产生了所谓的丰田生产方式，并最终发展成"精益生产"。[4]

精益生产的诞生地

丰田汽车公司经常被叫作日本汽车公司中最日本的公司，它坐落于较偏远的名古屋，而不是国际化的东京。[5]一直以来，丰田公司的员工主要都来源于之前的农业工人。丰田在东京常被嘲笑为"一帮农民"。然而时至今日，丰田公司已经被大多数工业观察家认为是世界上效率最高、品质最好的汽车制造企业了。

在19世纪后期，丰田家族通过对织布机发展超凡脱俗的技术特性，首先在纺织机械上取得了很大成功。20世纪30年代后期，在政府的督促下，公司进入了汽车行业，专门为部队生产军用货车。在战争爆发之前，一直用手工生产方式生产几种款式的车，生产轿车的工作也因此停止。战争结束后，丰田决意生产轿车和民用货车，但公司面临一系列问题：

- 国内市场有限，并需要不同种类的汽车——政府官员专用豪华型轿车、送货到超市的大货车以及适合日本拥挤城市和昂贵能源的小型轿车。
- 丰田及其他公司很快意识到，日本本土劳动力不再愿意被视为可变成本或像零部件一样可换。此外，美军占领后导入的新劳动法加强了工人们在谈判雇用待遇方面争取有利条件的地位，管理层的裁员权力受到严格限制，公司工会为所有员工争取权利的地位也大大增强。工会

- 利用他们的力量，代表每一名雇员，消除蓝领工人和白领雇员之间的差异。以基本工资和奖金形式分得公司利润。[6]
- 此外，日本没有"外籍员工"（就是那些短期居住的外来移民，他们愿意忍受恶劣的工作环境取得较高报酬）或职业选择有限的少数人，如少数民族、妇女等。[7]在西方国家却不是这样，上述这些人已经在大多数大批量生产的公司成为劳动力核心成员。
- 经历战争摧残的日本经济缺乏资金和外汇。这意味着他们不可能从西方引进大量最新的生产技术。
- 外面的世界已经充斥着大型汽车制造商，他们急于在日本建立自己的生产运营，以防止日本出口汽车到他们已占有的市场。

这最后一个困难激起了日本政府的反应，他们迅速发布禁令，禁止外商直接投资到日本汽车行业。这项禁令对于丰田来说（以及日本汽车行业其他公司）至关重要，因为这使得丰田公司得以在汽车产业中得到立足点。然而要使公司的成就超出日本的范围，这还是不够的。

此外，日本政府似乎管得太多了。禁止外资进入，设置高关税壁垒，鼓励日本的一大批公司在20世纪50年代初期进入汽车行业。这个时候，日本的国际贸易和产业省（MITI）再三思量。MITI坚信汽车行业要具备国际竞争能力，必须首先开展大批量生产。因此他们提供了一系列的计划，要把日本的12个正处于发展中的汽车公司合并为日本二巨头或者三巨头，来与底特律三巨头竞争。兼并后的公司分工生产不同大小的汽车，以防止国内竞争太过激烈，并借此达到大批量生产，在出口市场以低价作为优势。

如果这些计划得以实现，那么会出现什么样的情况呢？

日本的汽车行业可能在刚开始时会得到迅速发展，但很可能遭遇目前韩国汽车行业同样的命运，即当廉价劳动力优势丧失后作为世界汽车行业的新成员，在生产技术上没什么创新突破，国内竞争也有限，也就会在世界汽车工业竞争中逐渐被淘汰。它们或许能够保住国内市场，但它们不会给世界上其他地方使用同样技术的公司造成强大的威胁。

然而丰田、日产和其他公司都拒绝了MITI的建议，开始生产各种类型的汽车，包括一些新款式。丰田首席生产工程师大野耐一很快认识到福特的生产设备和方式并不适用于这个战略。手工生产方式是众所周知的另一种生产方式，但它并不适合企图为大众市场提供产品的公司。大野耐一认为自己需要新方式，并且他也成功找到了。我们可以看看冲压车间，这是一个能很好说明他的新技术如何发挥作用的例子。[8]

精益生产：一个具体的例子

亨利·福特推出全钢车身的A型车已经过去60多年了。然而，全世界几乎所有汽车车身都还是由钢板冲压出的约300个金属零部件焊接而成。

汽车制造商采用了两种不同的方式生产这些"冲压部件"。第一种方式是少数小型手工制造商，比如阿斯顿马丁，先从金属板材（通常是铝板）上切下板坯，然后用手在一个模子上将这些板坯敲打成型（这种模子本身是一块超硬金属，其形状就是金属板需要被敲打而成的形状）。

第二种方式是都从一大卷薄板开始着手，任何一年生产超过数百辆汽车的制造商，从保时捷到通用汽车，都属于这一类。这种薄板通过自动化的冲床，生产出大量比最终想要的零部件稍微大一点的板坯。然后，将板坯放入大型冲床的上下冲模中。当这些冲模受到数千磅的压力压到一起时，平面的板坯就变成了立体形状。经过一系列的冲压之后，汽车的前挡板或车门就成型了。

在大野耐一看来，第二种方式的问题在于最小经济生产批量仍然太大。西方国家巨大且昂贵的冲压生产线被设计成每分钟运行约12次，每天三班，每年生产上百万的特定零部件。而早期的丰田汽车一年产量也才只有几千辆。

当然，这种冲模是可以更换的，因此，同一条冲压生产线可以生产多种零部件，但是这样做有几个困难。每个冲模重达数吨，而工人必须把冲模绝对精确地匹配到冲床中。稍微没对准，零部件就会有皱痕。更严重点的偏差就会导致噩梦：钢板嵌入到冲模里，这就需要极其昂贵且耗时的冲模修复。

为避免上述问题，在福特的底特律、大众的沃尔夫斯堡、雷诺的弗林斯和菲亚特的米拉菲奥里，都由专家指导冲模更换㊀。换模具有一定的方法，从上一个冲模冲完最后一个零部件到换上新冲模冲出第一个合格的零部件，通常需要一整天时间。由于第二次世界大战后西方工业产量的急剧上升，他们想出了一种更好的方法来解决换模。制造商发现他们经常能够划出一组冲床来专门冲压某一种特定的零部件，这样就可以几个月甚至几年不用换模了。

但是对大野耐一来说，这个方法根本就不是一个解决方案。西方国家占优势的这一习惯需要成百上千的冲床来冲压汽车的所有零部件，而大野耐一的资金预算要求他仅用几条冲床线来生产整辆汽车所需的零部件。

他的想法是开发简单的换模技术并多频次换模——不是两三个月换一次，而是两三个小时换一次，他利用滚轴来移进和移出冲模，并且采用了简化的冲模调整方法[9]。由于这项新技术易于掌握，生产工人在换模时反正也无所事事，大野耐一就心生一计，让生产工人也来执行换模。

从20世纪40年代后期开始，大野耐一购买了一些旧的美国冲床，无休止地进行试验，终于完善了他的快速换模技术。到20世纪50年代后期，他已将换模时间从一天缩短为令人惊讶的3分钟，且不需要换模专家。在这个过程中，他还意外地发现，小批量生产的冲压件比起大批量生产来，单件成本其实更低。

这个现象有两个原因。小批量生产消除了大批量生产系统中由于大量零部件库存导致的资金占用成本。而更重要的是，在汽车组装前只制造出少量的零部件，可以及早发现冲压过程中的质量问题。

第二个原因的影响巨大，即使冲压车间的人员更关心品质，也消除大批有质量缺陷的零件（以前只能在长时间大批量生产之后才发现这些缺陷）。修复质量不良零部件的费用高昂，有时甚至直接报废。但是要实现大野耐一的理想系统，只生产两个小时就换模或达到更少的中间库存，需要技术过硬并且积极主动的生产工人。

㊀ 简称换模或换型。——译者注

如果工人们不能事先预测可能出现的问题，事后又不主动想出解决方案，那么整个工厂的工作就很容易停下来。工业社会学家反复指出：保留知识和力气是所有大批量生产系统一个显著的特点，而这要是放在大野耐一的工厂很快就会带来灾难。

精益生产：整个公司是一个社团

非常巧的是，在 20 世纪 40 年代后期，大野耐一的劳动大军用行动为他解决了上述问题。那时，占领日本的美国一方决定通过信贷限制来抑制通货膨胀，但这做得有点过头了，反而引起了经济萧条。由于日本的这一宏观经济问题，丰田发现其刚起步的汽车工业也深陷泥潭，严重衰退，很快就用光了银行批给的贷款。

由总裁丰田喜一郎领导的创始家族提出了一个解决危机的办法，即裁掉四分之一的工人。但是这遭到了各方面的反抗，并最终导致工人们占领了工厂。更有甚者，工会在罢工运动中处于强势。1946 年，日本政府在美国人的怂恿下，加强了工会的权力，包括在管理方面的权力，然后又对公司管理层解雇工人的权力施以极其严格的限制。这样，力量的平衡就开始发生了变化，转而对工人有利了。

经过持久的谈判，丰田家族和工会方面达成了一个折中的方案，这就成了日本汽车工业至今仍然奉行的劳工关系准则。四分之一的工人还是按照原来的建议被解雇，但是丰田喜一郎也辞去了总裁的职务，以承担公司失败的负责。剩下的工人得到了两项保证。一是终身雇用，二是工资按资历分级而不按特定的工作职责来区别，并且奖金与公司的盈利直接挂钩。

简而言之，工人们都成为丰田社团的成员，享受一整套权利，包括终身雇用制和享用丰田设施（住房、娱乐设施等）的权利，这远远超过了大多数的西方工会能为大批量生产的工人们所能谈判争取的。作为回报，公司希望大多数工人能毕生为丰田工作。

这种期望是合理的，因为那时日本的其他公司也都是采用按资历计薪的制度。如果工人们到另一家公司重新论资排辈，就会损失大笔的收入。工资累进的幅度相当大。一个在职40年的工人，比起做同样工作而工龄只有25年的工人，收入要高得多。但如果这个工龄40年的工人辞职去为另一家公司工作，他的工龄将从零算起，他的工资甚至会低于工龄只有25年的工人。

工人们还同意接受不同的指派工作，不仅要解决生产中出现的问题，还要主动改善，积极促进公司的利益。实际上，公司的高管声称："如果想要终身受雇，你就必须担负起需要你承担的工作。"工会方面同意了这一交易。

现在再回过来看看，大野耐一认识到了这一历史性决定的重要含义：工人现在已经和公司的机器设备一样成为短期的固定成本，而且从长远来看，工人们甚至是更为重要的固定成本。毕竟，机器可以贬值甚至报废，但丰田公司需要在长达40年内从旗下的人力资源中获取最大的利益。因为在日本，新工人进入公司工作时通常是18岁到20岁，而退休的年龄为60岁。所以，不断地提高工人的技能，从他们的知识、经验和精力中获利，就很有意义了。

精益生产：总装厂

大野耐一对总装的重新认识，展示了这种发挥人力资源的新途径，为丰田公司带来了巨大的利益。如前文所述，福特的系统假定总装线上的工人只要完成一项或两项简单的工作，重复且毫无怨言。工长本人不承担组装的工作，而要保证总装线的工人按照规定工作。这些规定或指令都是由工业工程师制定的，他们还负责提出改善流程的方法。

专门的修理工负责修理工具；清洁工定期清理工作区；专职的检验员检查质量，一旦发现有不合格的部件，就送到总装线末尾的返工区进行调整；最后还有一类通用工人，能胜任各种工作。即使大多数大批量生产的总装厂的工资较高，但仍免不了每天两位数的缺勤。有鉴于此，公司需要备有一大批能胜任各种工作的工人，来顶替那些每天早晨才发现缺勤的工人。

公司总部的高层们通常按产量和质量两项指标来评定工厂的管理情况。产量是指实际生产的汽车数量与计划安排的数量相比，质量则是指汽车经检查返工后的出厂品质。工厂经理们知道，如果达不到指定的生产目标会导致大问题，而汽车的质量问题，如果必须返工的话，可以在汽车下了总装线之后，只要在送到总部派遣来的在装货平台的质量检验员之前，在返工区内解决。所以，除非万不得已，不能停止总装线。允许零部件存在问题的汽车继续在流水线上往下一步工序走，是完全没有问题的。因为这些问题可以在返工区里解决，但如果停止流水线带来的在时间和产量上的损失只能靠费用昂贵的加班来弥补了。因此，在大批量生产的汽车工业里，产生了一种"保证总装线持续运行"的心态。

大野耐一在第二次世界大战刚结束后曾多次访问底特律，他认为这整个制度充斥着muda（在日语中的意思就是浪费的意思，其中包括了劳动力、材料和时间各方面的浪费）。他推论道，总装线工人以外的任何一个专职人员都没有对汽车产生一点增值。更重要的是，大野耐一认为总装线上的工人能完成其他专职人员的大部分工作，而且能完成得更出色，因为他们直接了解总装线上的情况（事实上，大野耐一通过在冲压车间的观察已经证实了这一点）。然而组装工人的作用却被置于工厂最无足轻重的位置。在一些西方工厂里，管理层甚至告诉组装工人，他们需要组装工人只是因为目前自动化还不能代替他们。

回到丰田城，大野耐一开始进行试验。第一步是把工人们分成一个个小组，每个小组有一个组长而不是工长。每个小组有一套组装的工序，负责总装线上的一部分，并且要求他们合作，设法最好地完成这些必要的操作。组长不单要协调整个小组，而且本人也要承担组装的工作，特别是当小组内有人缺勤时，组长要替代其工作。这在大批量生产的工厂里是前所未闻的观念。

大野耐一试验的下一步是把工作区的清理、设备的简单维修和质量检查的任务也交给小组。在小组能顺利地工作后，最后一步是定期留出时间，要求小组提出改进流程的建议（在西方，这种收集建议的过程称为"质量圈"）。这种持续的渐进式改善（日文叫作"Kaizen"）是在和工业工程师的合作下进行的。工业工程师虽然还存在，但人数已大大减少。

至于"返工"这件事，大野耐一的想法极有新意。他推论，在大批量生产方式中，为了保持总装线不停顿而允许错误继续传递，这会导致错误不断地倍增。每个工人都自然而然地认为，所有的质量问题都会在组装流水线的末尾被发现，如果他的任何导致流水线停止的行动都会可能受到惩罚。第一个差错，不论是零部件有问题或是零部件没有问题但组装不当，很快就和之后工序中的差错相混。一辆复杂的汽车中只要装有一个有缺陷的零部件，就有可能要花费大量的返工去修复它。而且由于要到总装线的末尾才能发现问题，那么可能在发现问题之前大量的有类似质量问题的汽车都已经下线了。

在大批量生产的工厂里，只有负责总装线的高级管理人员才有权停止总装线。与此形成鲜明对照的是，大野耐一在每个工作台的上方都设置了一根拉绳，命令工人们，只要有他们解决不了的问题出现，就立即停下整条总装线。然后让整个团队都过来一起解决这个问题。

大野耐一在此之后又更进一步。在大批量生产的工厂里，出现的问题易于被当作随机事件。其理念是仅解决单个问题，并希望不要再发生。大野耐一则不然，他制定了一套问题解决的制度，叫作"五个为什么"。教导生产工人们如何系统地追溯每个错误的根本原因。通过每发现一层问题就问一个"为什么"，层层深入地找问题的根源。然后设计解决方案，杜绝此类错误再次发生。

不难想象，当大野耐一一开始把这些想法付诸实施时，总装线总是停下来，工人们也很容易感到沮丧。但是当所有的工作小组在识别问题和追溯其根源方面取得经验后，质量问题的数量开始剧减。如今在丰田的工厂里，每个工人都可以停下总装线，但是产量却接近计划的100%。这就是说，总装线实际上从来就没有停下来！相比之下，在大批量生产的工厂里，除了负责总装线的经理之外，任何人都无权让总装线停下来，但总装线却仍然不断地停下来。这不是为了纠正质量问题，因为质量问题是在最后解决的，而是为了处理零部件供应和协调的问题。结果，90%的产出率通常就被认为是管理良好的标志了。

更惊人的事是在总装线的末尾。随着大野耐一制度的迅速推进，汽车出厂前的返工不断减少。不仅如此，出厂汽车的质量也稳步提升。理由很简单，因为不论多么费尽心血的质量检查，都不可能把如今这么复杂的汽车在总装中的所有质量问题都检测出来。

现在，丰田公司的总装厂里实际上已经没有返工的场地，也几乎没有返工的工作了。相比之下，下面我们会介绍，在当今一些大批量生产的工厂里，有20%的厂房面积和25%的总工时是专用于返工的。也许大野耐一思想最强有力的证明是实际交货到客户手里的汽车品质。美国买家的报告称，丰田汽车的质量缺陷是世界上最少的，可与最好的德国豪华汽车制造商相媲美，而这些制造商其实是在总装厂里耗费了大量的工时用于调试。

精益生产：供应链

总装厂的工作是将主要的部件组装成一辆完整的汽车，而这过程只占整个制造过程的15%左右。汽车制造的大部分过程在于设计和制造1万多种独立零件，并组装成100个左右的主要部件——发动机、变速箱、转向器、悬挂系统，等等。

协调整个过程，将所有部件高质量低成本地按时组装成汽车，这对汽车工业中的总装厂而言始终是一个挑战。如前所述，大批量生产的初衷是使整个生产体系一体化，形成一个庞大而官僚的指挥系统，由上层下达一切指令。然而，就算是阿尔弗雷德·斯隆创新的管理制度也不能胜任这个任务。

世界上大批量生产的汽车总装厂最后采用整合一体化的程度差别极大。小型汽车公司，如保时捷和萨博，自制率仅为25%左右，而通用汽车公司则高达70%。福特汽车公司是早期垂直整合的领先者，在红河联合企业里整合一体化几乎达到100%，但在第二次世界大战以后，自制率降低到了50%左右。

自制还是外购的问题在大批量生产的公司中引起过不少争论，但是大野耐一以及丰田公司的另一些人在考虑如何获取部件组装成汽车和货车时，却认为这个问题在很大程度上是无关紧要的。真正的问题在于总装厂和供应商如何能够顺利合作以降低成本并提高品质，无论双方有怎样的法律关系。

而大批量生产方式在这个问题上，无论自制还是外购，似乎都不能令人满意。在福特汽车公司和通用汽车公司里，核心的工程师负责设计汽车上1

万多种零部件中的大多数和由此组成的部套系统。然后公司将图纸交给他们的供应商，无论是总装厂的分公司还是独立供应商，都要求他们通过在特定的时间内按照规定的质量要求（通常按每千件零部件中允许有缺陷的最大数量）交货一定数量的零部件来竞标。在所有参与投标的外部公司和内部分公司中，报价最低者中标。[10]

对于某些类别的零部件，主要是在多种汽车上都可以通用的零部件，如轮胎、电池、发电机等，或是涉及一些总装厂所不具备的专业技术的零部件，如发动机计算机，独立的供应商公司在竞标时，常常修改已有的标准设计来满足某辆汽车特定的规格要求。中标与否仍取决于价格、质量及交货可靠度，且汽车制造商经常在较短通知期后更换供应商。

在以上两种情况中，大公司的经理和小公司的企业主都清楚，当汽车工业的销量出现周期性下滑时，每个公司都是各自为政。每个人都认为他们的业务关系是典型的短期合作。

当不断发展的丰田公司开始考虑用这种方式来解决零部件的供应问题时，大野耐一和其他一些人却发现了很多问题。供应商只是按图纸加工，而没有机会或激励来根据他们自己在制造方面的经验对产品的设计提出改善建议。他们和大批量生产的总装厂中的工人一样，实际上只是听令埋头苦干。另一方面，有的供应商只能根据特定的车型将他们自己的标准化设计做些修改，而没有切实可行的优化这些零部件的方法。因为事实上他们对汽车上的其他有关情况几乎一无所知：总装厂把这些资料看作他们的专利。

问题还不只这些。将供应商组织成垂直的供应链，让他们相互竞赛，以便寻找短期内成本最低的供应商，这会阻碍供应商之间横向的信息交流，特别是在制造技术进步方面的交流。总装厂这样做可能保证了供应商的利润率不会太高，但无法保证他们通过改善组织和创新流程而稳步地降低生产成本。

质量方面也一样有问题。因为，无论备选的供应商是否与总装厂同属一个公司，实际上总装厂对其制造技术都知之甚少。所以，除非制定出极高的验收标准，否则难以提高质量。只要业内大多数公司的产品质量都在同一个水平上，这个水平就很难再提升。

最后，还有一个问题就是每天如何协调零部件在整个供应系统内的流动。供应商工厂的生产设备缺乏灵活性（类似于总装厂冲床的缺乏灵活性），而总装厂的订单又时常因市场需求的变动而更改，这就导致供应商在将设备换型成生产下一种零部件之前，不得不大量生产每一种零部件，并在仓库中保持大量的成品库存，以免因延迟交货而引起总装厂的投诉（或是更糟，取消合同）。而结果就是高昂的库存成本，以及成千上万的零部件按常规生产后，在总装厂组装时才发现零部件有缺陷。

为了解决这些问题，并满足20世纪50年代期间高涨的需求，丰田公司开始在零部件供应方面建立一套新的精益生产方式。第一步就是无论供应商与总装厂之间有怎样的法律形式关系，先将供应商按其职能组成不同的级别，赋予每一级公司不同的责任。一级供应商是新产品开发团队中必不可少的一分子。丰田公司让他们开发能与其他系统和谐协调的新产品，如转向系统、制动系统或电气系统。

首先，供应商接到性能指标。例如，他们要设计一套制动系统，要求能够使一辆重为2 200磅（约1吨）的汽车在200英尺（约60米）内连续10次从每小时60英里（约100公里）的车速到停止，而刹车不能产生热衰退。刹车应能安装在轮轴末端6英寸×8英寸×10英寸（约150毫米×200毫米×250毫米）的空间内。每套刹车系统交货到总装厂的价格是40美元。然后，供应商要做出一套产品原型交货试验。如果产品原型正常运作，供应商就能得到生产订单。丰田公司并不指定刹车的材料或运作原理，供应商自行决定这些工程设计方面的问题。

丰田公司还鼓励一级供应商相互讨论改善设计过程的方法。因为这些供应商大多各自专门研究一种部件，在这一领域与其他一级供应商不存在相互竞争的问题，可以放心地分享信息，又对彼此都有利。

然后，每一个一级供应商都在其下组成二级供应商，二级供应商则被指派去制作特定的零部件。这些供应商是制造专家，虽然对于产品设计上没有专门的知识，但是在工艺过程和工厂运营方面却有深厚的背景。

举例来说，一个一级供应商负责制造发电机，而每台发电机大约有100

个零部件，那么这个一级供应商将从二级供应商那儿获取所有这些零部件。

由于二级供应商都是制造工艺方面的专家，在特定的部件领域就不存在竞争关系。因此，不难将他们组织成供应商集团，让他们也能相互交流关于制造技术进步的信息。

丰田公司不希望将其供应商垂直整合成一个单一且庞大的官僚体系，但也不希望他们分散为完全独立而彼此之间只有市场竞争关系的公司。取而代之地，丰田公司将它内部的供应业务剥离出去，成为准独立的一级供应公司。丰田公司只保留部分股份，发展了和其他完全独立的供应商相似的关系。随着这种方式的进行，丰田公司与一级供应商之间也都相互持有对方不少股份。

例如，丰田公司在制造电气部件和发动机计算机的日本电装持有22%的股份，在制造座椅和线路系统的丰田合成持有14%的股份，在生产发动机金属部件的爱信精机持有12%的股份，在生产装饰件、内装饰和塑料件的小糸公司持有19%的股份。而这些公司之间又彼此大量地交叉持股。另外，丰田公司时常担任其供应商集团的银行家，提供贷款资助新产品所需的工艺设备。

最后，丰田公司还和其供应商集团共享人力。这有两种方式，一种是借出人员来处理激增的工作量，另一种是把丰田公司的高级经理级人员，但不是最高层的人员，调任到供应商公司担任高级职位。

因此，丰田公司的供应商都是独立的公司，账户完全分开。他们都是真正的利润中心，而不像许多垂直一体化大批量生产的公司那样是假装的利润中心。而且，丰田公司还鼓励这些供应商承担其他汽车公司组装厂和其他行业公司的大量工作，因为这些对外的业务几乎总有较高的利润率（例如，日本电装的营业额达70亿美元，是世界上最大的汽车电气、电子系统和发动机计算机制造商。前面已经提到，丰田公司拥有日本电装22%的股份，而日本电装有60%的业务是为丰田服务的。丰田公司的供应商集团持有日本电装另外30%的股份，德国的博世公司则持有6%的股份。剩下的股份则在股市公开交易）。

与此同时，这些供应商都密切参与丰田的产品开发，交叉持有丰田公司和丰田集团其他成员的股份，依靠丰田的外部投资并接受丰田的成员进入其人事体系。从非常现实的意义上说，这些供应商与丰田公司是命运共同体。

最终，大野耐一开发了一种新的方式来协调每日供应系统内的零部件流动。这就是著名的"准时生产"系统（JIT），在丰田公司被称为"看板生产"。大野耐一的想法仅是把一大群供应商和零部件工厂转换成一台庞大的机器，就像亨利·福特在高地公园工厂那样，他要求每一个上游工序生产的零部件只够供应下一步骤立即的需求。其原理是利用搬运零部件到下游工序的容器。当每个容器内的零部件用完时，容器就会被送回到上一道工序，这就成为一个要求生产更多零部件的自动信号。[11]

这种看似简单的想法要在实际应用中实施却极为困难，因为这样实际上消除了所有库存，意味着在这个庞大的生产系统中只要有一个小零件出问题，整个系统就不得不停下来。而在大野耐一看来，他的这一思想的威力也正在于此——把所有的保险措施都取消掉，迫使庞大的生产过程中的每一个成员都全力集中，在问题严重到停止一切生产之前预见问题。

丰田英二和大野耐一经过20多年的不懈努力，在丰田的供应链上完全实施这一整套思想，包括准时生产在内。他们终于取得了成功，在生产率、产品质量以及对市场需求变动的反应方面都取得了非凡的成就。我们将在第4章和第5章看到，这种精益供应链成为精益生产方式中的一大优势。

精益生产：产品开发和设计

要设计出像如今的汽车一样复杂的产品，不论是在总部的设计中心或是在供应商公司内进行，其过程都需要大量拥有广泛专业技能的人员共同努力。因此，组织的过程中极易出错，导致最后得到的整个结果少于零部件的总数。

大批量生产的公司在众多的工程师中根据其特定的专长做了细微的分工，试图以此来解决这个复杂的问题。例如，哈佛大学商学院的金·克拉克教授在他的报告中指出，在大批量生产的汽车公司里，有的工程师毕生工作就是设计汽车的门锁。但是他并不谙熟如何制造门锁，因为那是门锁制造工程师的工作。门锁设计工程师只知道正确制造出来的门锁看上去应该是什么样的，又是如何工作的。

这种分工制度的缺点显而易见。多年来，大批量生产的公司都在尝试设计协调制度。但是即使在20世纪80年代中期，他们找到的最好的办法也不过是让一个能力不足的组长（实际上只相当于一个协调者）领导产品开发团队，团队的每个成员仍然对他们各自技术专业的高级主管负责。意义深远的是，在大多数的西方公司里，职业的提升还是在本技术部门内遵循着受限制的职业生涯：由初级活塞工程师升为高级活塞工程师，由初级传动系统工程师升为高级传动系统工程师等。有的人可能希望有一天能升到产品总工程师的位置，当然工厂内的产品工程师、工艺工程师和工业工程师是不可能到达这一级别的。

对照之下，丰田和大野耐一则早已认定产品设计内部本来就应包含工艺和工业工程。因此，他们让拥有所有相关专业技术的强有力的组长来领导团队，构建起职业生涯。出色的团队合作者得到晋升的奖励，而只在产品、工艺或工业工程某个单一的领域内展示才干却不考虑他们在团队中的职能的人则无法得到晋升。

我们将在第5章看到，在设计中实施精益，这种方法的结果就是在生产率、产品质量和对用户需求变化的响应能力方面都产生了巨大的飞跃。

精益生产和不断变化的客户需求

这套新的丰田生产方式特别适合充分利用客户对汽车不断变化的需求和不断变化的汽车技术。到了20世纪60年代，汽车在发达国家中日益成为日常生活的一部分。几乎每个人，甚至是那些本身对汽车毫无兴趣的人，也每天都要用到汽车。

同时，由于汽车变得越来越复杂，一般的用户再也无法自行修理了。油灰刀和扳手曾经可以解决福特T型车上几乎所有可能发生的故障。但是到了20世纪80年代，面对发动机控制计算机或ABS（防抱死制动）系统的失灵，这些工具就毫无用处了。

而且，随着一些家庭开始拥有不止一辆汽车，人们不再只想买标准型号的汽车了。市场开始细分成多种产品。

客户开始提出，他们选择汽车时考虑的最重要的特点是可靠性。用户每天早晨都要发动汽车，这时不能让他们陷入困境。因为汽车故障不再是家里的多面手所能挑战的了，甚至对于拥有相当丰富机械技能的车主来说，也是个噩梦。而对于丰田生产方式来说，所有这些发展都是值得庆幸的事。由于丰田生产方式能赋予产品出众的可靠性，丰田公司很快就发现，它不必再严格地按照与之竞争的大批量生产的产品来定价。

此外，丰田生产方式灵活，能降低生产及设计的成本，使公司得以在不多花成本的情况下，提供客户想要的产品多样化。1990年，尽管丰田公司的规模只有通用汽车公司的一半，但是丰田向世界各地的客户提供的产品却和通用汽车一样多。在大批量生产的公司里，改变生产和车型的规格需要多年的时间和一大笔钱。相较而言，一个卓越的精益制造商（例如丰田）只需要一个大规模制造商（例如通用）一半的时间和精力去设计一款新车。因此，丰田公司用同样的开发预算就能提供多出一倍的产品。

更讽刺的是，西方的大多数公司都断定日本人取得成功是因为他们生产超大量的标准化产品。就在1987年，底特律制造工厂的一位经理在本课题研究人员的采访中吐露，他已发现了日本人成功的秘密："他们是在制造千篇一律的铁罐车，如果我这样做，我也能达到高质量和低成本。"这种错觉是源于日本公司最初为了尽量节省销售费用，在每个出口市场只集中供应一种或两种车型。

然而事实上，日本公司的整个产品系列一直范围极广，并在世界各地的市场上稳步地拓展其产品范围。正如我们将在第5章中看到的，如今日本公司所能提供的车型数量几乎相当于西方所有公司的车型之和。[12] 此外，日本公司的车型持续地快速增长，而西方公司的车型数量虽平均看来保持不变，但实际上每个工厂所生产的车型数量都在减少。例如，福特和通用都使他们的总装厂"聚焦"在每个工厂只生产一种基本车型的目标上，与之相比，日本在北美的每个跨国工厂都生产2~3种车型。

由于目前汽车平均生命周期只有4年，现在一种日本车型在其整个生产期内的平均产量是西方大批量生产制造商的四分之一，而且这个差别还在扩大。换言之，如今日本的每种车型每年平均只生产12.5万辆，而西方7个大批量生产的公司产量接近日本的2倍。但是，日本的每种车型平均只生产4年，而西方的公司每种车型要生产近10年。这就意味着在一种车型的生命周期内，日本公司要生产50万辆（12.5万辆乘以4年），西方的公司则要生产200万辆（20万辆乘以10年），这是1∶4的差量。

更令人惊讶的是，像丰田这种日本的制造商在生产一款车型时，在其生命周期内的产量只有奔驰和宝马那种欧洲专业汽车公司的三分之二。实际上，随着众多日本"小众"新车型的到来，像本田NS-X，日本人也许能够做到大批量生产的公司从未做到的事：挑战以单件手工生产方式健在的小众制造商，如阿斯顿马丁和法拉利，将整个世界带入精益生产的时代。

精益生产：与客户的互动

如果精益制造商不能生产出客户想要的产品，那么从精益生产中开发出的所有多样化的车型都将化为乌有。因此，丰田英二和他的营销专家神谷正太郎很早就开始考虑生产系统和客户之间的关系。

对于亨利·福特来说，这种关系很简单。因为那时产品种类单一，且车主能够解决大部分的维修工作。经销商的工作只是备有足够的汽车和配件存货，能满足预期的需求就行了。另外，由于美国汽车市场的需求自汽车工业初期就一直波动很大，汽车总装厂倾向于把经销商当作一个缓冲环节，缓和了频繁增产和减产的需求。其结果是，在20世纪20年代，财务独立的小型经销商全都采用了维持大量轿车和卡车库存，同时等待顾客光顾的体制。

汽车制造商和经销商之间的关系是疏远的，而且通常是很紧张的，因为制造商总是强迫经销商购买一定数量的汽车以缓和生产波动。而销售商和客户之间的关系也同样紧张，因为销售商不断地调整价格达成交易，以此来调节供需关系，从中追求利润最大化。任何在北美或欧洲买过汽车的人都知道，在这种体制下双方没有长期的承诺，这使不信任感大为加深。为了处于最好的谈判位置，各方都隐瞒了自己的信息，经销商保留了关于产品的信息，客户保留了他或她真正的购买意愿，从长远来看每个人的利益都受到了损失。

20世纪30年代，神谷正太郎曾在通用汽车公司的日本销售系统中工作过，因而了解这种体制，但这种体制明显无法令人满意。因此，第二次世界大战结束后，他和丰田开始考虑如何用新的方式来销售汽车。[13] 经过一段时间，他们终于逐渐找到了解决方案，即建立一个和丰田的供应商集团相似的销售网络，在这个体制中丰田汽车与客户的关系变得相当不同。

具体来说，丰田汽车销售公司[14]建立了一个分销商的网络，其中有的分销商完全归丰田公司所有，有的分销商只有一小部分股份属于丰田公司，他们的命运和丰田公司息息相关。这些经销商还发展了一套新的技术，丰田公司称之为"主动销售"。其基本思想是通过把经销商纳入生产体系中，把客户纳入产品开发的过程中，从而在汽车总装厂、经销商和客户之间建立起一种长期的甚至终生的关系。

丰田公司逐步地取消为未知客户预先生产汽车的做法，转为按订单生产的体制。这样，经销商就成为整个生产体系中的一部分，而且是"看板生产"体系中的第一个环节。他们把预售的汽车订单送交工厂，然后在2～3个星期之后将汽车交货给定购的客户。但是要做到这一点，经销商就必须和工厂紧密配合，以工厂可以适应的方式来安排订单的顺序。尽管大野耐一的丰田生产方式特别擅长于根据具体的订单来制造汽车，但是如果总需求量猛增或剧减，或者市场需求在不同的车型之间突然变化而这些车型又不能用同样的设备来生产，例如，在产品系列中的最大车型和最小车型之间变动，或者在轿车和货车之间变动，丰田公司就不能应付了。

依次排定订单的顺序也是有可能实现的。因为丰田公司的销售人员不是在展览厅里等候订单，而是上门拜访，直接与客户联系。当一种车型的需求缩减时，他们就加班加点；当需求转向另一种车型时，他们就把精力集中在那些他们知道可能需要工厂能生产车型的家庭。

丰田公司的销售人员能在市场需求转变时联系有意向的客户，归因于"主动销售"的第二个特点：拥有一个庞大的数据库。任何一个家庭，只要对丰田公司的某种产品表示过兴趣，丰田公司就把这个家庭以及他们的购买偏好都存到这个数据库里。这样，丰田公司逐渐建立起一个庞大的数据库。手头有了这么一个信息资源，丰田的销售人员就能将他们的目标放在最有可能购买的客户身上。

这种体系也能以非常直接的方式将客户纳入产品的开发过程。丰田公司持续地关注"回头客"，这在日本这样的国家中极为关键。因为，日本政府的车辆安全检测非常严格，著名的"车检制度"致使每辆汽车在使用 6 年之后就要被报废。丰田公司决心不失去任何一个老客户，为此丰田利用客户数据库中的数据来预测用户在收入、家庭规模、驾驶方式和品味发生变化后下一次想买什么样的车子。结果，丧失老用户的情况极少。大批量生产的制造商在随机选取的客户身上进行产品评价的"诊断"和其他调查研究——因为他们认定客户没有"品牌忠诚度"。而丰田公司则不同。丰田在规划新产品时直接访问现有的用户。老用户被当作"丰田家庭"的成员，而品牌忠诚度成为丰田的精益生产方式中一个显著的特征。

精益生产的未来

到 20 世纪 60 年代初期，丰田公司已经全面地制订出精益生产的原则。日本的其他汽车公司也采用了大部分的原则，但这是在经过了许多年之后。例如，马自达公司并未完全采用大野耐一的思想来经营工厂和供应商体系，直到 1973 年遭遇危机，旗下耗油量高的、由转子发动机驱动的汽车的出口需求暴跌。住友集团向马自达公司提供帮助时的第一步就是坚持立即按照名古屋的丰田汽车改造马自达公司在广岛的生产系统。

更重要的是，并非所有的公司都变得擅长运营这种精益生产方式（本书最重要的目的之一就是向公众宣传这一事实，即一些日本公司在精益生产方面较其他公司好，而一些老式的大批量生产的西方公司也正在迅速地变为精益企业）。然而到了 20 世纪 60 年代，日本的公司已普遍获得超过其他国家的大批量生产公司的巨大优势，得以在长达 20 年内通过在日本高度集中的生产

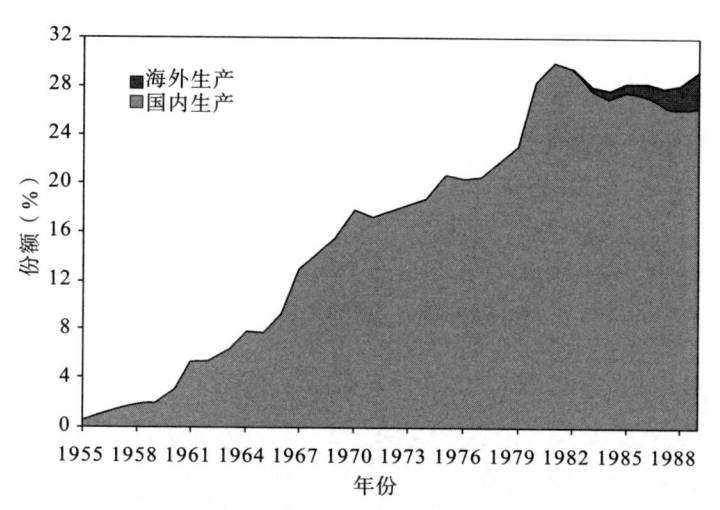

基地出口稳步地扩大他们在世界汽车产量中的份额，如图 3-1 所示。

图 3-1　日本生产汽车在世界汽车总产量中的份额，1955～1989 年
注：包括日本国内和海外的产量。
资料来源：《汽车新闻》"市场数据年刊"。

这种出口导向的发展道路在 1979 年后突然受阻。由于世界经济衰退，北美和欧洲的贸易赤字达到了难以控制的程度，贸易壁垒被建立起来了。20 世纪 80 年代，整个世界都在传播精益生产，就像 20 世纪 20 年代的大批量生产方式一样：要在新的生产方式的实践者中取得领先地位，就必须尝试增加其在世界市场中的份额，直接在北美和西欧投资（见图 3-1 中的深色部分），而非继续增加其成品的出口量。同时，美国、西欧甚至韩国的公司（通常是充分掌握目前已显过时的大批量生产方式的公司），也在尽力和精益生产方式的挑战者竞争甚至超越它们。

这一过程是极其令人激动，也令人压力十足的。会有成功者，但是也会有失败者（包括一些较小、能力较差的日本公司）。各地的公众却往往轻易以简单的国家为单位："我们"和"他们"，"我国"和"其他国家"等来论成败。

我们将在本书的最后几章再回到精益生产方式的传播问题，因为这是世界经济在 20 世纪 90 年代面临的最重要的问题之一。不过我们首先需要对精益生产的要素作更为深入的了解。

精益生产方式的要素

　　提起汽车制造，大家的脑海中都会浮现出一幅这样的景象——总装厂将所有零部件组装起来，最后装配出成品轿车或卡车。尽管这最后一步制造工序很重要，但它仅仅代表了制造一辆汽车所花人工的15%左右。为了正确地理解精益生产，我们必须查看生产过程中的每一个环节，从产品设计一直延伸到日常生活离不开汽车的客户，这些已经远远超出了工厂的范围。此外，至关重要的是理解在全球范围内协调所有步骤运行的机制，我们称之为精益企业。

　　我们将在下面各章中阐述精益生产的各个步骤，从大家认为都已理解的精益生产方式中的那一部分——以总装厂为代表的工厂开始，系统地说明精益生产和亨利·福特的思想之间是如何的截然不同。我们先进入产品开发和设计的分析，然后深入到进行大部分制造工作的供应系统。接下来，我们观察汽车的销售系统，这在大批量生产的世界中就是生产过程的终点，但却是精益生产过程中的起点。最后，我们调查能让整个精益生产方式顺利运行的全球精益企业的类型，这是仍未完全开发的精益生产的一个方面。

第 4 章
The Machine That Changed the World

运营工厂

无论坐落于世界上哪个地方，汽车总装厂总能"称霸"当地。从远处看上去，它是没有窗户的庞然大物，周围环绕着大块的仓库用地和轨道运输场。工厂建筑物的外形复杂，正面不够显眼，往往难以找到入口处。而且进入了工厂，一不留神还会迷路。

在巨大的建筑物内，成千上万的工人关注着移动的车辆，同时，在高耸的屋顶下，传送机和传送带形成一个复杂的网络，来回运送零部件。场景一派拥挤，忙碌且嘈杂。乍看之下，如同置身在一块瑞士机械手表里一般令人着迷，又有些无法理解，甚至还有点令人恐惧。

1986年，国际汽车计划项目（IMVP）一开始，我们就通过尽可能多地仔细调查世界各国的汽车总装厂，着手对比精益生产和大批量生产。最后，我们访问了17个国家90多个工厂系统地收集信息，这些工厂基本上占全世界总装生产量的一半左右。事实证明，我们这一计划是在汽车行业或其他任何行业中从未进行过的、最为全面的国际性调查。

本章以国际汽车计划世界装配厂调研为基础。约翰·克拉夫奇克发起了这个调研，后来约翰·保罗·马克杜菲加盟，岛田治夫辅助了这个调研。

首先，为什么我们选择总装厂来研究呢？为什么不选其他的工厂，比如发动机工厂、制动系统工厂、或发电机工厂？为什么要调研这么多国家的这么多工厂呢？日本最佳的精益生产工厂和北美或欧洲最糟糕的大批量生产工厂肯定应该能够充分展示精益生产和大批量生产之间的差别。

有三个因素使我们确信，在研究汽车生产方式的时候，以总装厂的活动最为有用。

第一，汽车工业中很大部分的工作涉及组装。理由很简单，因为一辆汽车上有大量的零部件。其实，这种组装工作大部分发生在部件制造厂。例如，一个发电机工厂需要从供应商采购或自制100个左右的独立零件，然后组装成一个完整的部件。但在这样的工厂里很难理解组装的意义，因为这最后的活动，一般只占总工作量的一小部分。相比之下，在总装厂里，唯一的活动就是组装，即用焊接和螺钉固定几千个简单的零件和复杂的部件，并最终组装成一辆汽车。

第二，全世界的总装厂所做的工作几乎完全相同。这是因为，实际上所有的现代轿车和轻型货车都采用极为相似的制造技术。几乎每个总装厂都是将300个左右的钢板冲压件点焊成完整的车身。然后，车身经过浸漆和喷漆，完成防腐处理。接着，给车身上装饰漆。最后，将数以千计的机械零件和电气元件以及少量的内饰安装进刷过油漆的车身，生产出一辆完整的汽车。尽管轿车在出厂时外形各异，但是由于这些工作如此一致，所以我们能够把日本工厂和加拿大工厂、德国工厂甚至中国工厂一起进行有意义的比较。

第三，我们选择总装厂进行研究是因为日本通过在北美和欧洲建厂传播精益生产的努力就是从总装厂开始的。1986年，当我们开始调研时，美国已有三家日本人管理的总装厂在运营，英国也有一家即将营业。

相比之下，日本的发动机工厂、制动系统工厂、汽车发电机厂和其他部件的工厂，尽管已宣布要在北美和欧洲建厂，却仍处于计划阶段。根据经验，我们知道，调查一家公司的新工厂蓝图或是观察一家刚开始生产的工厂都是毫无意义的。为了弄清精益生产和大批量生产在工厂方面的全部差别，我们必须比较满负荷运营的工厂。

其次，我们经常被问到："为什么要调研这么多国家的这么多工厂？"答案很简单。目前精益生产正从日本传播到几乎每一个国家。传播的直接对象就是那些早期工业时代的巨型大批量生产工厂。

在每个国家和每个公司里——也许我们还应该加上，包括一些进步不大的日本公司——我们发现一种强烈的、甚至急切的渴望，要寻求这样两个简单问题的答案："我们的位置在哪里？"和"我们必须做什么才能达到精益生产要求的新的富有竞争力的水平？"现在我们有了答案。

典型的大批量生产：通用汽车的弗雷明汉工厂

1986年，我们开始在通用汽车公司位于美国马萨诸塞州的弗雷明汉总装厂进行调研，这座工厂仅距我们位于波士顿的研究所数英里。我们选择弗雷明汉工厂并非由于它离我们近，而是因为我们强烈怀疑这座工厂包含了典型大批量生产的全部要素。

与工厂的高级管理人员们的初次会面并不乐观。他们刚刚从我们总装厂调研组长约翰·克拉夫奇克过去工作过的丰田—通用合资公司（新联合汽车制造公司 NUMMI）参观归来。有人报告称，新联合汽车制造公司后面肯定存在秘密修理区和秘密库存。因为，他没有看到任一方面是足够称得上一座"真正的"工厂。另一位经理不知道新联合工厂有什么值得他们大惊小怪的地方："他们不过是像我们一样地在造车。"第三个人则警告说："一切有关新联合汽车制造公司'精益生产'的讨论在这里都是不受欢迎的。"

暂且不管这个冷淡的开端，我们还是发现工厂管理人员对我们帮助极大。正如我们自此一次又一次发现的那样，全世界的管理者和工人都渴望了解自己所处的位置以及如何改善。而他们对事情可能会糟糕到何种程度的担忧，实际上往往就造成了初期的敌对情绪。

在车间里，我们找到了预期的情况：一个经典的具有诸多弊病的大批量生产环境。我们从总装线旁的走道开始看，走道上挤满了前去换班接替工友的员工、前往排解故障途中的设备修理工、清理工和库存搬运工，我们都可以称之为非直接生产工人。这些工人实际上都没有在增值，公司完全可以找到其他办法来完成他们所担负的工作。

然后，我们来看看总装线本身。每个工作台的旁边都有成堆的库存——有时多达数周的库存量，废弃的纸箱和其他临时包装材料扔得到处都是。总装线上的工作本身就分配不均，有些工人疯狂地跑动以跟上工作节拍，而有些工人却有时间吸烟甚至看报纸。另外，很多工位上的工人们似乎正在努力把极不合适的零部件装配到奥兹莫比尔（Oldsmobile）汽车上。根本装不上的零部件就随便地扔到垃圾箱里。

而我们在总装线的末端所发现的也许是老式的大批量生产的最佳证据：带有各类质量缺陷的成品汽车堆放在一大片工作区域中。所有这些汽车都需要在出货前进行进一步的修理，这项任务证明是非常耗时的，而且由于问题埋藏在层层的零部件和内饰之下，往往无法彻底解决。

在我们穿过工厂回去和高级经理们讨论我们调查结果的路上，我们发现了大批量生产的最后两大标志：一是大量的车身缓冲库存正在等待被运送到喷漆间，然后由喷漆间送到总装线；二是大量的零部件库存，许多还在火车车厢里，这些零部件都是从通用汽车公司位于底特律地区的部件制造厂运来的。

最后，谈一谈工人问题。唯一合适的形容词就是"无精打采"。自1979年美国工业危机开始，弗雷明汉工厂的工人已被裁员6次。对工厂是否能够长期顶住位于美国中西部的精益生产工厂的冲击，他们似乎已不抱什么希望了。

典型的精益生产：丰田公司的高冈工厂

我们的下一站是日本丰田市高冈县的丰田总装厂。像弗雷明汉工厂（1948年建立）一样，这个工厂处于中年期（1966年投产）。1986年，这个工厂拥有很多的焊接和喷涂机器人，但很难像通用汽车公司的工厂那样高科技，当时的通用已经在其GM-10型新车上应用计算机控制运输系统而不是传统的总装线。

对每个了解精益生产逻辑的人来说，高冈工厂和弗雷明汉工厂之间的差别是显著的。首先，精益生产工厂的走道上几乎没有人。在通用汽车公司看见的非直接生产工人大军不见了，几乎每一个见得到的工人都真的在为汽车生产增值。由于高冈工厂的走道非常狭窄，这一事实就更加明显。

对于一定生产量下所需的工厂空间大小，丰田的理念正好和通用在弗雷明汉工厂的理念相反：丰田认为空间应当尽可能小，这样工人更容易面对面地交流，而且工厂内没有存放过量库存的空间。相反，通用则认为特大的空间是必需的，这样可以应付需要返工的汽车和为保持均衡生产所需的大量缓冲库存。

总装线显示出更深层的差别。在高冈工厂，每位工人的身旁只有不到一个小时的库存量。零部件顺畅地沿着流程前进，工作量比较均衡，每位工人的工作节拍大致相同。当一个工人发现一个有质量缺陷的零部件时，他（在日本丰田工厂里没有女工人）仔细地贴上标签，然后送到质量控制室以换取新的零部件。一旦进入质控部门，零部件就要经过丰田"五个为什么"的考核，正如我们在第2章已解释过的，员工应追溯质量缺陷的原因到其最终根源以期不会再度出现这样的问题。

前面已指出，如发现任何问题，线上的每位工人都能拉动就在工作台边上的绳索，停下整条总装线；而在通用，除安全原因外，无论任何理由，也只有高级经理才能停下总装线——但是由于设备或物料供应的问题，总装线却常常被动停止。在高冈工厂，每位工人都可以停下总装线，总装线却几乎从不停止，这是因为问题已经提前解决掉了，而同样的问题永不重复出现。很明显，持续地注重防止质量缺陷已经消除了停线的大部分原因。

在总装线的末端，精益生产与大批量生产之间的差别更为显著。在高冈工厂，我们几乎完全看不到返工的区域。几乎每辆车都是直接从总装线开到船上或货车上，送达客户处。

穿过高冈工厂的回程上，我们还观察到这个工厂与弗雷明汉工厂之间其他的差别。在焊接车间与喷漆车间之间以及喷漆车间与总装车间之间几乎没有缓冲库存，而且根本没有零部件的仓库。相反，零部件在供应商的工厂制成后每隔一小时直接交货至总装线（事实上，我们最初的工厂调查问卷上问到工厂有多少天的库存量时,一位丰田的经理彬彬有礼地问道,是否翻译上有差错,我们肯定是想问有几"分钟"的库存量)。

最后一个和弗雷明汉工厂之间的显著差别就是工人的精神面貌。高冈工厂的工作节奏明显更为紧张,工人们还有一种工作主动性,而不仅是在工长的监视下心不在焉地装装样子。毫无疑问,这在很大程度上是由于高冈工厂的所有工人都是丰田的终身雇员,完善的工作保障换来了他们的全力完成任务。[1]

数据统计表:大批量生产与精益生产

在调查了两个工厂之后,我们开始建立一个简单的数据统计表以说明每个工厂的生产率和精确度(这里的"精确度"表示顾客报告的汽车装配质量缺陷数)。[2]计算总生产率的对比很容易,即用全厂雇员的工时数除以生产出的汽车数量,如表4-1第一行所示。[3]但是,我们必须确保每个工厂完成的工作是完全相同的。否则,就没有可比性。

所以,我们为两个工厂设计了标准的活动一览表,包括全车身的镶板焊接,三层涂料的喷漆,全部零部件的安装,最后检查以及返工,并注意任何一家工厂在做而另一个工厂不做的工作。例如,弗雷明汉工厂只承担其焊接工作的一半,并从外协厂获得许多预先焊好的装配件。为反映这一事实,我们对此进行了调整。

我们也知道,比较装配汽车尺寸差别很大和可选配置数量不同的工厂意义不大,所以我们对每个工厂的工作量进行调整,就像让他们总装一种特定规格尺寸和选装配置的标准车型。[4]

我们完成这项工作后就有了一个异乎寻常的发现,如表4-1所示。在完成同样的一套标准活动,生产我们要求的标准车型时,高冈工厂的生产率几乎是弗雷明汉工厂的2倍,而且精确度达到3倍。在制造汽车所需空间方面,高冈工厂的空间利用率要高出40%,而其库存量仅为弗雷明汉工厂的极小部分。

表 4-1　1986 年通用汽车弗雷明汉总装工厂与丰田高冈总装工厂对比

	通用弗雷明汉工厂	丰田高冈工厂
每车总装工时	40.7	18.0
修正后每车总装工时	31	16
每百辆总装缺陷数	130	45
每车总装面积	8.1	4.8
平均零件库存	2 周	2 小时

注：每车总装工时为工厂总工时数除以生产总车数。
"修正后每车总装工时"同时考虑了标准活动中的修改和文中所描述的产品特点。
每百辆总装缺陷数是以 J.D. Power 公司的《1987 年新车质量调查报告》为基础估计的。
每车总装面积是每年每车所占平方英尺数，并按照汽车的尺寸修正过。
平均零件库存是主要零件的大致平均数。
资料来源：国际汽车计划各国总装厂调研。

如果你还记得第 2 章中的图 2-1，你可能会怀疑从经典的大批量生产（如通用所采用的）向经典的精益生产（如丰田所采用的）的跃进是否称得上是一场"革命"。毕竟，福特汽车公司当时在高地公园工厂能把直接总装工时减至九分之一。

实际上，高冈工厂的成就在某些方面甚至比福特高地公园工厂更令人钦佩，因为高冈工厂在很多方面都有很大的进步。高冈工厂不仅工时减半，不合格品减少到三分之一，还大大削减了库存和制造空间（也就是说，和弗雷明汉式的大批量生产相比，它既节省了资金又节省了劳动力）。更强大的是，高冈工厂能够在几天之内从生产一个车型转换到生产下一代的产品，而高地公园工厂由于采用大量的专用工具，当 1927 年福特汽车公司从 T 型车转而生产新的 A 型车时，停产达数月之久。大批量生产的工厂在换型生产新产品时，仍需连续停产数月。

传播精益生产

制造上的革命只有在人人都可利用的时候才是有益的。因此，我们对正在北美和欧洲兴办的新移植工厂能否在一个完全不同的环境里实行精益生产非常感兴趣。

我们对北美一家日本的移植工厂很熟悉，因为国际汽车计划的研究成员约翰·克拉夫奇克就曾在这个厂里任职。位于加州佛蒙特的新联合汽车制造公司（NUMMI）是典型的大规模制造商通用汽车和典型的精益制造商丰田公司的合资企业。

新联合汽车制造公司利用了通用汽车在20世纪60年代建成的一座旧工厂，为美国西海岸组装通用汽车的轿车和小货车。由于通用汽车在太平洋沿岸的市场份额逐步下滑，工厂的工作日益减少，终于在1982年关闭了这家工厂。到了1984年，通用汽车公司决定要向大师学习精益生产。所以，它说服丰田公司为其重新开放的工厂提供管理层人员，这个工厂将为美国市场生产丰田设计的小型轿车。

新联合汽车制造公司决心不在精益生产上采取折中妥协方案。高级经理都来自丰田，他们很快就完全按照丰田生产方式来实施精益。达到这一目标的关键行动就是在车身焊接区旁边建设一座新的冲压工厂，这样车身就可以完全按照需求，进行小批量地冲压。相比之下，旧的佛蒙特工厂要依靠通用汽车在中西部的集中冲压工厂经由铁路来供应车身。在那里，这些车身是成百万件地在专用的冲床上冲压出来的。

联合汽车工人工会也一起合作使精益生产成为可能。新联合汽车制造公司80%的工人是由过去在通用佛蒙特工厂工作的工人组成的。但是，新联合汽车制造公司的合同只规定了两类工人——组装工和技术工，而通常工会合同拥有数千页印刷精美、对工种类别和其他工作限制问题明确的规定。工会也同意其全体会员以小组团队的形式工作，以最少的工时和最高的质量来完成工作。

1986年秋天，新联合汽车公司全速运转起来了。我们已准备好将它和高冈工厂以及弗雷明汉工厂进行对比，如表4-2所示。

表4-2　1987年通用弗雷明汉工厂、丰田高冈工厂和新联合佛蒙特工厂对比

	通用弗雷明汉工厂	丰田高冈工厂	新联合佛蒙特工厂
每车总装工时	31	16	19
每百车总装缺陷数	135	45	45
每车总装面积	8.1	4.8	7.0
平均零件库存	2周	2小时	2天

资料来源：国际汽车计划各国总装厂调研。

我们发现新联合汽车制造公司与高冈工厂的质量相当，生产率接近。但由于通用旧工厂糟糕的布局，空间利用率并不太高。又因为几乎所有的零部件都需横跨太平洋运送 5 000 英里才能抵达，不像丰田总装厂仅距附近的供应工厂 5～10 英里，其库存量也比高冈工厂要大得多（尽管如此，新联合汽车制造公司备有两天的零部件就能够顺利运营，而弗雷明汉工厂则需要两周的存货）。

到 1986 年年底，我们已经清楚，丰田确实在制造业上完成了一场革命，旧式大批量生产的工厂无法匹敌，新的最佳生产方式——精益生产，完全能够成功地移植到新的环境中，以新联合汽车制造公司为例。有了这些调查结果，我们对随后的大事件就不怎么惊讶了：高冈工厂继续改进，增加更多的自动化。新联合汽车制造公司也在不断提高，并且当时正在增加第二条总装线来组装丰田的小货车。弗雷明汉工厂则在 1989 年的夏天永远关闭了。

世界各国的调查

在完成初步调查后，我们决定继续进行对整个世界的调查。我们的动机部分是出于那些赞助我们的公司和政府渴望了解自己所处的位置，部分是出于调研 3 家工厂所得的知识无法回答关于自动化、工艺性、产品多样性和管理技术在成功的制造中究竟起什么作用的问题。

但是我们很快就发现，在报告我们的调研结果时，我们必须隐藏公司和工厂的名字。只有在我们的调研结果不公开工厂名的条件下，许多公司才允许我们接近他们的工厂。我们尊重他们的意愿，本书只有在得到公司的同意后才会指出工厂名。

经过四年多的研究，关于世界各国的生产率和质量（或精确度）问题，我们的总结如图 4-1 和图 4-2 所示。

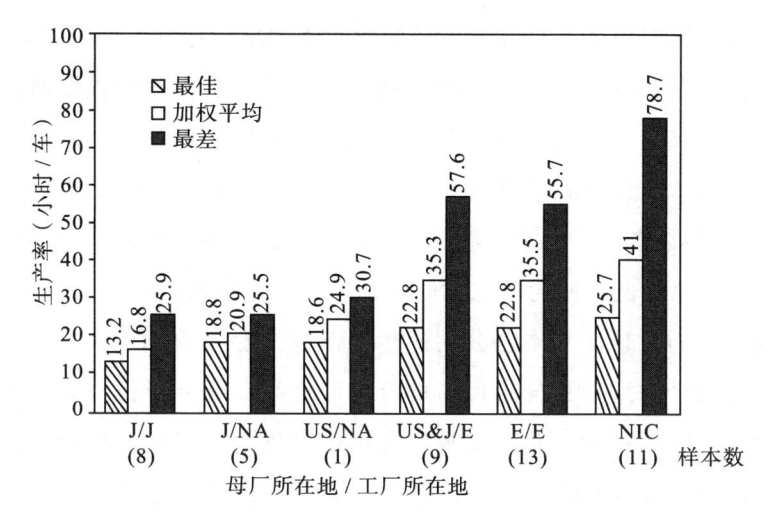

图 4-1 规模制造商总装厂生产率，1989 年

注：大批量生产商包括美国三大公司，欧洲的菲亚特、标致、雷诺、大众和日本各公司。
J/J = 日本的日资工厂。
J/NA = 在北美的日资工厂，包括与美国企业合资的工厂。
US/NA = 在北美的美资工厂。
US&J/E 在欧洲的美资和日资工厂。
E/E = 在欧洲的欧资工厂。
NIC = 新兴工业国家和地区的工厂：墨西哥、巴西、中国台湾和韩国。
资料来源：国际汽车计划各国总装厂调研。

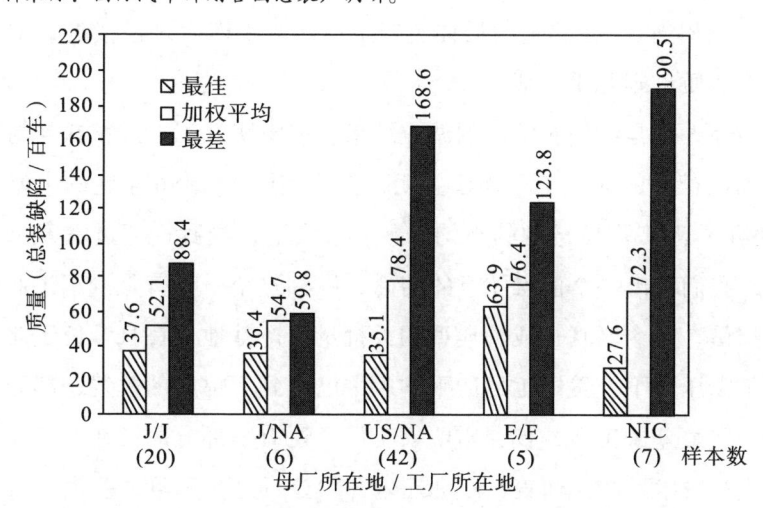

图 4-2 规模制造商总装厂质量，1989 年

注：质量用可追查到总装厂责任的每百辆汽车的缺陷数来表示，由客户最初 3 个月的使用
报告记录。报告只包括在美国销售的汽车。
资料来源：国际汽车计划项目各国总装厂调研，利用由 J.D. Power 公司提供的总装厂质量
缺陷专项调查结果。

这些调查结果根本不是我们所预期的。我们预期在日本的所有日本公司，其业绩大致是差不多的——即一样地精益。更进一步，我们预期所有位于北美的美国工厂以及美国人和欧洲人在欧洲开办的工厂业绩大致在同一水平上，没有什么差别，而且落后于日本工厂平均水平的程度，大致和1986年弗雷明汉工厂落后于高冈工厂的程度差不多。最后，我们还猜测发展中国家的总装厂应以低生产率和低品质为标志。但是，事实却并非如此。

相反，我们发现，日本各公司的生产率业绩存在着相当大的差别。在生产率和质量两个方面，最佳工厂与最差工厂之间实际上要相差1~2倍；在其他方面——空间利用、库存水平、专用返工场地占工厂面积的比例的差别就小得多，但仍有所不同。

我们很快发现弗雷明汉工厂实际上是北美最差的美资工厂。1989年后期美国三大汽车公司的平均业绩要好得多——生产工时只比高冈工厂多48%、质量缺陷数量多50%而已；而1986年弗雷明汉工厂与高冈工厂相比时生产工时高达其2倍，质量缺陷数则为其3倍。更突出的是，福特这个75年前大批量生产的创造者，其在北美总装厂的精益程度几乎与日本在北美的移植工厂的平均水平相当。[5]在北美的最佳美资工厂，其生产率现已接近日本工厂的平均水平，而质量则几乎一样。

也许最惊人的是我们对欧洲的调查结果。弗雷明汉工厂这家在与高冈工厂的对比中如此糟糕的北美工厂现已关闭，但是实际上1986年它的生产率已经超过1989年欧洲工厂所达到的平均水平。事实上，当我们通过一家家工厂进行调研时，我们得出一个值得注意的结论：欧洲这个一度曾是汽车工业中手工艺生产的摇篮，如今已真正成为典型的大批量生产基地。在日本位于北美的移植工厂的不断压力下，美国工厂的平均水平已得到大幅度的改善，部分原因在于关闭了一些最差的工厂，如弗雷明汉工厂，还有一部分原因在于其他工厂采用了精益生产技术。相比而言，欧洲还未开始拉近这一竞争力差距。

至于日本在北美的移植工厂，我们发现的情况符合预期。他们的平均水平在质量方面大体与日本工厂平均水平相当，但在生产率方面大约落后25%。我们认为，这些差距的部分原因在于这些移植工厂在学习精益生产方面仍处于起步阶段。这些差距也是由于获取所需的额外工作的供应方式不同，我们将在第 6 章探讨这一点。[6]

但是，在众多在美日资工厂中也存在着显著的不同。例如，有一家移植工厂的制造空间利用率在全世界工厂的抽样中最低。一般而言，我们发现在日本业绩最佳的公司在北美经营的的移植工厂也是业绩最佳，这说明我们观察到的大多数差距都在于管理上的不同。

最后，发展中国家和地区的总装厂，主要是巴西、韩国、墨西哥和中国台湾，其业绩水平差距极大。在质量方面，福特在墨西哥的埃莫西约（Hermosillo）工厂实际上是在整个大批量生产工厂的抽样调查对象中质量最佳的总装厂，比日本的最佳工厂和北美的最佳移植工厂还要出色。发展中国家的最佳工厂，效率也是比较惊人的，特别是考虑到他们自动化水平并不高。但是相对而言，发展中国家最差工厂的业绩极差，其质量糟糕，生产效率奇低。

差别的原因何在？我们认为这可以归因于一个产品从开发直到总装的精益流程（如在埃莫西约工厂组装的汽车是马自达 323 的一个变型车）以及得到已掌握精益生产的公司在管理方面的支持（在埃莫西约工厂的案例中，支持直接来自福特，在其他几个案例中，一家独立公司若能持续不断地取得日本管理的大力支持，也会有效地变成一家移植工厂）。

这些调查结果需要我们对头脑中的工业世界地图进行重新排列，我们相信这对许多读者来说非常困难：现在我们必须停止把"日本的"和"精益的"，"西方的"和"大批量生产"等同了。实际上许多日本工厂并不特别精益，而目前许多在北美的日资工厂证明精益生产就算远离日本，也能得到实施。同时，在北美的美资最佳工厂表明，精益生产方式能够完全由西方公司来实施，并且，在发展中国家的最佳工厂表明精益生产方式能够推广到世界上任何地方。

"手工"制造商的特例

图 4-1 和图 4-2 中的生产率和质量数据只是对大众市场的汽车而言，即

福特汽车而非林肯汽车，丰田汽车而非凌志汽车，大众汽车而非奔驰汽车。从一开始我们就认为，就其实际工作内容来说，无论其品牌声望有多么高，总装厂都是相差无几的。焊接奔驰和焊接大众汽车车身的机械人是同一种，实际上往往是出自同一制造商的同一型号。喷漆几乎是在相同的喷漆间里进行，而总装工作都是在汽车沿着长长的组装线移动时，将大部分的数以千计的零部件手工安装完成的。大众化汽车和豪华汽车之间的真正区别在于后者在车身上采用较厚的钢板，多涂几遍油漆，厚一点的隔热层和许多更为豪华的配置。

尽管这种想法对我们而言是显而易见的，却并未被广泛地接受，甚至在汽车行业内也是如此，自然更不会是广大公众的观点。高级管理者屡屡告诉我们在生产率和质量上的调查结果对普通轿车和轻型货车可能是正确的，但"豪华汽车是不同的"。

为确切查明情况，我们开始进行一项关于制造豪华汽车的总装厂的世界专项调查。基于我们对同一公司的大众化汽车厂的调研结果，我们访问了被认为是世界最佳的日本大型汽车厂。在北美我们调查了林肯和凯迪拉克的工厂。在欧洲我们访问了奥迪、宝马、奔驰、沃尔沃、罗孚、萨博和捷豹等工厂。每到一个工厂，我们都仔细地对该厂的工作和汽车的规格进行标准化。这样，我们就只需要询问每个工厂在完成较小型和略低档次的标准汽车标准装配工序所需要的工时和在装配过程中会出现的质量缺陷数目。所以，每座工厂所使用的工作量实际上比图4-3和图4-4所示的大很多。此外，我们对缺勤率进行了调整，在许多欧洲工厂中约达25%，在日本约达5%或更少。图中所列工时表示实际工作工时，而非工资单上的工时数。

我们的调查结果令人耳目一新。日本豪华汽车工厂只需美国工厂工时的一半、欧洲最佳工厂的一半、欧洲工厂平均工时的四分之一、欧洲最差工厂的六分之一。同时，除一家欧洲厂以外，日本厂的品质水平大大超过所有工厂——而这家欧洲工厂组装一辆类似汽车所需的工时是日本工厂的4倍。无怪乎西方豪华汽车制造商会惊恐于凌志、英菲尼迪、讴歌的到来和其他即将推出的日本豪华车。

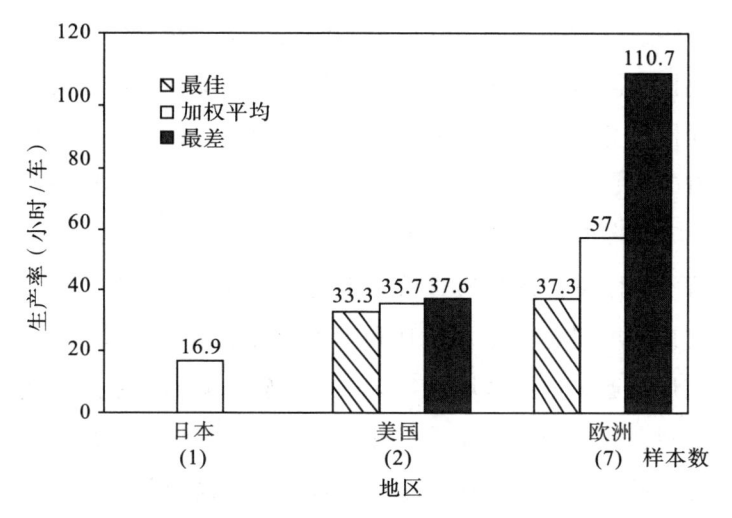

图 4-3 豪华汽车总装厂生产率，1989 年

注："豪华汽车"包括欧洲的"专业汽车制造商"——奔驰、宝马、沃尔沃、萨博、捷豹、奥迪、阿尔法罗密欧，以及北美的凯迪拉克和林肯。日本豪华汽车包括本田的里程（Legend）、丰田的克雷西达（Cressida）、马自达的929，这三种日本汽车制造商1989年为出口而生产的最昂贵轿车。丰田的雷克萨斯和日产的英菲尼迪是新车型，所以没有列入。

资料来源：国际汽车计划各国总装厂调研。

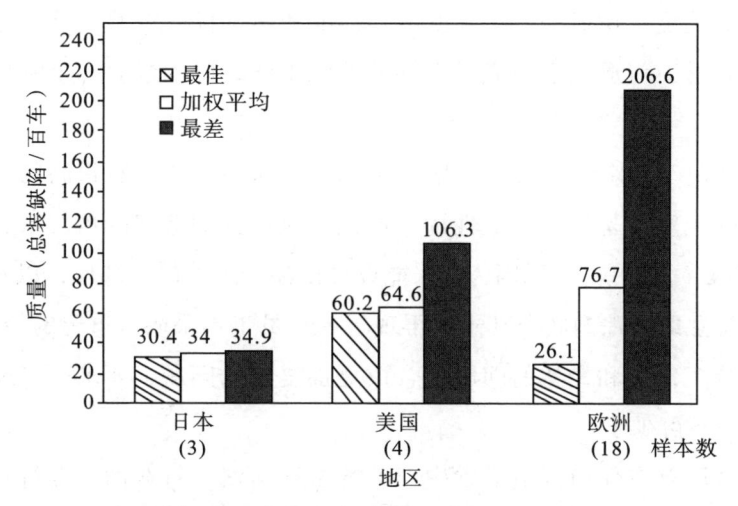

图 4-4 豪华汽车总装厂质量，1989 年

注："豪华汽车"的定义见图 4-3。

资料来源：国际汽车计划各国总装厂调研，数据由 J.D. Power 公司提供。

在分析这些数据时，许多读者可能怀疑差别是否在于欧洲的汽车品种变化大和生产规模小。我们对这些公司的印象确实是那种低产量的手工生产方式。但是实际情况并非如此。欧洲工厂，除一家之外，其生产量与前面我们谈过的大批量生产厂在同一水平上，而且在大多数情况下，比我们调研过的日本豪华汽车厂其汽车品种更为"简单"一些。

当我们访问刚刚提到的高质量低效率的那家欧洲工厂时，我们不必深入调查就能发现其基本问题所在：经理和工人们普遍深信他们是工匠。在总装线的尾端有大片的返工返修区域。身穿白色试验室服的技术大军费力地把装好的整车精修到公司传说中的品质标准。我们发现在组装的总工作量中有三分之一是在这块返工区域上完成的。这也就是说，这家德国工厂花在纠正和修理好刚刚从生产线下来的问题产品所需的工作量，要比日本工厂一次制造出一辆近乎完美的汽车还要多。

我们客气地询问这些身着白色工作服的工人他们究竟在干什么。他们回答道："我们是工匠，这是我们公司致力于高质量的证明。"当这些"手艺人"知道他们真正在做什么时，他们惊讶其工作的实质正是1905年亨利·福特生产方式中的装配工所做的——调整不合标准的零部件，按照设计对零部件进行微调，并返工前道工序完成得不好的装配工作，以期最后各个零部件都能正常工作。

当然，由于每个待解决的问题都不相同，这些工人具有很高的手艺，他们的工作毫无疑义是极具挑战性的。但是，从精益制造商的角度来看，这纯粹是MUDA（浪费）。其原因为：未能设计出易于组装的零部件，以及未能一发现缺陷就立即追踪到底令其永不再现。一旦员工不采取这重要的最后一步，后续的组装工作会和最初的问题混合成更加复杂的问题，要求"工匠"把事情办好就必不可少了。

我们对所有在任何制造活动中，不管是否是汽车行业的，实行这种"技艺"的公司都有一条简单有力的建议：消灭它。尽快采用精益生产方式并从一开始就消灭对所有"工匠"的需要。否则，在21世纪你将被精益的竞争者所淹没。

国际汽车计划各国总装厂调研总结

表4-3总结出当今世界上各规模汽车制造商在总装工作的，包括生产率和质量，各种业绩的指标。该表显示在所需返工场地的大小、参与团队合作的工人比例、收到的建议数（在日本移植工厂中至今尚未建立建议系统）以及向新的组装工人提供培训机会的多少等方面，日本的平均水平与北美的水平以及欧洲的水平之间的差别还是很明显的。

表4-3 规模制造商的总装厂特性指标总结，1989年
（每个地区的工厂平均数）

	日本 日资工厂	北美 日资工厂	北美 美资工厂	所有 欧洲工厂
绩效：生产率（工时/车）	16.8	21.2	25.1	36.2
质量（总装缺陷/百辆车）	60.0	65.0	82.3	97.0
布局：面积（平方英尺/车/年）	5.7	9.1	7.8	7.8
返修场地大小（占总装%）	4.1	4.9	12.9	14.4
库存（8个零部件的天数）	0.2	1.6	2.9	2.0
工人：以小组为单位的占总工人数%	69.3	71.3	17.3	0.6
工作轮岗（0=无，4=频繁）	3.0	2.7	0.9	1.9
合理化建议数/工人数	61.6	1.4	0.4	0.4
工种类别数	11.9	8.7	67.1	14.8
新工人培训（小时）	380.3	370.0	46.4	173.7
缺勤率	5.0	4.8	111.7	12.1
自动化： 焊接（占加工序%） 喷漆（占加工序%） 总装（占加工序%）	86.2 54.6 1.7	85.0 40.7 1.1	76.2 33.6 1.2	76.6 38.2 3.1

资料来源：1989年国际汽车计划各国总装厂调研和J.D. Power公司的新车质量调查。

调查中的另一值得注意的重要结果是：生产率与质量之间的关系。当我们刚刚开始调研并把各厂的生产率和质量联系起来时，我们发现这两者之间几乎没有关系。更有甚者，它并不随时间而变化。图4-5表示了1989年年末，世界各国生产率与质量之间的相关系数为0.15。

这似乎令人费解。我们原认为或者是像西方工厂经理们长期所认为的那样应该是负相关——高质量工厂应需要更多的工作量来完成；或者是像许

多描述有关日本制造的作者认为的那样应该是正相关——质量应该是"免费的"。简单地分析图4-5将表明，其谜底是两种倾向都是明显的，然而两者相互抵消。日本国内工厂和移植工厂全部集中在图的左下角。对这些精益工厂来说，质量的确是"免费的"。除这些工厂之外，从图中可以看出：工厂可以具有高质量或高效率，但却非两者兼得。对这些大规模制造厂商，如果要获得高质量的话，其代价是昂贵的。

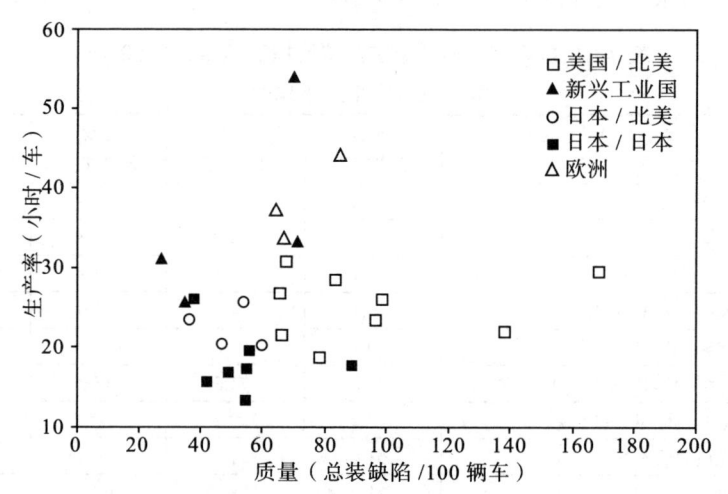

图4-5 规模制造商总装厂的生产率和质量关系，1989年

资料来源：1989年国际汽车计划各国总装厂调研。

变成精益

我们与全世界几乎所有的汽车制造商（国际汽车计划项目的主要赞助者）反复审核我们的调研结果。所以，这些公司对我们报告里的数据并不感到惊奇，现在这个调研结果已被普遍接受为工厂层面上总体竞争状况的精确总结。

但是，确定每家工厂在世界竞争中所处的位置是一回事，精确地解释竞争中的失败者需要怎样做才能迎头赶上是另一回事。当我们和这些公司审核我们的数据时，他们的高管和经理向我们提出很多质疑，特别是在以下几个方面：

第一个问题是，他们问自动化是否是秘密所在。我们答复：是，又不是。图4-6所示是总装工序中的自动化比率——用机器人或更为传统些的"硬件"自动化，与工厂的生产率之间的关系。这里有一个明显的向右下倾的趋势——自动化程度越高意味着所需要工作量越少（换言之，高水平的自动化对高水平的工作量表现为明显的负相关≤0.67）。我们估计，平均而言自动化水平约占工厂之间生产率差异的三分之一。

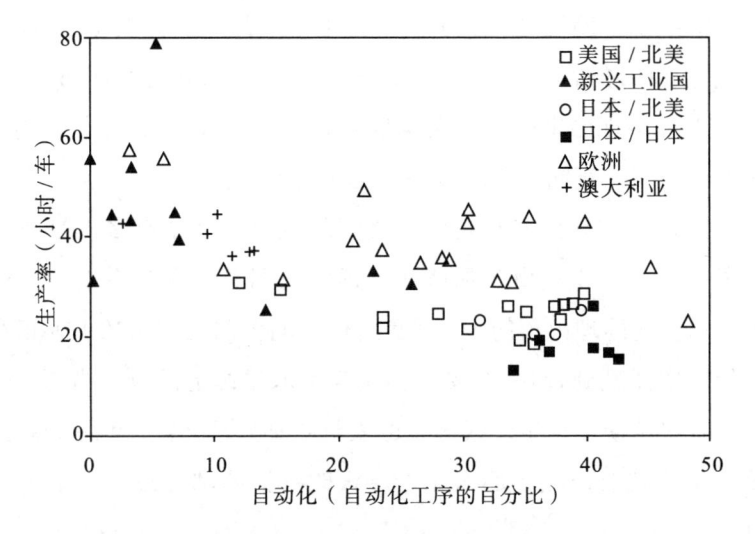

图4-6 规模制造商自动化和生产率的关系，1989年

注："自动化"是已经自动化的组装工序的百分数。自动化包括像多点焊机那样的固定自动化和采用机器人的柔性自动化。物料搬运的自动化未包括在内。

资料来源：1989年国际汽车计划各国总装厂调研。

但是，图4-6中真正令人震惊的是在任何自动化水平上，效率最佳和最差工厂之间的差别是极大的。例如，抽样中自动化程度最低的日本国内工厂（总装工序中自动化率仅为34%）却又是全世界效率最高的工厂，它只需要一个自动化程度相当的欧洲工厂工作量的一半或另一个工厂工作量的三分之一。再看图4-6的右边，我们可以看到世界上自动化程度最高的欧洲工厂（总装工序自动化率为48%）比起只有34%自动化率的效率最高的工厂需要多出70%的工作量来完成在我们标准汽车上的全套标准化的总装工序。

明显的问题是，何以如此？从我们的调查结果和工厂参观中得出的结论是，在组织不善的高技术工厂中，其结果必然是：从手工组装任务中减少多少非熟练直接工人，就必须增加大约相同数量的技术工人和维修工人。

更有甚者，由于复杂机床的故障减少了工厂真正用于生产汽车的时间，他们很难维持高产出。从许多工厂里观察先进的机器人技术，我们总结出这样一条简单的原理：如果一个公司打算获得高效益，采用高技术工序自动化之前应该先建立精益的组织。[7]

后进者的第二个问题是，差别是否是由于产品的工艺性（组装的方便性）而不是由于工厂的经营造成的？可以理解的是工会领导也经常问到这个问题。唐纳德·埃夫林（现已退休的原美国联合汽车工人工会副主席）在整个国际汽车计划工作期间一直同我们就这一问题进行对话。

他希望知道，在好公司和差公司之间的竞争差距中有多少是由于工厂里的工人造成的，有多少是由于那些在遥远的公司总部办公室里的工程师和管理人员造成的。他的理由很简单："我所代表的美国工厂里的工人正在为他们无力纠正的问题而遭到责备。"埃夫林认为采取组织上的改进措施——准时化库存，工人有权拉动可使组装线停止的安灯拉绳[⊖]等，会产生一些差别，但如果产品设计本身就有缺陷，那么无论什么改进措施都无法使一个工厂真正具有竞争力。

我们很难确切地回答工艺性的问题，因为我们需要对调研的每个工厂中每辆正在组装的汽车完成汽车制造商所说的解体分析，只有解体之后我们才能清楚一辆汽车有多少零部件以及这些零部件是否容易组装起来，这种分析将极为昂贵且费时。所以我们所能报告的只有一些有趣但片面的证据，来证明工艺性确实非常重要。

有一项证据是我们在1990年的春天进行的一次对世界各国汽车制造厂的调研。[8]我们要求他们就组装厂里产品的工艺性给所有别的汽车制造商排个名次。他们是以解体分析为基础来排列名次的，而这种解体分析是汽车公司作

⊖ 在车间里，当操作者需要帮助，发现质量等与产品制造、质量有关的问题，他就拉下拉绳，激活安灯系统，该信息通过操作工位信号灯、安灯看板、广播将信息发布出去，提醒所有人注意。——译者注

为竞争评估计划的一部分（听起来可能很奇怪，任何一辆新车的首批生产车型都到不了用户手里，而是被竞争对手买了下来，然后立即把它解体进行竞争性评价）。表 4-4 所示的是制造商的报告结果。

我们无法确认这些调查结果的正确性，因为我们弄不清这些公司在解体分析方面做了些什么或做到什么程度。当我们开始在总装厂调研时，我们惊奇地发现很少几家汽车公司对自己的竞争对手进行系统性的基准研究。尽管如此，作出回答的公司就哪家厂商的产品工艺性最好的问题意见却很接近，而且调查结果与各公司业绩中的生产率和质量指标又紧密相关。这意味着工艺性是有利于工厂的高业绩表现的。

表 4-4 由其他制造商排名的总装厂产品工艺性排名，1990 年

制造商	平均排名	排名范围	制造商	平均排名	排名范围
丰田	2.2	1～3	现代	11.3	9～13
本田	3.9	1～8	雷诺	12.7	10～15
马自达	4.8	3～6	克莱斯勒	13.5	9～17
菲亚特	5.3	2～11	宝马	13.9	12～17
日产	5.4	4～7	沃尔沃	13.9	10～17
福特	5.6	2～8	标致雪铁龙	14.0	11～16
大众	6.4	3～9	萨博	16.4	13～18
三菱	6.6	2～10	戴姆勒-奔驰	16.6	14～18
铃木	8.7	5～11	捷豹	18.6	17～19
通用	10.2	7～13			

注：以上排名是通过总结 19 家主要汽车制造商对问卷调查的结果而编制的。8 家制造商返回的问卷有效（美国 2 家、欧洲 4 家、日本 1 家、韩国 1 家）。根据对各制造商的问题"你认为哪个公司设计出来的产品最容易组装"而进行排名得出的。

资料来源：1990 年国际汽车计划工艺性调研。

进一步的证明来自最近通用汽车进行的一次对比，对比是在通用位于堪萨斯州费尔法克斯的制造基于 GM-10 车型的庞蒂亚克（Pontiac Grand Prix）车型的新总装厂和福特位于亚特兰大附近生产金牛座（Taurus）和水星黑貂（Mercury Sable）车型总装厂之间进行的。这次对比的基础是把汽车解体后按照车间手册重新组装起来。

通用汽车发现其工厂与福特工厂之间的生产率差距很大——双方生产同

一尺寸等级的汽车，具有相似水平的配置并在同一细分市场内销售。经过仔细的调查，通用汽车得出结论，41%的生产率差距可以追溯到两种设计的工艺性不同，如表4-5所示。例如，福特汽车的零件要少很多——前保险杠有10个零件而通用汽车的庞蒂亚克有100多个零件，而且福特的零部件更易于组装（生产率差距的其他主要原因是我们刚刚讨论过的工厂组织方式。通用汽车的分析发现自动化水平——在通用汽车工厂中实际上要高很多——并不是解释生产率差距的主要根源）。

表 4-5　福特亚特兰大总装厂与通用费尔法克斯总装厂对比，1989 年

生产率差距，按原因分类：	
外购件	9%
加工方式	2%
设计工艺性	41%
工厂运营	48%
	100%

资料来源：通用汽车公司。

制造的简便并非是偶然的。相反，它是精益设计方法最重要的成果之一。就这一点我们将在第5章中更仔细地进行探讨。

在我们和各公司一起审核我们的调研结果时，第三个常常出现的问题是产品的品种多样性和复杂性。我们在第3章中遇到的那位厂长，坚持认为如果他能够在工厂集中生产单一品种的标准化产品，他就能够与任何对手竞争。这是许多西方厂长的典型观点。这当然是一个有趣的想法，而且有一个简单的逻辑来支持它。

但是，在我们的调研中，工厂的车型数和车身外形数与生产率或产品质量之间完全不相关。我们试用"皮囊之下"复杂性⊖这一方法来对比世界各地工厂里正在制造的汽车。这是一种综合方法，它由主电线束的数目、外部油漆的颜色和在生产线上安装的发动机／变速器各种组合，外部安装的其他零部件数量和向总装厂供货供应商的数量等组成。对那些认为生产单一品种是解决竞争问题的观点来说，比较结果甚至更加令人难以置信：在我们的调研中，皮囊之下复杂程度最高的工厂反而具有最高的生产率和质量。当然这些都是在日本本土的日本工厂。[9]

⊖ "皮囊之下"复杂性是指车身下所安装的各种复杂零部件。——译者注

工厂级的精益组织

我们的结论是自动化和工艺性对高效率的工厂来说都很重要，但是若想充分发挥这两者中任一方面的潜能都需要出众的工厂管理人员。那些接受我们结论的公司高管、工厂经理和工会领导人常常会提出最后一个问题，这也是我们认为最有趣的一个问题：一家精益工厂真正重要的组织特征（比全世界其他工厂的经营业绩高近一半的特殊方面）是什么？而这些特征又怎样可以得以引入推行呢？

真正的精益工厂有两个关键的组织特征：①它能够把最大量的工作任务和责任转移到在真正为汽车进行增值工作的生产线上的工人们身上；②有一个在处于适当位置的缺陷检测系统，一旦发现问题，它就能快速追查并找到其根源。

这又意味着生产线上的工人的团队合作和简单而综合性的可视化管理系统，它使得工厂里每一个人都能对问题做出快速反应，并了解工厂的全面情况。在旧式的大批量生产的工厂里，经理们有意防止有关工厂情况的信息外传，认为这种信息是他们权力的关键。在精益工厂里，像高冈工厂，其全部信息，如日生产目标、当日生产的汽车数、设备故障、人员短缺、加班要求等，都显示在"安灯板"（发光电子显示板）上，在每个工位上都能看到这些可视化管理板。每次工厂里任何地方出现任何差错，谁知道怎样解决问题就跑去伸出援手。

所以，结果是这种动态的工作小组就成为精益工厂的核心。组织这些高效的小组并不简单。工人需要学会多种技能——实际上要学会做工作小组中的所有工种以便大家轮岗，工人彼此都能互相代替。工人还需要具有许多其他技能：简单的设备维修、质量检查、工位清扫和物料配料等。此外还需要鼓励他们积极地，甚至是主动地思考问题，以便能够在问题变得严重之前就想出解决方案来。

我们对那些试图采用精益生产方式的工厂进行分析考察时发现，只有存在着某种相互责任感，即管理人员有一种珍惜熟练工人的意识，为留住他们而做出牺牲并愿意赋予小组一定的责任时，工人们才会做出响应。仅仅修改组织机构图以表示各种"小组"和推行"质量圈"[⊖]以寻求改进生产过程，是不会有多大变化的。

这个简单的事实来自我们先前对在美国的福特和通用汽车的工厂进行的调研。在福特工厂里我们发现从1938年以来基本的工会管理合同一直没有改变过，而那一年是福特最终被迫同联合汽车工人工会签订了一个工作控制合同。工人仍然继续分配到范围狭小的工作，并不存在正式的小组式结构。但是，当通过一个又一个工厂时，我们发现小组工作实际存在而且活跃。为了相互合作并完成任务，工人们在很大程度上不去理会合同里技术上的细节。[10]

相比之下，在许多通用汽车的示范工厂里，我们发现存在新修改的小组工作的合同和精益生产的所有器具。但是，经过一小段时间的观察后我们发现几乎没有什么小组活动，而且工厂内的士气很低。

该如何解释这些似乎矛盾的现象呢？答案是简单的。福特工厂的工人对负责经营的管理人员具有很大的信任感，在20世纪80年代初期为理解精益生产方式的原理，这些管理人员进行过艰苦的工作。工人们还坚信，如果全体雇员以最佳方式协同工作来完成任务，公司就能够保住他们的职位。而在通用汽车的工厂里，工人们对管理人员是否了解如何运用精益生产方式几乎没有什么信心。这也不奇怪，因为通用从20世纪80年代初期开始就集中精力发明先进技术来减少工人。通用的工人也有一种宿命感，认为许多工厂迟早要遭到关闭。在这种情况下，公司的高层领导和工会所致力的精益生产始终无法转变为车间的进步就不足为奇了。

我们将在第9章中论述如何把精益生产引入到现有的大批量生产方式的工厂中去这一个棘手的问题。

精益生产是否人性化

如在第2章中所述，亨利·福特的大批量生产是一把双刃剑。大批量生

⊖ 20世纪50年代末期由日本质量管理专家石川馨于提出，建立"质量圈"的目标是团队人员在自愿的基础上解决与质量有关问题的模式。——译者注

产推动了大众消费，同时它使工厂工作变得枯燥无味。精益生产方式是否能够在恢复对工作的满意度的同时又提高生活水平，或者它是一把比福特更加锋利的双刃剑？

观点肯定是一分为二的。最近，美国联合汽车工人工会的两位成员争论道，对工人来说，精益生产甚至比大批量生产更糟糕。[11] 他们认为在加州新联合汽车制造公司推行的精益生产系统是在管理人员的重压下进行的，因为厂长们不断地试图证明系统内正存在着松弛现象——浪费的工时、过量的工人、过量的库存，故而要消灭掉它们。批评观点认为这种做法比查理·卓别林的电影《摩登时代》有过之而无不及。在卓别林的小机器工厂里至少工人还不需要思考他们在干什么也不必想方设法进行改善。

对精益生产的第二种批评观点或许可以称之为"新技艺主义"的形式出现。这种生产方式仅在少数瑞典工厂里得到运用，但因为公众对技艺具有一种似乎不可动摇的信念，使它引起全世界的广泛注意。

让我们以瑞典西部的沃尔沃乌德瓦拉（Udevalla）新工厂为例。在这个厂里沃尔沃工人小组以小工作单元，在固定的组装平台上组装沃尔沃的740和760型车。每个10人的小组负责把一辆从油漆烘干室出来的车身组装成完整的汽车。从一个方面看来，这种系统完全转回到本书第2章曾述及的1903年亨利·福特的组装车间，世界上其他地方都早已不用这种方法了。周期时间——工人重复做自己的动作所需的间隔时间——从大批量生产或精益生产方式的组装厂里的约1分钟，增加到在乌德瓦拉工厂的几个小时。此外，组装小组里的工人只要每天完成4辆汽车就有权确定自己的节拍。他们在团队内能够随意轮换工种。自动化的材料运输系统把每辆车所需零部件送到工作小组。乌德瓦拉系统的支持者认为，这种方法可以比得上精益生产工厂的效率，同时提供一个更为人道的工作环境。

我们强烈地反对这两种观点。我们认为在紧张和持续挑战之间，以及在新技艺主义和精益生产方式之间，存在极其重要但又往往被误解的差别。

就第一种观点而言，我们同意一个合理组织起来的精益生产系统确实能够消灭全部松弛点——这正是它的"精益"所在，但它同时又向工人们提供了控制其工作环境所需的技巧和把工作完成得更加顺利的持续挑战。由于大批量生产往往充满令人心神麻木的压力，工人们费力地去组装很难制造的产品，而且对改进他们的工作环境束手无策。精益生产方式则提供一种创造性的紧张，从中工人有许多办法来迎接各种挑战。这种参与解决复杂问题的创造性的紧张，恰恰是区分手工的工厂工作与大批量生产时代的职业性"脑力"工作的东西。

当然，为使这种系统可行，管理人员必须向工厂的工人们提供全面的支持，并且在汽车市场疲软时做出牺牲向职工提供职业保障，这种保证，在历史上是只对重要工种的职工提供的。这才真正是一种相互负责的系统。

此外，我们认为一旦精益生产的原理得到全面实施，公司就有可能加快完成在20世纪90年代里把汽车组装中多数剩下的重复劳动工序的自动化工作。这样，到20世纪末我们预期精益工厂将几乎全部由高度熟练的、能够解决问题的人所占有，他们的任务就是不断思考使整个系统运行得更为顺利而有效。

而新技艺主义的致命缺陷在于它永远达不到这个目标，因为它所渴望的是走向另一端，把回到手工艺的时代作为自己的目标。

我们很怀疑这种组织形式与精益生产相比究竟是否那么具有挑战性或自我实现。在一个较长的工作循环里，简单地用螺栓螺钉把大量零部件连接起来，和在一个短的工作循环里连接少数零件相比，只不过是极为有限的工作内容丰富化而已。真正的自我实现可能来自对每个小零件进行返工、调整使之配合良好。在合理组织的精益生产系统中，这种活动是完全没有必要的。

最后，几乎可以肯定，乌德瓦拉系统的生产率甚至比大批量生产还没有竞争力，更比不上精益生产。我们没有抽查过乌德瓦拉或卡尔马（Kalmar）这两个采用新技艺主义的沃尔沃工厂，但一些简单的算术运算就能说明：如果10名工人只是简单地把4辆车组装起来（不含焊接车身、喷漆和配料）需要8个小时——每辆汽车需要20个组装工时——乌德瓦拉与我们调研中的先进精益生产厂相比几乎毫无竞争的希望，后者只需13.3个工时来完成全套的焊接、喷漆并组装出一辆尺寸略小、复杂性略低的汽车。

在讨论其他问题之前，我们就为什么精益生产不可能比大批量生产更令人感到压抑提出最后一个理由。简单来说，精益生产是"脆弱的"。而大批量生产为了使之能够运行，到处设有缓冲：额外的库存、额外的场地、额外的工人。甚至当零部件不能按时到货或许多工人病休或有些工人在产品大批量生产之前未能检查出问题所在时，系统仍能正常运行。

但是，为了使没有一刻松弛的精益生产方式——没有保险网——而能够运行，关键是每一位工人都努力工作。如果简单地按照大批量生产，即低着头心不在焉地把各种动作完成一遍，用这种态度来对待精益生产方式必然很快导致灾难。所以，如果管理人员不能领导，而工人又感到缺乏有效的相互责任感，完全可以预料，精益生产方式必将返回到大批量生产去。有一位精益生产经理在一次参观工厂时说："大批量生产只不过是照章办事的精益生产方式，所以没有人采取主动并负责任地不断改善整个系统。"

这最后一点对精益生产在全世界范围的传播提出一些深层的问题，这是第9章中我们将集中探讨的主题。但是，目前我们需要按照精益生产的逻辑，从总装厂返回到产品开发。正如我们将看到的那样，现代汽车的本质——一种拥有超过1万个零部件的高度复杂的产品，需要高度复杂的设计系统。并且，和生产一样，协调这个系统的精益方式从根本上就不同于大批量生产。

第 5 章
The Machine That Changed the World

设计汽车

GM-10：在大批量生产企业里的产品开发

1981年通用汽车开始为刚投产的前驱A型车和老款的后驱G型车做产品更新计划，这是通用在北美市场中型车的主打产品。A型车，包括雪弗兰的Celebrity、庞蒂亚克的6000、奥兹莫比尔的Ciera和别克的Century，一般会持续生产10年。但是，通用汽车知道福特正在开发一款新的中型车，将于1985年推出，而且大家认为日本公司在这一细分市场里正在计划有更大的市场份额（中型车是美国汽车市场传统分档的四个标准化尺寸类别之一：小型车、紧凑型车、中型车和大型车）。

本章是基于藤本隆宏、安德鲁·格雷夫斯、延岗健太郎和安东尼·谢里夫的研究。

中型车细分市场过去一直是通用汽车大批量生产的拳头产品，约占通用北美年销量的三分之一。通用高层的要求是新车型推出的时间决不能晚于1986年。他们明白如果仍按老规矩：用10年的周期推出A型车并同时继续生产较为老款的G型车，他们势必大大落后于福特和日本公司。所以，他们开始了极其复杂又耗费巨资的流程来开发新型汽车。

所有大型汽车公司——不论大批量生产还是精益生产——在开发新产品上都面临同样的问题。许多职能部门，如市场、动力系统工程、车身工程、底盘工程、工艺工程和工厂运营，必须在较长一段时间内广泛地相互合作才能成功地开发出新车来。问题是怎样来进行这个项目？

最简单的方法可能是建立一个完全独立的项目团队，团队由许多计划员和工程师组成。项目经理在数年时间里，负责把这个团队的力量和谐地组织起来直至项目完成。

实际上，无论采用大批量生产方式还是精益生产方式，世界上没有一家公司是这样做的。理由很简单，每一家公司都拥有自己的一系列车型、通用的机械零部件和共用的工厂。A型车和B型车共用一种变速箱，而且要和C型车在同一个工厂里生产。把A型车变速箱的工程师和工厂管理人员隔离在一个独立的项目团队里是行不通的，因为他们的工作很快就会与B型车和C型车的项目团队相互矛盾，他们的设计有可能同其他计划中的新产品重叠。此外，隔离状态下工作的工程师很快就会失去与本专业前沿技术的接触，而这些技术是由职能部门在研究活动中慢慢推进的。其结果就可想而知：他们的设计不会是当今最先进的技术。

因此，大多数汽车公司发展出一套矩阵模式，每位参与产品开发的职员既向职能部门又向产品开发项目汇报工作。领导力的挑战就是把矩阵安排妥当，以同时满足职能部门和产品开发项目两者的需要。

在通用汽车，如何迎接这样的挑战一直是很关键的问题。从20世纪30年代至50年代末，公司推出了5个基本车型——雪佛兰、庞蒂亚克、奥兹莫比尔、别克和凯迪拉克。这5种车型的底盘、车身和发动机各异，但却有成百上千个零件是通用的，比如泵、电气部件、弹簧、轴承和玻璃。所以，任何一个汽车分部开发一种新车型，都会通过与其他汽车分部和零部件分部进行互动。尽可能多地采用通用件的结果，帮助阿尔弗雷德·斯隆取得了规模经济效益。

1959年后，当通用汽车推出其第一款小型车时，情况更加复杂。到20世纪60年代后期，除凯迪拉克只生产2种车型外，通用汽车的每个汽车分部都生产4种不同尺寸的汽车。在这样做的同时，为了保持规模经济，通用汽车开始在分部之间共同生产一种基本车型,在每一分部名义下销售的车型在外形上只有极少的变化。所以,1968年推出的新中型车是雪弗兰的Chevelle,庞蒂亚克的Tempest,奥兹的F-85和别克的Skylark。这些汽车的外部金属板不同,仪表盘不同,内饰不同,但在金属外表之下却采用完全相同的基本部件,包括发动机和底盘。也就是说,所有看不见的东西都是相同的。为开发这些产品,公司不得不协调4个市场营销分部的需要,每个分部都希望在自己的车上有不同的特点——运动型、经典型、高技术型、豪华型,以满足各汽车分部传统用户的期望。

通用汽车开发的新车型,在公司内部叫作GM-10,是一种标准车型。高层决策者指定一名项目经理作为领导,负责协调参与产品开发过程的各个职能部门。通用汽车庞蒂亚克分部的总工程师罗伯特·多恩(Robert Dorn)被指定为GM-10项目经理并赋予70亿美元的开发经费。罗伯特在通用汽车的雪佛兰分部设立了一个办公室,组成一个小的项目团队并开始工作起来(由于通用汽车的体系里没有项目办公室,那些被选加入项目的人,实际上是"游牧民",必须要有一个其他部门接纳他们)。

罗伯特的第一步就是使4个汽车分部在对于这种车的目标客户市场和客户最喜欢的产品特点上取得一致意见。为完成这一任务,他命令在消费者中进行大量的调查研究和对市场营销模式进行分析。

在这个过程中的关键决策包括新车的尺寸、外观和性能、目标市场和价格(1.4万美元左右)、相应的目标成本、燃油经济性(约合每加仑能跑24英里)和车身造型。所有部门都提出希望制造一款两门跑车和一款四门轿车,有些部门还要求旅行车。

罗伯特的项目团队取得这些信息后,就每个车型的确切内外部形状与通用汽车的车身造型中心进行商谈。这个过程先从草图开始,然后用黏土制造模型的细节,进而到实际的样车,并把样车展示给具有代表性的潜在买主,听取意见。

当全部相关的规格、外形和性能等数以千计的问题确定下来之后,罗伯特团队把各种细节传送到下一个专家团队,当时是通用汽车在费希尔(Fisher)的车身分部和部件设计分部。在那里,工程师们确定出每个主要零部件的精确尺寸,更重要的是确定哪些零件能够采用现生产 A 型车的零件,哪些零件能够从通用汽车的其他产品上获得。既不能继续采用又不能通用的零件就不得不从头开始进行设计(这种详细设计是任何开发计划中最为费时、耗资的部分,需要尽早开始工作)。

到这时,罗伯特开始感到担心。GM-10 项目进展持续滞后于其 5 年计划的时间表,而罗伯特的小型项目团队对加快进度似乎无能为力。大多数的问题其实是由于罗伯特和他的项目团队实际上只是协调员而非经理。换句话说,他们为了协调整体而努力说服各方力量;他们不是领导者,不好发号施令并期望得到执行。当他们强烈要求设计部门加快进度时,他们得到的只是允诺但却很少行动。很明显,在这种矩阵模式中每位雇员更为关心的是如何取悦于他的职能部门老板而不是 GM-10 的项目协调者。例如,如果协调者指出发动机的一个性能需要改动以便正常运行,从动力系统设计部门来的项目代表就会拖延,因为他知道这台发动机适用于通用汽车生产量最大的汽车。

项目进一步拖延,问题就成倍增长。小型货车侵占了旅行车的市场,这导致 GM-10 的旅行车版本被取消。而 1985 年福特黑貂(Sable)和金牛座(Taurus)的引进导致通用汽车要重新设计 GM-10 汽车的外钢板,因为高层决策者觉得新车会与福特的产品过分相像。

最后,罗伯特忍无可忍,于 1985 年辞职了。接替他的是盖里·迪肯森(Gary Dickenson),他面临着 GM-10 项目的下一个巨大障碍——把已完成的产品设计从费希尔车身和部件工程部门转移到当时的通用汽车组装分部(GMAD),那里承担着实际的制造汽车的任务。通用汽车组装分部曾是一个庞大的组织(现已在重大的改组中被解散),它有自己的内部文化和职业通道。当盖里试图管理一个同时也负责制造其他十几种主要产品的团队成员继续这个项目时,很快便和罗伯特一样感到挫败,进度继续拖延。

1988 年,GM-10 终于准备就绪,可以投入市场时,盖里被分配到另一个项目。而第三任项目经理,保罗·施米特(Paul Schmidt)承担起监督产品投放市场的任务。他的任务就是调试四家被指定来制造 GM-10 的总装厂并协调巨大的营销和促销队伍。此外,他还得处理许多在汽车设计中的运营变更。

这些投放市场之后引进的变更是为了增加消费者满意度、减少保修成本并使工厂运营合理化。

第一个 GM-10 车型，别克的君威（Regal）双门跑车，于 1988 年春天开始面向客户销售，那是在最初决定开始此项目 7 年之后，比原定的最后期限晚了 2 年。奥兹莫比尔的 Cutlass Supreme 和庞蒂亚克的 Grand Prix 双门车型相继于 1989 年年初推出。系列中的最后一个车型，别克的君威（Regal）四门汽车最后于 1990 年的夏天抵达经销商的展厅，这在 GM-10 项目开始后已过了九年。同时，福特按预期在 1985 年年底发行金牛座和黑貂汽车，而本田的雅阁（Accord）汽车已经历了两代车型，尺寸上增加到几乎可与 GM-10 汽车的外部尺寸相比。

不足为奇，尽管普遍认为 GM-10 的性能优越，在市场上却遇到了激烈的竞争。到了 1986 年，通用汽车决定，现存的 A 型车和 G 型车年产量 160 万辆的目标是不现实的，将 GM-10 的生产计划削减到每年 100 万辆（总装厂从 7 个减至 4 个）。公司想要在 1990 年年底达到这个目标。实际上，1989 年的销售量仅达计划水平的 60% 左右。这意味着在 20 世纪 80 年代，即使把继续销售的 A 型车计算在内，通用汽车在其最大的销售市场里损失了 70 万辆的销售量。

更有甚者，如前一章所见，GM-10 汽车既不易于制造又不便宜。这样就使得通用过去最佳效益的领域之一——中型车级别，不再发挥作用。事实上，GM-10 计划取代的 A 型车在 20 世纪 80 年代后期经济效益要好得多，所以现在公司计划无限期地继续生产奥兹莫比尔和别克的 A 型车。

本田雅阁汽车：精益的产品开发

1986 年年初，GM-10 项目已进行了 4 年之久，本田开始计划为中型车细分市场开发它自己的产品，第四代雅阁汽车。雅阁作为 1990 年的新车型，计划于 1989 年秋天投放到市场。从 1976 年推出雅阁开始，它一直是本田出口市场成功的关键所在，并从紧凑型车稳步增大到中型车的尺寸，反映出其忠实买家们的收入以及家庭规模的增加。

本田的产品开发过程与通用汽车大为不同。1985年，三好建臣（Tateomi Miyoshi）被任命为新雅阁的大项目负责人（LPL），并得到了远远超过罗伯特·多恩曾梦想过的权力。本田也采用矩阵法，在矩阵里每位项目成员是从职能部门借来的，三好建臣被告知他可以从每一个有关部门借调合适的人员，直到完成雅阁项目为止。三好建臣的任务很明显是管理，而不仅仅是协调。他能够快速地推动项目，因为所有需要的资源都在他的直接控制之下。

当雅阁项目最后定案时，显而易见的是这种汽车将在世界各地满足不同的市场需要。对美国的市场而言，双门跑车和旅行用车都会和四门汽车一样重要。日本的市场需要四门硬顶敞篷汽车，同时也需要四门汽车和双门跑车，后者将从美国进口。最后，欧洲将会购买从日本进口的四门汽车和从美国进口的双门跑车和旅行用车。此外，本田每种车需要略有不同的变型版本，以满足日本市场上本田和讴歌的独立分销渠道。

因此，本田决定把开发工作再分解为，一个日本团队专门负责基本车型（含四门汽车），以及两个分团队，一个在美国负责双门跑车和旅行用车变型，另一个在日本负责四门硬顶敞篷汽车。双门跑车和旅行用车只在美国俄亥俄州马里斯维尔市的本田生产基地里生产，采用马里斯维尔市设计制造的生产工艺装备，四门汽车则在日本和美国两地生产，硬顶敞篷汽车只在日本生产。

一旦把产品计划确定下来，本田团队就以极快的速度前进，不受干扰。在团队成员继续同他们的职能部门保持紧密合作的同时，由于前述的理由，三好建臣几乎和团队每一位成员都坚持在团队里的工作，直至新车型按计划在1989年的秋天投放市场。然后，他们被调回到原职能部门或被分配到新的产品开发项目，可能是计划在1993年秋天推出的下一代雅阁。

尽管是一个保守的设计，但在市场上，特别是在北美市场上，雅阁一直是巨大的成功。实际上，1989年以来它一直是北美销售量最大的车型，而这个位置在过去80年中总是被通用汽车或福特的产品所占据。

世界各地产品开发一瞥

GM-10与雅阁两个案例说明在产品开发和竞争成功的结果上，精益生产方式和大批量生产之间的明显差别。但它们只是两个例子,在这样有限的、而且有争议的事实基础上得出确定的结论是危险的。幸运的是,正当我们1986年开始调研时,哈佛大学商学院的金·克拉克(Kim Clark)教授也在进行一项在全世界范围内汽车工业中产品开发活动的调研。在商学院博士研究生藤本隆宏(Takahiro Fujimoto)的协助下,克拉克调研了北美、日本和西欧几乎每一家汽车总装厂。[1] 他询问了开发最新产品所需工程设计的工时数以及交货周期。尽管我们的项目在思路、资金来源和实施方法上与克拉克的研究是完全不相关的,然而我们从与克拉克小组的长时间讨论中获益匪浅,而且他们的工作是对我们在工厂实践和供应系统管理的全球调研的良好补充。

克拉克和他的小组在开始时遇到的问题和我们在总装厂中曾遇到过的一样:怎样保证各种情况之间的可比性?汽车开发项目之间因许多问题而有很大差异,如:汽车尺寸的大小和复杂程度、从一个基本车型(汽车术语中称之为"平台")演变出来不同的车身造型数目,从旧车型上继承下来的零件数目以及在制造厂商生产的系列范围内同其他车型通用的零件多少,等等。正如前文所指出的,共用件和通用件需要的工程设计比全新的零部件要少得多。由于它们是已经开发过的,为适应新车型,往往只需要进行少量的修改。

对上述各种变量予以调整后,克拉克小组的调查结果既简单又惊人。根据1983～1987年投入市场上的29种"全新"开发计划,克拉克发现一个全新的日本汽车平均需要170万个设计工时,从开始设计到发货给用户需要46个月[2]("全新"的意思就是全新车身的汽车,尽管有些厂也采用共用件或通用的发动机)。与之相比,在美国和欧洲相当复杂程度和相同的共用件和通用件系数的项目,平均就需300万个设计工时,总共消耗60个月。这就是精益生产和大批量生产之间业绩差距的真正大小:设计工作量的差距约为2:1,而开发周期约可节约三分之一。

也许克拉克调研最为卓越的特点是,发现精益的产品开发技术可以同时节省制造上的工时和交货周期。这个事实把问题转向我们最常说的假设之一,这个假设以70年的大批量生产经验为基础:在紧急关头任何项目总是能够加快进度的,只是这样做将大大增加成本和工作量。

我们都熟悉这样的限制："我们当然能够完成得快一些，但那将要花你一大笔钱！"我们认为"快一些就要贵一些"的观点，现在将要和"质量好要增加成本"（这是第4章中表述的观点）一起成为大批量生产年代遗留下来的无用观点了。

精益设计的技术

知道新产品现在能够生产得快些、所费的工时少些、所出的差错少些是件好事。但正如我们过去提到过的，每个人都能利用的创新才是最为有用的。而我们却看到，通用汽车和其他大批量生产商的实践都远远落后了。那么，什么是最佳汽车公司所采用的精益设计的确切技术？怎样才能把它们应用到现存的大批量生产公司中呢？

为了求得答案，我们开始分析克拉克和藤本隆宏的工作，然后要求国际汽车计划的安东尼·谢利夫和延冈健太郎（Kentaro Nobeoka）进行附加的考察。谢利夫过去是克莱斯勒的产品计划人员，当他参加到国际汽车计划项目时，他对美国的产品开发方法感到幻灭，而延冈健太郎原是马自达的产品规划人员，现在请假到麻省理工学院攻读博士学位。他们两人对产品开发的内部情况都有丰富的知识。[3]

根据克拉克和藤本隆宏的工作以及我们自己的考察，我们得出结论：精益生产商和大批量生产商所采用的设计方法有4种基本的差别。这些差别是领导力、团队合作、信息交流和同步开发。综合起来，这4个领域里的精益技术能更好、更快、更省力地完成工作。

领导力

首先，让我们看看项目的领导力。精益生产商总是采用类似由丰田开辟的"主查"系统的变体（在本田叫作"大项目负责人"或LPL系统）。主查就是项目团队的老板和负责人，其任务是进行新产品的设计和工艺准备并使之投产。在日本的最佳公司中，主查的职位手握大权，也许是公司里最令人羡慕的职位。诚然，也许员工寻求这个职务是把它当作晋升的踏脚石。但对于真正热爱干实事的人而言，这个职位会带来非凡的满足感。事实上，这是现代社会中一个最棒的职位，在这个职位上，你可以指挥所有必需的技艺，使制造出一个像汽车那样异常复杂的产品成为现实。

有人甚至会说，主查是新型的超级工匠，他所领导的流程现已需要太多技艺，没有人能掌握。奇怪的是，当我们习惯于认为奉献于团队合作是个人的最终升华时，日本汽车业内对新产品一般却只知道其主查的名字："那一辆是富士君的汽车"或"伊贺君真的已将他的个性印刻在那辆汽车上了"，这些话在日本公司里常常会听得到。总之，也许我们不可能避开人类对工匠存在的需要。但是，在一个对技艺的技术性要求不如社会性和组织性要求的年代里——远远超过任何个人所可能掌握的，工匠现在必须以主查的形式出现。

西方的大批量生产商也有产品开发团队负责人，如我们在 GM-10 实例中所见。两个系统之间有什么区别呢？我们认为区别在于团队领导者的权力和职业途径。在西方团队里，称项目经理为协调员更为适宜，他们的任务就是说服团队成员合作。这是个令人沮丧的角色，因为这样的领导者权力有限，所以几乎没有团队领导者愿意干这样的工作。实际上许多公司的决策人把这项任务看作是一条死胡同，胜利时徒劳无功，而失败时却是有目共睹（见本章开头的 GM-10 项目的故事）。

另外，团队领导者是公司内部实施项目的极为弱势的职位。在底特律、沃尔夫斯堡和巴黎，高层管理者不顾团队领导者对产品规格的意见和感觉是司空见惯的事，这种情况经常在开发过程中反复出现。如果在市场条件变化时为了对付别的公司，高层管理者被授予这种特权还是可以理解的话，那么，在最坏的情况下，这种干扰的结果是生产出一个毫无个性或特色的产品，使公司不得不以低价出售。而这种情况往往是经常出现的，特别是在美国。

团队合作

现在再看精益设计的第二个要素，紧密结合的团队，问题就更加清楚了。如前所述，在精益的开发过程中，"主查"组织一个人数不多的团队，然后团队被分配接受一个开发项目,负责到项目完成为止。这些雇员来自公司各职能部门——市场评估、产品规划、造型、先期结构工程、细节工程(车身、发动机、变速器、电气)、生产工艺设计和工厂管理部门。他们保留与各自职能部门的联系——这样做是至关重要的,这一点已在本章前面涉及,但在整个项目完成之前,他们都明确地处于"主查"的控制之下。他们在团队中的表现由"主查"给予评定,并将影响到下一个任务的分配,而这很可能是另一个开发团队。

与之相比,在多数西方公司里,开发项目由许多人员组成,其中包括团队负责人,他们是从职能部门短期借调来的。此外,项目本身像是沿着一条生产线,从一个部门转移到另一个部门,这条线从公司的一端延伸到另一端。也就是,在项目的全过程中,项目由市场营销部门开始,转移到工程部门,然后到工厂运营部门。这就像一辆汽车从焊接移动到喷漆直至总装厂的组装部门。所以,在每个地方是由完全不同的人来参与工作的。

团队成员深知他们在职务上的成就取决于通过他们的职能专业而得以晋升。例如,从活塞总工程师晋升为发动机副总工程师,最后到发动机总工程师,他在团队内非常勤奋地工作以增加部门的利益。换句话说,如果作为 GM-10 团队的一名成员,不会有什么发展。团队的负责人永远看不到雇员的人事记录,而且团队负责人的业绩评价对雇员的职务影响不大。关键的评价将来自雇员所在职能部门的领导人,他希望知道,"你为我部做了些什么"?其结果,例如,为讨论发动机与车身之间达成协调一致的最佳方法,很容易就会分解成为发动机设计部门和车身设计部门之间的利益的公开辩论。

日本开发团队的工作连贯性,反映在克拉克和藤本隆宏的另一些调查结果中。他们发现在一个美国和欧洲公司里大约有 900 名工程师参加到一个典型项目的整个过程中,而一个典型的日本团队只聘用 485 人。[4] 此外,那些最乐于采用"主查"系统(克拉克和藤本隆宏称之为"重量级"团队管理)的日本公司平均只需要 333 名团队成员,而西方公司最弱的团队(主要在德国)在完成项目全过程中平均需要 1 421 名成员。日本人使用人数少的原因部分在于组织效能高,所以需要的分工部门少,但也归因于在日本团队内人员调动更少。因为西方部门经理把团队成员简单地看作是他们原部门在开发过程中的代表，对于需要他们的技术来解决在本单位中突然出现问题而经常召回他们，表现得毫不在乎。对团队来说，这样的召回却意味着巨大的损失，因为开发团队的大量重要知识都在于长期合作的团队成员的共同特点和经验。

信息交流

精益设计方式的第三个特点是信息交流。克拉克和藤本隆宏发现，直到项目的最后期，许多西方公司的开发力量无法解决关键设计的权衡。一个原因是美国的团队成员不愿直接面对争论的问题。他们对一些设计决策作出含糊不清的承诺，答应下来，以试图对付过去，直至问题突然出现而不得不去解决。与之相比，在日本团队的成员要签署正式契约，保证确实按每个成员都已同意的集体决定去行事。所以有关资源和优先权的矛盾能够在过程的开始而不是在结束之时就得以发现。另一个原因是设计过程的顺序从一个部门接续至另一个部门而不能保留在团队的总部内，致使无论在任何情况下利用信息交流来解决问题都非常困难。

投入到一个项目上的力量在时间进度上的不同，其结果有明显的差别。在日本的最佳精益项目中，参与的人数在开始时最多，全部有关专业都在场。"主查"的任务就是迫使整个集体面对项目中出现的所有困难的权衡达成一致，在开发项目进行过程中，由于有些专业（如市场评估和产品计划）不再被需要，参加人数就可逐渐减少。

与之相比，在许多大批量生产的设计实践中，开始时参与人数很少，但在接近投产期时由于成百上千的额外人员被吸收进来以解决那些在一开始时就该解决好的问题，人数增加到了顶峰。这一过程很像在总装厂所见到的那样：大批量生产的工厂不惜代价地维持总装线的运行，但最后在线尾要完成大量返工工作，而精益生产方式的工厂一开始在问题成倍增加之前就多花力气把它们解决掉，结果总工作量少得多，质量也更高。

同步开发

在产品开发中，区分精益生产方式与大批量生产的最后一项技术就是同步开发。为了了解这一名词的含义，让我们看看模具开发的例子。[5]

正如第 4 章中所述，在当今世界上制造的几乎每一种汽车都有一个由冲压件焊装起来的车身。这些把钢板冲压成为车身覆盖件的笨重的金属模具，是工业界中最为复杂而昂贵的工具。它们用高强度和高硬度的特殊合金钢制成，在连续曲面上的形状精度以微米计。此外，模具的配合面（上模和下模或阴模和阳模）必须配合得绝对准确。否则，由于上、下模在数以吨计的压力下靠拢，钢板会开裂或甚至熔化并粘到模具表面上。

大批量生产的模具制造方法向来是简单的：等待产品设计师提供冲压件的准确规格尺寸，然后向模具生产部门提出订货，用昂贵的由计算机控制的模具加工机床进行加工。由于加工需要经过多道工序，涉及多台机床，在整个过程中，模具堆放着等待下一台机床空出来。从产品设计师提出一套新模具订货的第一天起，直到使用这套模具冲压出汽车的覆盖件止，开发时间总共大约需要两年。

与之相比，最佳的精益生产方式的工厂——全部是日本工厂，但已不仅在日本（本田正在俄亥俄州马里斯维尔市的马里斯维尔厂设计和制造模具）——在开始车身设计时就同时开始模具制造。他们为什么能这样做？这是因为模具设计师和车身设计师直接的、面对面的接触，而且可能在过去的产品开发团队里就曾经合作过。

模具设计师知道新汽车的大致尺寸和面板的大概件数，所以他们提前订购模具用的钢块。然后他们开始在钢块上进行粗加工，所以当面板的最后设计图一经发出，立即可以转到精加工。

当然，这样做包含着相当程度的超前考虑。模具设计师必须了解面板的设计过程，其深度要像产品设计师一样，这样才有可能预知产品设计师最后的精确结果。如果模具设计师做对了，开发时间就会大大缩短。如果模具设计师预计错了（很少发生），公司承担费用上的损失。但是，在模具制造的机械加工过程中采取优先赶工措施，原定的进度仍有可能追回来。

此外，精益的模具制造商看起来好像在模具机械加工车间里更善于安排计划。如果记得第 3 章中所举的大野耐一冲压车间的例子，他们的解决办法就不至于令你惊讶：加工模具机床有专用快速换型刀头，允许一台机床完成不同形式的切削，这样可以使待切削的模具大大减少排长队等待的时间。

这种在面板设计师和模具制造商之间强化的信息交流以及模具制造商的准确预测和柔性加工机床的巧妙安排会带来什么样的结果？它意味着在日本最佳精益生产方式的厂（包括在俄亥俄州的）能够用一年的时间完成一整套的新款汽车模具，刚好是经典的大批量生产方式模具制造所需时间的一半。[6] 这并不奇怪，这种过程需要工装较少、库存也少（关键是因为昂贵的模具钢材在车间里的在制时间仅是一半），而且所需的工作量也少。

生产 — 开发各项指标统计：精益与大批量生产比较

表 5-1 以各项指标的形式总结了精益方式产品开发的全部优点。

表 5-1 20 世纪 80 年代中期各地区汽车工业的产品开发业绩

	日本制造商	美国制造商	欧洲大规模制造商	欧洲专业汽车制造商
每种新车平均设计工时（百万）	1.7	3.1	2.9	3.1
每种新车平均开发周期（月）	46.2	60.4	57.3	59.9
项目团队员工数	485	903	904	
每种新车的车身类型数	2.3	1.7	2.7	1.3
平均通用件比例	18%	38%	28%	30%
供应商设计比例	51%	14%	37%	32%
设计变更成本占模具总成本比例	10%～20%	30%～50%	10%～30%	
延迟的产品比例	1/6	1/2	1/3	
模具开发周期（月）	13.8	25.0	28.0	
样车交货周期（月）	6.2	12.4	10.9	
投产至初次出售时间（月）	1	4	2	
新车型投产后恢复到正常生产率时间（月）	4	5	12	
新车型投产后恢复到正常质量时间（月）	1.4	11	12	

资料来源：金 B. 克拉克、藤本隆宏和 W. 布鲁斯·丘《世界汽车工业的产品开发》布鲁金斯经济活动报告，No.3，1987 年；藤本隆宏：《有效地产品开发组织：全球汽车工业案例》，1989 年哈佛大学商学院博士论文中表 7-1、表 7-4 和表 7-8。

当我们分析各项统计指标时，我们能够看到精益设计中的几个附带的优点。其中之一是精益设计的结果使项目的较大部分能够及时投产。确实，在

6个日本项目中有5个能够按照开发设计开始时确定下来的时间表投入市场，而美国的项目只有一半按时完成。GM-10项目的拖延比项目的平均期还长，而这种情况并不少见。

另一优点在于精益工厂有能力吸收新产品而无须以降低生产率为代价。许多西方分析家对北美和欧洲的日资工厂的缓慢起动日程（用汽车术语来说，即"爬坡率"）一直感到不解。他们不能理解为什么这些工厂花时间一步步地建设生产流程。例如，在肯塔基州乔治敦的丰田工厂高级管理人员说，这个工厂需要10年时间才能完全掌握丰田生产方式。为了确保没人抄近路，他们采用慢速度进行工厂的生产运营，必要时要停下来，使每一步走得正确，而不是只顾往前冲，到头来不仅对汽车，而且对整个生产组织加以返工。

但是一旦精益生产方式在工厂里全面落实，就易于推出用精益方式开发出来的新产品。例如，在新车型上恢复到先前的生产率水平方面，日本工厂用4个月，而美国工厂需要5个月，欧洲工厂需要整整一年。[7]

更为引人注目的是质量上的差别。日本精益工厂推出新的精益设计在交货的质量方面只有小的差距，而美国和欧洲工厂要奋斗一年，才能把质量恢复到它原先的水平上，这个质量水平还低于日本工厂开始时的水平。

精益设计在市场上的结果

掌握了精益设计的公司做些什么才能在市场上发挥其优势？比起大批量生产的竞争对手来说，最明显的是他们将提供更多的产品品种而且能够更频繁地进行品种更新。这正是20世纪80年代全世界汽车工业中一直在发生的事。

我们在图5-1中总结出1982～1990年日本汽车公司向全世界销售的车型数。[8]然后，我们用这个数字与总部设在美国的工厂和欧洲5个高产的汽车公司（标致、雷诺、菲亚特、罗孚和大众）进行对比。对欧洲5个较小的特种汽车生产公司：宝马、奔驰、沃尔沃、萨博和捷豹，我们列出单独的计算数据。

趋势是显著的。日本公司正在利用他们在精益生产方式上的优势，甚至在他们每4年更新现有车型的情况下，仍在迅速扩大其产品范围。从1982年到1990年，他们差不多成倍地（从47个到84个车型）增加了产品系列。

与此同时，欧洲大批量生产的公司正在继续追求沿用旧式大批量生产方式的战略，艰难地吸收在20世纪七八十年代收购的公司。他们稍稍削减了所能提供的车型数目，从49个减到43个，并显著地延长保留下来车型的寿命期。特别是，标致集团使雪铁龙和欧洲克莱斯勒提供的产品合理化，同时，菲亚特合并了阿尔法·罗米欧的产品。最近，大众公司收购了西班牙生产厂家西亚特（它以前根据许可证生产菲亚特车），沃尔沃和雷诺就两家合作从事汽车制造活动达成协议，而通用汽车成为萨博合资项目中的主要伙伴。这些大事件说明在20世纪90年代初期，欧洲可能完成新一轮产品的合理化。

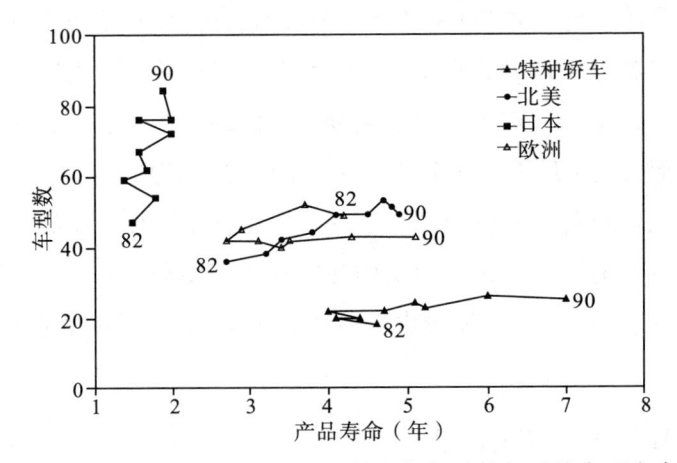

图5-1　1982～1990年各地区制造商车型数与平均车型寿命

注：公司按其总部所在地分组。每一公司在3个地区内所开发的全部产品在总部地区统计。为此，通用汽车和福特在欧洲开发的汽车计入"美国"内。3个主要地区以外地区开发的车型，除澳大利亚的福特Capri外，都未计入。因此通用、菲亚特、福特和大众在巴西开发的车型以及福特和通用在澳大利亚开发的车型均未计入。

车型数包括所有的汽车和汽车的变型车，前驱的小型皮卡。不包括后驱的小型皮卡、SUV和货车。

"车型"的定义是指拥有与公司内生产的任何其他产品完全不同的外部钢板的一种汽车。因此，GM-10计作四种车型，福特的金牛座（Taurus）和Sable计作两种车型。同一汽车的双门、三门、四门和五门变型车以及旅行用车计作相同的一种车型。

平均车型寿命期按销售量加权计算，因为在欧洲和日本有些产量很低的产品可持续生产很长时间。手工艺制造的产品，如法拉利和阿斯顿马丁，以及生产超过20年的车型，如Morris的Mini和雪铁龙的Deux Cheveux都未计入。

资料来源：安东尼·谢利夫根据日内瓦1990年出版的《汽车评论》及往年各期的产品数据计算而得。

与之相比，美国工厂却显著地扩大了产品系列（从 36 个到 53 个车型），从图 5-1 的横坐标上可看到其所付出的代价。横坐标上的数字是产品生产的平均寿命年数。在日本工厂，这个数在 1.5～2 年，大约相当于采取每 4 年更新一个车型策略的公司所预期达到的目标。对比之下，美国工厂的产品平均寿命从 2.7 年增加到了 4.7 年，相当于现在平均车型维持生产近 10 年，而不是过去常见到的八年。我们相信，理由很简单，就是美国工厂由于产品开发方法效率不高，他们发现自己缺少资金和工程师来扩大产品系列并频繁更新产品。

如图 5-2 所示，对北美汽车市场快速浏览表明日本公司 20 世纪 80 年代的战略好像将持续到 20 世纪 90 年代。在 1991 型号年[○]，日本公司仍然不推出大型车、商务车和皮卡这类的产品。类似，在欧洲的豪华汽车和运动跑车特种汽车类别里，尽管最近推出了引起轰动的雷克萨斯、英菲尼迪和讴歌，日本人推出的产品系列也不多。在整个世界市场上，大型车和皮卡是利润最高的领域。所以，如果日本生产厂商在大型车、商务车和皮卡类别或开发新的细分市场上不加快前进步伐以完善其产品系列，那将会是值得注意的事。

与此同时，欧洲的大批量生产厂商很快将完善其产品合并过程，并且 3 个地区的各家公司可能都正在增加产品，如在小型车类别里的小型皮卡。结果呢？20 世纪 90 年代中所有幸存下来的生产厂商将提供更宽的产品系列，除非西方大批量生产厂商改革其产品开发系统，日本生产厂商将能够以更快的速度拓宽其产品系列，甚至在这样做的同时，他们仍能通过每 4 年更新一轮产品，使其现在生产的产品保持新鲜并富有活力。

这一趋势对生产量，包括每一车型的年产量和每车型寿命期内的累计产量，都有着明显的影响。图 5-3 所示是总部设在各个地区的各个公司在世界范围内生产的所有车型的平均年产量。美国每一车型的产量一直呈下降趋势，这不仅是由于推出的车型数有所增加，也因为作为一个集团，美国公司正在不断丢失市场份额并减少总产量。尽管如此，美国平均车型每年仍比日本多生产 60%。在欧洲的大批量生产公司中，每一车型的生产量也一直在上升，

　　○ 型号年（Model Year）是一个数字，用于描述一个产品产生的大致年份。型号年与实际生产时间并不总是相同。型号年主要用于汽车业。——译者注

部分原因在于车型整合，部分在于欧洲汽车市场极为强劲。与日本相比，欧洲公司目前的平均车型也多生产60%。

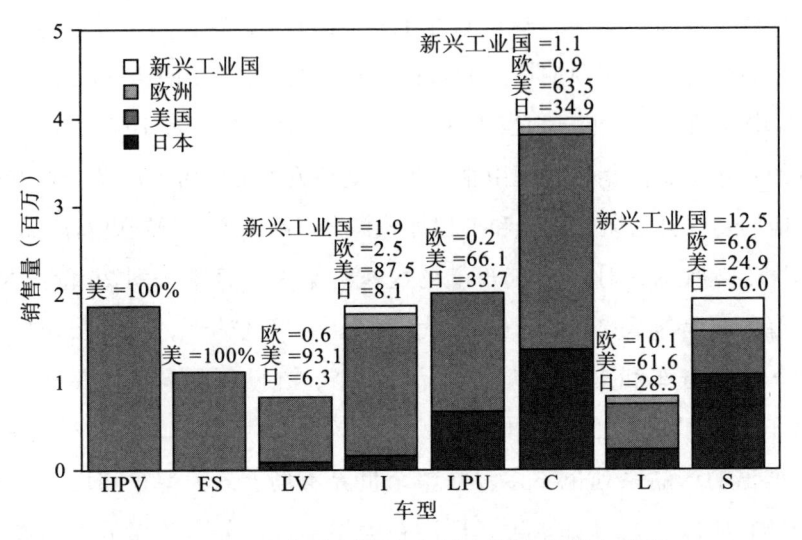

图5-2　1989年美国汽车市场上制造商所占份额

注：以上是总部设在日本、欧洲、北美和新兴的发展中国家（尤其是韩国）的各制造商的市场份额和销售量。无论汽车在何处生产，制造商成功销售的所有汽车都计入其份额内。因此，日本制造商的份额中包括了其在北美工厂组装的汽车。

HPV= 大型皮卡和大型商务车。
FS= 价格在25 000美元以下的大型车。
LV= 小型商务车。
I= 中型车。
LPU= 小型皮卡。
C= 紧凑型车。
L= 价格在25 000美元以上的各种豪华汽车。
S= 小型车。

资料来源：作者们根据《沃德汽车报告》计算而得。

图5-4是进一步分析的结果。对美国的公司、欧洲的大批量生产公司、欧洲生产特种汽车的公司和日本的公司，我们把平均产品寿命周期（见图5-1）加倍，然后乘以每一车型平均年产量（见图5-3）。由于除极少数外，日本车型维持生产4年，而美国和欧洲大批量生产厂却要维持8～10年。日本厂家在生产寿命周期中，每种车型重复生产的累计产量只有欧美的四分之一是不足为奇的。奇怪的是，欧洲特种汽车中车型寿命极长，在寿命周期内的累计产量竟比日本面向"大众化市场"的汽车平均产量多出了50%。当今世

界汽车工业中，到底谁是真正的"特种汽车"呢？

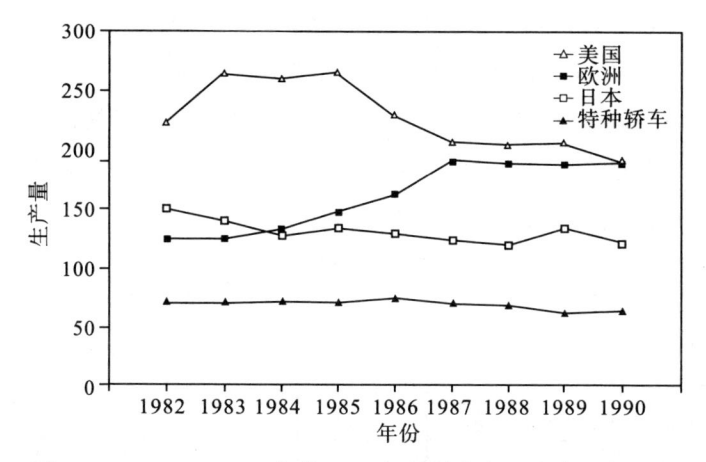

图 5-3　1982～1990 年按地区汽车制造商平均车型年产量

注："车型"的定义见图 5-1。某一车型在全世界范围内的全部产量汇总在总部地区名下。1990 年的产量是估算的。

资料来源：安东尼·谢利夫根据 PRS 咨询公司的生产数据计算而得。

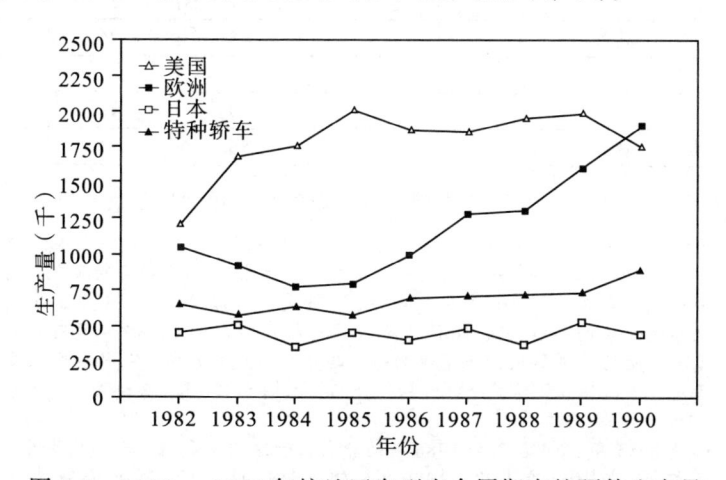

图 5-4　1982～1990 年按地区车型寿命周期内的预估生产量

注："车型"的定义见图 5-1 和图 5-3。产量是以图 5-1 所示的平均产品寿命加倍乘以图 5-3 所示的年产量。一些车型的数据根据估算得出，这是不可避免的，因为图中的车型还将继续生产若干年。

资料来源：安东尼·谢利夫根据 PRS 咨询公司和《汽车评论》的数据计算而得。

当我们把目光从世界范围的产量转移到一个特定的市场上所发生的一切时，特别是美国的轿车、商务车和货车市场，精益产品战略的最后观点呈现出来了。我们已经从图5-2中看到,在各个细分市场里,各个档次汽车的销售量现在都达到了惊人的平均。图5-5显示是从1955年大批量生产方式全盛时期以来出售的产品在品种数目上显著地增长而产品的销售量连续不断下降(采用了1955年、1973年和1986年的数据,因为这几年是这个高度周期性市场的高峰需求年。为了使1989年的一种产品销售数与早期数可比,我们假定1989年的销售量与1986年的水平相同,而实际约低9%)。

	1955	1973	1986	1989(2)
总计:				
在销产品(1)	30	84	117	142
销量/产量(千辆)	259	169	136	112
6种最畅销产品所占的市场份额	73	43	25	24
美国产品:(3)				
在销产品	25	38	47	50
销量/产量(千辆)	309	322	238	219
欧洲产品:(3)				
在销产品	5	27	27	30
销量/产量(千辆)	11	35	26	18
日本产品:(3)				
在销产品	0	19	41	58
销量/产量(千辆)	0	55	94	73

图5-5 1955～1989年美国汽车、商务车、轻型货车的市场分解

注:1. 一种"产品"的定义是指在美国市场上年销量超过1 000辆,与制造商的产品系列中的任何其他汽车都没有通用的外部钢板,且轴距也不相同的汽车。因此,福特的金牛座和黑貂计作一种产品,同样的,分别以雪佛兰、庞蒂亚克、奥兹莫比尔和别克品牌销售的四种GM–10汽车也计作一种产品。虽然福特和通用汽车的汽车具有完全不同的外部钢板,但是他们的轴距相同,大量的内部结构件和很多机械部件也通用。但请注意,这里所统计的"产品"与图5-1、图5-3和图5-4中采用并统计的"车型"是不同的。

2. 选择1955年、1973年和1986年的原因在于这几年是高度周期性美国汽车市场的销量高峰。与1986年相比,1989年的销量下降9%,所以采用1989年的产量所得的每一产品平均销量,作为趋势的对比性较差。因此,我们采用1986年的销量来计算1989年的每一产品的总销量。另外,我们也采用1989年地区制造商的市场份额乘以1986年的总销量,得到地区制造商的销量,然后用这些数据计算1989年地区每一产品的销量。

3. 这些是由总部设在各地区的公司于世界各地制造,然后在美国市场上销售的产品。因此,大众公司在巴西制造的Fox计入欧洲,福特在德国生产的Merkur计入美国。

资料来源:作者根据《沃德汽车报告》,1990年1月8日(作为1989年数据)和《沃德汽车年鉴》1955年、1973年和1986年的数据计算而得。

实际上在提供产品多样性方面，精益生产的最终目的地是未知的。最近我们曾与日本汽车公司的决策者谈话，他们正在计划继续大大减少其每一产品销售的目标产量。在极端情况下，尽管没有几十年，我们有没有可能完全恢复到手工艺生产的世界里，让每一位买主能够提出专门订购一辆刚好满足自己需要的汽车？

图 5-6 以图解方式展示了这种可能性，图中表示在汽车时代的初期销售产品的品种极大，而每种汽车的平均产量和销售量却很低。通常是像我们从潘哈德勒瓦瑟机械公司处看到的，每一辆都是按照用户的要求独一无二专门订购、制造的。在亨利·福特年代每种车的产量剧增，直至每年生产 200 万辆 T 型车，几乎使得全部手工艺生产者退出汽车工业，同时也意味着销售产品品种从数千种急降至数十种。在阿尔弗雷德·斯隆年代，经典的大批量生产产品品种稍有增加，但是世界还在期待着精益生产方式的到来，可供消费者选择的真正复兴和再生，目前仍然看不出结局。

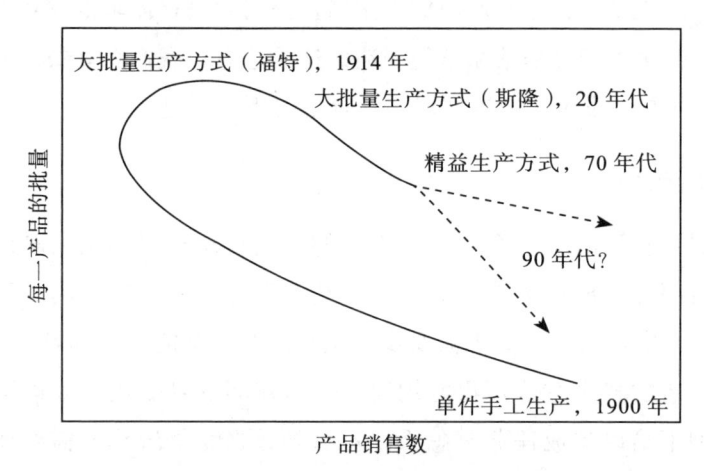

图 5-6 汽车产业的产品品种和产量的进程

精益设计的下一步发展

当我们把这些调查结果提供给西方的汽车公司时，高层决策者往往说日本热心于短的车型周期和拓宽产品品种，这种情况确是有趣的，但仅是一种好奇，而不是威胁。欧洲的一位高级决策者（他对采用同样的产品品种迅速扩大战略以生产其他许多消费品——摩托车、照相机、手表、家用电器——的日本公司的成功视而不见）说："他们不能总是维持这样的速度，而且消费者很快就会对短周期和过多的选择而感到厌倦。"

日本豪华汽车出现在舞台上好像更加强化这种立场。另一位高级管理人员议论说："豪华汽车的买主不希望经常更换车型，因为这样会损失车的转售价值。日本人将不得不停止这种做法。"我们却难以同意这观点。我们认为精益产品开发有多方面的能力，它从根本上改变了在汽车工业中竞争的逻辑。完全掌握这些技术的制造商能够利用同样的开发预算来提供更广泛的产品系列或更短的车型周期，他们或者能够把从高效的开发方法节省下来的钱用于开发新技术。如果豪华汽车的买主拒绝短的车型周期，精益生产厂就可集中在更广的产品品种上。如果更广的产品品种不足以吸引用户，那么新技术——或者是电子悬架、防锈能力特强可以提供终生保修，或者是一种新型发动机——也许可以做到。在任何情况下，短开发周期将使精益公司对消费需求的突然变化反应更为灵敏。选择和优势总是站在精益制造商这一边。当我们在新技术开发上对比精益生产方式与大批量生产方式时，这种情况更为明显。

发明一些新东西

我们刚才看到的参与产品开发工作的人们是在从事解决问题的工作。他们把现有的部件和成熟的设计原则结合到开发能赶上时代又满足消费者需求的新产品上。换言之，他们不需要设计全新的东西就能解决问题。

但是当老的解决方法不再好用时——当外部世界变化很大以至现行部件和设计原则不足以完成任务时怎么办？另外，当竞争激化并需要比"依样画葫芦"更好的解决方案以保持市场地位时，公司该怎么办？

这就是不同于开发工作的研究任务：发明、完善、引入新事物的有意识的过程。我们将看到，在解决这个问题上，精益制造商与大规模制造商遵循完全不同的道路。

大批量生产下的创新

阿尔弗雷德·斯隆是一位麻省理工学院培训的电气工程师，所以他在技术创新上的建议可能令我们惊讶。在他的回忆录《我在通用汽车的岁月》一书中，在这个论题上是这样说的："……假如我们的汽车在同一级别上与我们竞争对手的最佳设计相比至少相当时，那么在技术设计上追求技术领先或冒险进行未经考验的试验就是不必要的。"[9]

当他在 20 世纪 60 年代初退休后写这些话时，由于通用汽车在规模和市场上的统治优势，斯隆终于认识到有关创新这一特殊问题。那时，通用汽车垄断了半个北美汽车市场，任何真正的开创新纪元的创新。例如，涡轮增压的货车或树脂车身的汽车，都可能会使福特和克莱斯勒破产。这些汽车制造厂商的困境理所当然会引起美国政府的注意，以防止在这最大行业中出现垄断。所以，谨小慎微就有意义。通用汽车根本不想因自己的创新而让公司走上解体之路。[10]

但是，通用汽车和其他大型的大规模制造商——包括欧洲各制造商，就组织其基础研究工作所走的路来说，并不会在任何情况下出现惊世骇俗的创新。遗憾的是，他们只是在最近才认识到这一可悲的事实。

在思考创新方面，斯隆继承了亨利·福特分工到完全极端的思想。他决定把正在进行的先期、储备的概念研究工作的科学家和工程师集中到在底特律郊外的通用汽车技术中心。他认为，在这里，他们将不会因日常商务问题而分心，从而可以把工作焦点对准到公司的长远需要上。

几十年来，通用汽车建立起一个庞大、优质的团队，并完成许多基础发明。通用的技术资源对整个汽车工业带来的好处是至关重要的。实际上，在 20 世纪 70 年代中期通用汽车的科学家和工程师，在很短的期限内就完善了排放催化技术。这项技术现在已被世界上所有的汽车公司所采用，以生产出符合排放标准的汽车。事实证明，当外部环境要求快速行动时，通用汽车愿意并有可能进行创新。

不幸的是，在危机——公司前景未卜、信息交流正常组织渠道中断等未出现时，从研究中心渗透到市场上去的新思想就非常慢。如果危机确实出现，研究中心的思想家和产品开发的执行者之间缺少日常的接触往往意味着令人困窘的过失。在通用汽车，这些包括 20 世纪 50 年代后期的 Corvair 项目，20

世纪 60 年代的 Vega 项目，20 世纪 70 年代后期的 X- 车型计划和 20 世纪 80 年代后期的为生产 GM-10 产品的高技术工厂。在各种案例中，当实施工作做不到原定的技术目标时，新产品和工厂的创新思想就受到损害。与上一个 10 年在精益生产公司中所发生的一切相比，这些结果的反差是令人吃惊的。

精益生产方式下的创新

大学毕业的机械、电气和材料工程师以有趣的方式在许多日本精益生产方式的制造商内开始他们的职业。[11] 他们组装汽车。例如在本田，所有刚进厂的工程师都要在头 3 个月里在公司的组装线上干活。他们随后轮岗到市场部门再干 3 个月。在随后的一年里，他们在工程部门——动力系统、车身、底盘和加工机械部门中轮岗。最后，在他们参加了包括设计和制造汽车的整个范围各种活动之后，他们便随时准备好接受分配到一个工程专业部门，也许是发动机部。

开始，他们很可能被分配到一个新产品开发团队。在这里，他们将做一般常规性工作，主要是使成熟的设计来适应新车型的明确要求。这项任务，如前章所述，可持续 4 年。

在成功地参加了新的开发项目工作后，年轻的工程师很可能被调到发动机部从事更为基础性的工作，也许是设计新发动机，诸如最近由日本制造商推出并希望用到整个系列新车型的 V6 和 V8 发动机（发动机开发计划就像新车型开发计划一样，从初期概念到实际投产，需要 3～4 年）。

一旦工程师成功地在这种第二类开发团队里完成其工作后，一些最有希望的工程师即被选中接受补充的学术培训，然后安排到更长期和更高级的项目中去工作。例如，某位工程师可能学习如何把增强纤维加入到高强度的金属零件（如连接曲轴和活塞的连杆）中去。在为这些项目工作时，工程师都与公司聘请的学术专家密切地商讨。

但是，甚至这些长期开发项目也有着一个很具体的目标——纠正由产品或主要部件开发团队在公司的产品上所确认的某些弱点，所以他们是与具体的开发计划的需要和时间表紧密地结合的。而且，这项工作是由彻底了解产品开发和生产实践性的工程师来实施的。为了保证工程师能保持其敏感性，例如，本田甚至要把它最高级的工程师每年用一个月时间分配到公司其他职能部门，如销售部门、工厂运营部门、供应协调部等去工作。

日本的精益制造商特别注意不把他们的先进技术与公司的日常工作和市场持续不断的需求分隔开来。基于他们对美国和欧洲大规模制造商的观察，他们很早以前就已得出结论，工程，甚至最先进的工程，都应该与公司的面向市场的活动结合起来才能有效。

实践中的创新：低技术弱者到高技术奇迹

这种方法如何成为现实，20世纪80年代日本发动机设计的发展就是很好的证明。20世纪80年代初期，日本各公司面临一个共同的问题。他们曾经假设能源价格将会继续上升，而且消费者将需要更小型的汽车。所以他们在20世纪70年代后期，对生产小型四缸发动机的工厂投资了数十亿美元。不料，燃油价格下降，消费者要买更大功率的大型汽车。

怎么办？应用现有的生产装备靠扩大缸径和加长冲程，可以使发动机的尺寸略有增加。但是，如果要再加大，如增加缸数或改变发动机形式，比方说从直列四缸改为V型六缸，将耗资巨大，因为那将需要报废大多数现有的生产装备。反过来，投资10亿美元的新建发动机厂将会使产品开发团队耗尽精力，从而影响快速增加日本的产品系列。无疑，精益制造商认为，该有更快更便捷的解决方法。

实际的确如此。产品开发团队求助先进设计团队，后者建议采用各种可能的技术措施以提高基本型四缸发动机的性能。这些措施在概念上是简单的：用燃油喷射代替化油器，用每缸四气阀代替两个气阀（每次行程多进燃油多排气），在发动机下部加平衡轴（以减少四缸设计固有的不平衡性），采用涡轮增压器和发动机增压器（使同样尺寸的发动机多做功），第二个顶置凸轮轴（使气阀正时更准确），甚至在发动机高速下使用另加一组凸轮（使发动机在较宽的工况范围里发出全功率）。

此外，工程师致力于行业中被称为"精细改进"方面的工作。注意发动机设计中最小的细节，以使成品发动机运行平稳，在所有转速和各种驾驶条件下运行正常，甚至达到一台大得多的发动机的性能。

最后，工程师不断关注工艺性问题。这是由于他们这样的做法是在一个已然复杂的装置上增加零件和复杂性，这种做法并不是一个好的工程做法，因此他们不得不加倍努力注意工艺性问题，以使复杂的发动机在任何时候都能正常工作而且只需增加极少的生产费用。

由于这些措施是在20世纪80年代增加的，它们在公众的感性认识上产生一种很有趣的作用——也许是并未预料到的作用。当他们在同一个基本款发动机上提高动力性，有时甚至达到两倍时，这些创新结果使买主，特别是在北美的买主，确信日本汽车现已采用"高技术"，它们现在已具备最为先进的特点。它们已从1980年"低技术"弱者发展到1990年的高技术神童，同时保持着制造小型发动机生产设备的基本投资。

消费者方面的这种认识使许多大批量生产公司里的工程师感到十分灰心，他们知道几十年来在汽车工业中一直就有这些"创新"。例如，1924年的宾利汽车就采用每缸四个气阀和顶置双凸轮轴，20世纪30年代在最大的欧洲豪华汽车上采用增压器已是稀松平常的事。但是，由于耗资太多或生产使用过于复杂而往往被管理人员所否定或限制在有限的特种豪华汽车上采用。

此外，当大规模制造商，特别是美国的制造商，试图大规模复制这些"创新"时，他们设计系统的弱点就暴露出来了。在许多情况下，需要好几年才能引入一个可与之相比的特性，而且往往还伴随着可操纵性问题或高生产成本。例如，通用的Quad 4型发动机上，在引入上述多种特点时已经落后丰田4年。它再需要2年才能达到高水平的"精细改进"。尽管如此，制造上的瓶颈意味着这个发动机也只能满足通用汽车使用四缸发动机汽车的狭窄范围。

研究与开发中的精益生产方式与大批量生产：一些数字对比

既然已知在创新上的方法截然不同，所以我们所举出的例子很典型，并在新技术开发的表现上，显示出系统性的差别则不足为奇。特别是，美国公司在研究活动上花费支出很大，如图 5-7 所示，但在技术优势的重要指标——专利方面却大大落后于日本公司，如图 5-8 所示，也就不足为奇（专利数据是世界不同地区的汽车公司和供应商在美国登记的全部专利）[12]。

此外前 10 年里在把专利创新项目推向市场方面，日本精益制造商持续不断地超过美国，甚至欧洲公司。

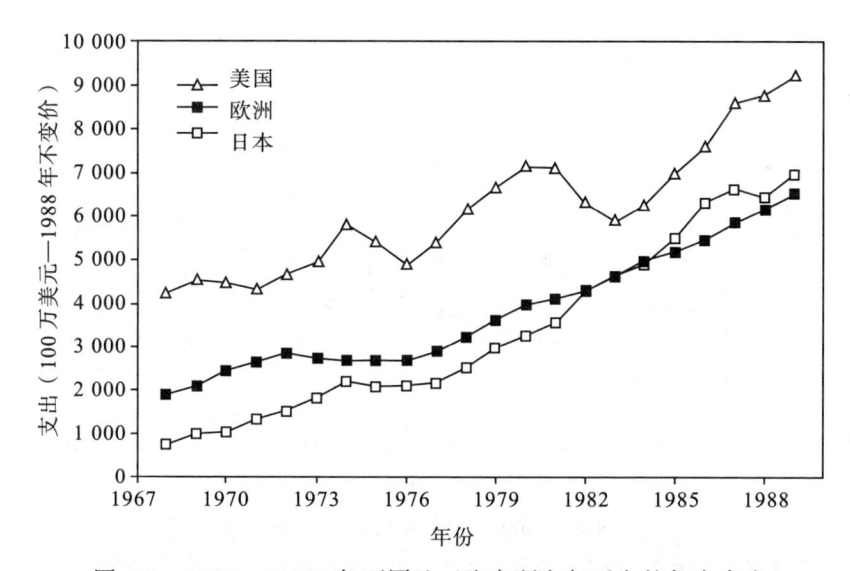

图 5-7　1967～1988 年不同地区汽车研究与开发的年度支出

注：图中数字是按总部所在地区对汽车行业中的各公司在世界范围内用于研究与开发的支出进行分组。因此，通用的全球支出集中在"美国"名下，大众的全球支出分组到"欧洲"名下。

数字采用 1988 年的不变价美元，以 1988 年的汇率计算。

资料来源：丹尼尔·琼斯根据经济合作与开发组织的年报《成员国政府研究与开发调研汇编》计算而得。

需要划时代的创新

到现在，我们已经讨论了有关生产汽车在技术层面上为人们所熟知的创新概念。我们已经列出 20 世纪 80 年代的许多创新项目，20 世纪 90 年代还会出现更多的创新——特别是电子技术应用到机械车辆系统上，如在汽车悬架上和在更多种的汽车中装成本较低的移动通讯系统。但是，有什么划时代的创新项目，真正的技术上的大飞跃，如切实可行的燃料电池动力装置或全树脂车身结构或高级的导航系统和防堵车系统出现吗？我们会看到，20 世纪 90 年代可能是出现这类创新的年代。精益制造商能够对这些更具威胁的挑战有所反应吗？

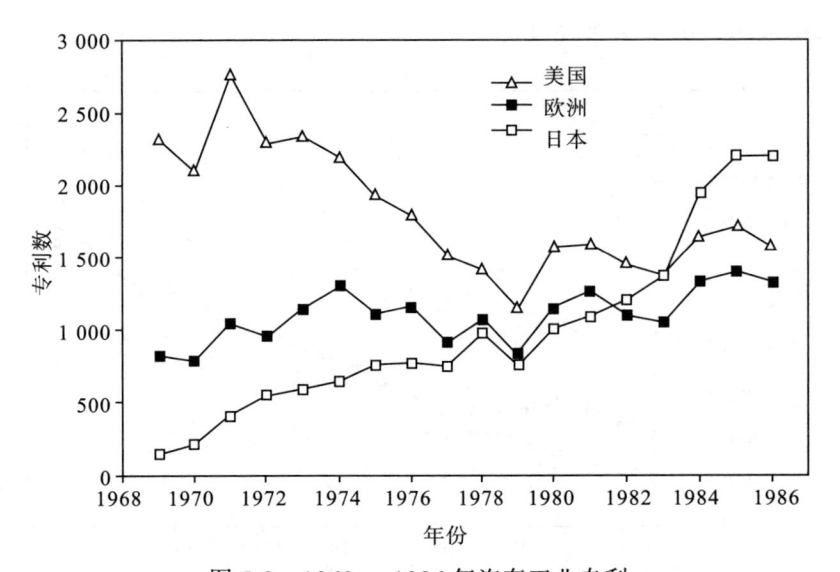

图 5-8　1969～1986 年汽车工业专利

注：图中数字表示的是经美国专利局批准给位于各主要地区的总装厂和供应商的专利。如果母公司总部在一个地区，子公司在另一个地区经营，其专利计入经营所在的地区。例如，Alfred Treves 是总部设在美国的 ITT 的一家德国子公司。Treves 的专利计入欧洲地区。

供应商的专利是通过列出一张总部设在三大主要地区的重要汽车供应商的清单来估算的，采用下列来源：

日本：Dodwell 咨询公司《日本汽车零部件工业的结构》，东京：Dodwell 咨询公司 1986 年出版。

北美：ELM 国际咨询公司《1987～1988 年 ELM 汽车采购指南》，东兰辛，密歇根：ELM 国际咨询公司 1987 年出版。

欧洲：PRS 咨询公司《1986 年欧洲汽车零部件工业》，伦敦：PRS 咨询公司 1986 年出版。然后，将这张清单和美国技术评价局提供的按公司统计的专利数据进行对比。做出相应调整，排除大型多元化产品公司的非汽车专利，例如，美国的联信和日本的日立。

资料来源：位于华盛顿的美国技术评价局提供数据，由萨塞克斯大学科学政策研究室进行估算。

实际上，世界汽车工业在其出现的第一个世纪里，生存于一个温和的环境中，甚至在最为发达的国家里对其产品的需求也持续增加；在大多数地区有足够的面积用以极大地扩大道路网络；在 20 世纪 70 年代和 20 世纪 80 年代为解决拥挤城市地区的烟雾采取了很少的技术措施外，地球大气一直还有能力容忍不断增长的汽车使用。很快的，可能会对使用汽车的环境有更高的要求。

在北美、日本和西欧，现在对汽车的需求已接近饱和。在 20 世纪 90 年代，汽车的需求可能会有少量的增长。但到 20 世纪末，这些市场的制造商如果想增加其销售额（以美元、德国马克⊖或日元计，而不以辆数计）将需要向消费者提供一些新东西。另外，汽车使用的增加和道路建设的阻力不断增长，使这些地区的道路系统日渐拥挤，逐步剥夺了使用汽车的乐趣。

使汽车在拥挤地区有可能导航行进，甚至有朝一日能自动驾驶的新电子汽车技术可能会解决两个问题：把驾驶工作转交给计算机来完成，这将会使汽车公司的每车售价大大增加，而并不一定能多销售车辆。还有，如果驾驶员无需注视道路，车内娱乐系统也可能成为赚钱的东西。

同时，在 20 世纪 90 年代能够从道路上获取有关堵车情况并找出到达目的地的最快路线信息的轿车和卡车，有可能更好地利用有限的高速公路资源。既然已经知道潜在奖励的规模，北美、西欧和日本各国政府和汽车公司最近在各地区发起由公共资助合作研究计划，以寻求对这些问题的技术解决方案就不足为奇了。[13]

但是，使这些技术问题成为现实确实令人生畏，计算机工业距离自动驾驶所需的计算能力还有很长一段距离，而且对这种系统的可靠性要求将会非常之高。尽管北美、西欧和日本在人员驾驶条件下，每年因车祸而死亡人数超过 10 万人，但很难想象公众会接受使死亡人数少一半或甚至只有 1/10 的计算机控制系统。

此外，因为公用道路将是所需信息系统中的一个关键因素，也因为所选定的标准对国家汽车工业的健康发展可能关系极大，所以解决问题的办法远

⊖ 德国马克是前西德（1948～1990）和德国（1990～2002）在 2002 年欧元使用前的法定货币。
　——译者注

远超过单个公司研究室所能做到的。最近，对高清晰度电视的世界标准的辩论——每一主要地区的政府都玩弄技巧为自己的国家团队带来好处——也许这就是汽车工业可能遇到的预示。

甚至在最为饱和的市场上，对导航和自动驾驶的突破有可能使消费者重新燃起将可自由支配收入花费到汽车上的欲望之火。但是如果证实了有关温室效应最坏的预测，那么在汽车技术方面甚至更为令人惊讶的突破可能也只需要用来保护人类社会已有的东西。这些是对地球大气中二氧化碳（部分来自汽车）、甲烷（沼气）和氟氯碳（部分来自汽车空调）上升水平潜在影响的预防措施。这些排放物如果任其继续下去就会显著地升高气温和改变全球气候。

在最坏的情况下，21世纪的初期，我们会看到在南极冰山融化的同时，海平面显著地上升，把人口集中的世界沿海平原的大部分淹没。我们还会看到降雨方式的变化把世界生产谷物的地区变成长期遭受干旱和沙尘暴的地区。甚至更为适度的变化都可能威胁地球支撑人口的能力。[14]

当前，有关温室效应的科学辩论异常混乱。每个人都同意当前二氧化碳、甲烷和氟氯碳水平正在上升，但这种增长的确切后果却远不够清楚。联合气候系统中许多反馈回路的计算机模型是预测的关键。但是，迄今为止，模型只是松散的协议阶段，所以其预测值范围还较宽。此外。在气候变化时特定地区的结论甚至更不清楚。

另一方面，社会正在倾注巨大的科学资源以求得到确切的答案，可能在最近几年内就会有结果。如果汽车工业不采取非常措施予以响应我们会感到惊讶，这响应可能是对精益方法在研究与开发上的最后考验。例如，在极端情况下，二氧化碳的排放有可能不得不完全消除。从而产生出采用氢能汽车的需要（这种车燃烧的最终产物只有水），甚至太阳能汽车。

迄今为止，日本的精益制造商在这种划时代创新项目上并没有失败；他们只是没有去尝试，相反，他们热衷于以奇妙的搜寻过程扫描那些即将可以推出到市场上去的技术概念。如在20世纪80年代的高技术四缸发动机。在前进的道路上等待他们的可能是更加严峻的挑战。

第 6 章
The Machine That Changed the World

供应链协作

当今汽车的复杂程度几乎令人难以想象。如前所述，一辆汽车一般由 1 万多个零部件组成，每个零部件都要有人设计和制造。管理这一庞杂的工作可以说是制造汽车所面临的最大挑战，然而它却最不为外界所了解和重视。

亨利·福特认为到第一次世界大战时他已经解决了这一问题：所有工作都在自己公司内部完成。但是，他的做法碰到了众多的问题：怎样组织和协调数百个工厂和工程部门内的几十万名员工？当市场需求发生变化或经济恶化时，怎么处理那些专门为自己公司的产品生产特定零部件的设备和工厂？

本章主要以西口敏宏和理查德·莱明的研究为基础。

20 世纪 20 年代，阿尔弗雷德·斯隆为这些问题找到了一个答案：所有工作都在公司内部完成，但同时建立分散管理的零部件生产部门，作为独立的利润中心，为整个公司生产特定种类的零部件。例如，哈里森（Harison）的散热器分部，萨吉诺（Saginaw）的转向器分部，AC 的火花塞分部。斯隆认为，通过把这些分部当作独立的企业，他可以利用市场机制降低成本并提高效率，同时还能保持统一的集团公司所具有的协调优势。

斯隆对于周期性的汽车市场问题也有一个解决方案：当市场

不景气时，就像解雇总装厂的工人一样，解雇供应系统的工人。

到了 20 世纪 50 年代，亨利·福特二世领导下的福特公司想出了一个新主意，结果发现实际上换汤不换药。福特为很多种以前由公司内部供应的零部件向完全独立的供应商公司招标。供应商得到所需零部件的详细图纸并按要求报价，报价最低者一般赢得为期一年的合同。当市场不景气时，就像解雇工人一样，福特通过取消合同的方法解雇这些供应商。事实上，这正是 1913 年前后福特所留下的世界，与独立供应商之间以市场为导向的短期的保持距离的协作。

20 世纪 80 年代，两种方式都被世界各国的大批量生产公司所采用。通用汽车的整合一体化程度最高，每辆轿车和卡车中约 70% 的零部件由其内部的零部件部门供应。瑞典的萨博公司则处于另一个极端，只生产约 25% 的零部件，仅保留那些对客户而言最明显的部件（车身和发动机）自制。[1]

每家公司真正整合一体化到什么程度，与该公司的历史和规模有关。通用在其零部件部门中投入了巨大的资金，这使它很难有其他选择。而萨博实在太小，无法自己生产所有零部件（事实上，福特公司收购捷豹以及通用汽车与萨博合资的关键理由，就是捷豹和萨博可以借助大型汽车制造商更为强大的议价能力获得更低价的零部件，并且可以分别与福特和通用汽车共享一些通用的零部件，如开关和车灯）。然而，无论哪种方式——自制还是松散的协作——都不怎么有效。

20 世纪 80 年代中期，大批量生产进入迟暮，包括通用汽车和克莱斯勒在内的很多公司尝试着减少从自己公司内部供应商获得零部件的比例。促使他们实行这一策略的原因是，他们相信日本供应系统具有竞争力的秘密，在于外部供应商公司的工资更低。

我们认为，这种战略的改变（当然由于中层经理和联合汽车工人工会的反对，目前在通用汽车和克莱斯勒已经暂停），很大程度上并未切中要害。[2] 零部件供应系统具有竞争力的关键是总装厂（例如福特、雷诺或丰田）与其供应商（例如福特的汽车内饰分部本迪克斯（Bendix），雷诺的变速器分部法雷奥（Valeo），丰田的发动机分部日本电装（Nippondenso））合作的方式。

供应商是公司内部的还是外部的并没有什么差别。为了理解何以如此，让我们接着第5章的说明，跟随大批量生产的汽车公司过去采用的（在很多情况下，现在仍然在采用）零部件供应流程。我们将从一辆新车的设计开始追溯这一系统。

成熟的大批量生产：零部件设计

切记，在大批量生产的公司中，设计过程是依次逐步进行的，每次一步骤。首先，新车型的整体概念设计由总装厂的产品规划团队指定，由高级管理层评估。接下来，详细地规划产品，尺寸精确到英寸（例如，轴距和轮距）以及每个零部件所采用的具体材料品种（例如，钢制翼子板、塑料方向盘、铝制发动机体）。然后，绘制出每个零部件的详细工程图纸，注明所使用的特定材料（例如挡泥板要用规定尺寸的双面都有镀锌涂层的钢板；方向盘要用碳纤维加固的塑料；发动机体要用特定的铝合金，等等）。只有到这个时候真正生产这些零部件的公司才被召集进来。一般有1 000～2 500个零部件制造商参与整辆汽车的生产，包括独立的供应商公司和集团内部的零部件分部。

当供应商——无论是集团内部的还是独立的——终于得到召唤时，他们得以看到图纸并要求报价。举例来说，他们会被问到："如果我们每年要40万个方向盘，单价多少？"大批量生产的总装厂还设定了质量目标，每1 000件中最多允许出现多少件不良品，以及交货计划表（可能是每周一次或两次），并规定对不能准时或按量交货的惩罚措施。合同期限一般很短——对于需要新增投资的零部件通常是一年，对于那些大多数汽车公司从同一家供应商购买并已经投产的商品化零部件而言，如蓄电池或轮胎，合同期限甚至更短。因此，价格、质量、交货可靠性和合同期限成为总装厂与供应商关系的4个关键因素。

当供应商看到图纸时，他们从长期的经验中得知自己卷入了一场复杂的竞争，在这场竞争中没有一条真正的规则是写进标书里的。他们认识到总装厂的采购部门处于降低成本的巨大压力之下。"首先要考虑的是成本"是总装厂的代名词。所以单件报价高低对于中标与否至关重要。然而，供应商也明白，对于一个新车型，后续的业务常常会延续10年。随之而来的还有替换配件的市场，而这一业务可能会延续更久。因此，实际上他们并非是为一年的合同投标，而是为很可能持续20年的一连串生意而投标。

既然情况如此，他们应该亏本投标吗？这样做是一件很有诱惑力的事情，因为供应商的经验也告诉他们，一旦零部件投入生产，质量和交货表现都能满足要求，他们就有可能回过头再要求总装厂调整成本，他们可能会提出，"我们无法得到净形的所需钢材，所以材料费用超出了我们的估计"（这意思是说，他们能得到的钢材尺寸过大，所以他们必须切掉更多的原材料以达到他们所需的零部件尺寸，而这个过程会增加额外的初始成本和浪费），或者提出"我们的工会坚持改变工作规定，这使我们的成本上升了"或者是"我们买来压制方向盘的新机器不能保证质量，需要手工完成最后的修整"。

此外，还有一种由来已久的传统做法，考虑到一般的通货膨胀，每年为后续的合同做成本调整。总装厂更倾向于全面同意这些调整，而不逐项进行调查。因为调查每个案子需要花费很多精力。当然，供应商实际上肯定是不断降低生产成本的。因为随着时间的推移，他们积累了生产零部件的经验。所以，在随后的几年中，每年成本的提高，可以将最初的亏本投标转化为后续的盈利业务。

最后，对于一些需要花大投资增添新设备的零部件，总装厂会发现，在全面投产后再找新的供应商将要付出极高的代价并且极其不便。生产这些零部件的供应商将为其会随时间增长提价能力下赌注。这种想法使"购买业务"的诱惑，即为了先把脚迈入门内而有意开出低价，几乎不可抗拒。

大批量生产的总装厂已经玩过成千上万次这种游戏，并对中标者之后回来要求提价有充分的准备。因此，总装厂的产品设计师对供应商真正的成本要有一定的概念是非常重要的。只有这样，他们才能准确地估计后续的价格调整。

然而，这却是一项艰巨的工作。以市场为依据投标的一个重要特点是供应商只与总装厂交流一个信息：单个零部件的投标价格。除此之外，供应商对有关生产方面的信息小心翼翼地加以保护，即使当他们是总装公司下属的分部时也是如此。他们认为通过隐瞒关于如何计划生产零部件以及内部效率方面的信息，他们就能最大限度地隐藏从总装厂获利的情况。

一旦总装厂确定中标者后，中标的供应商便开始着手制作样品。这一过程可能暴露很多问题，因为传统的大规模制造商将一个复杂部件中的很多零部件分包给许多相互之间可能没有直接联系的供应商。例如，直到最近，通用汽车还通过向25个供应商订购座椅中的25种零部件来自己生产几乎所有的座椅。当这些零部件最终被组装在一起时，出现某个零部件不合适或某两个相连接的零部件不协调的情形就不足为奇了。例如，由于不同的膨胀系数，它们在冷天里会吱吱作响。

当供应商在部件中对零部件进行了测试，总装厂进而在整车中对部件进行了测试后，总装厂会详细说明每个零部件所需的必要改动，并批准开始批量生产。然而，大批量生产的总装厂还是没有完成供应商挑选的过程。

成熟的大批量生产：零部件供应

这时，总装厂采购部门担心的主要不是汽车的投产，而是怎样控制供应商的价格。他们对这些供应商的生产情况知之甚少。解决问题显而易见的办法就是寻找每一种零部件其他的供应商，提供给他们最终的、可投产用的图纸，作为报价依据。当然，已经被选定的供应商对此会感到恐慌——这正是此举的意图所在。最初的供应商也会感到受了欺骗，因为新的竞标者不必承担对初始设计进行微调的成本。

当然，最先被选中的供应商以前也玩过无数次这类把戏，或许在投标时就已留有余地，以便随后几年中总装厂让两个甚至三四个供应商相互竞争时做出调整。而且总装厂寻求替代货源的威胁多数都是空话，特别是针对内部供应商。

让我们拿通用汽车的一个内部供应商作为例子。我们可以想象，通用汽车新产品的一位项目经理对这个内部供应商报价过高不甚满意，而且该内部供应商过去有过质量和交货问题。但是当这位项目经理刚刚找到另一个外部供应商时，这个内部供应商便会到集团总部解释说，失去这个零部件的订单，将导致已为通用汽车其他产品提供的类似零部件价格上涨。为什么呢？因为丧失了规模经济，内部供应商的生产能力会过剩。

像通用汽车这样大批量生产的公司历来非常重视规模经济和生产能力的充分利用，集团总部就会和项目经理进行谈话。这个内部供应商会郑重其事地保证将会努力降低成本，同时改善产品的质量和交货可靠性，然后就得到了这笔生意。这样，理应保持内部供应分部诚实可靠的内部市场，却被逐渐削弱了。这一过程说明了在过去 10 年的大部分时间里，通用汽车是如何在其众多部件供应部门做到同时拥有世界上最高产量和世界上最高的成本。

在选择过程结束时，总装厂通常最后只选定一个供应商来生产最复杂和技术先进的部件，如发动机计算机。对于如轮胎一类的商品化零部件，则常常同时签下三四个供应商。但是，确定完整的供应商名单，开始批量生产，只是总装厂和供应商在一个新产品合作中第一阶段的结束。

一款新车型投放市场以后，随之而来的是漫长的调试过程，需要总装厂与供应商之间更加密切的互动。尽管对样车进行的多年测试，总装厂还是常常从用户的最初反馈中发现问题——不是某个零部件根本不起作用，就是客户抱怨它功能欠佳。

比如，一款新车型的刹车工作正常，但在冷态时会吱吱响。解决方案是什么？进行"生产变更"，在上述情况下要求生产线上尽快换用新的刹车片材料。20 世纪 80 年代，许多西方汽车公司在新车型投产的最初一两年中，要进行数千次这样的改动。每一次都可能需要修改供应合同，这就意味着总装厂要增加成本。

调试的另一个方面涉及制造工艺性。总装厂有时反映工人们发现某个零部件由于设计不合理而几乎无法安装，或者很可能有时汽车某个部位的零部件实在太多，譬如应该有一个零件的部位却有 10 个零件，唯一的解决方案就是重新设计零部件或整个部件。由于耗资庞大，在 20 世纪 80 年代以前，总装厂几乎根本不采用这种重新设计的方案；但在近几年，因为市场对质量要求越来越高，他们开始频繁地采用这种办法，因为他们逐渐意识到在一个车型的生产寿命期内，由于一个部件的设计不合理所付出的惩罚性制造成本。

最终，供应商可能不能满足质量目标。但不要忘记，大规模制造商对质量的要求是商定一个可接受的不良品比例，在交货时对零部件进行检查。当发现不良品少于可接受的数目，便将这些不良品扔进废品箱或退回扣款。只有当废品数量超过可接受水平时，总装厂才采取引人注目的措施——比如说，退回整批零部件并拒绝付款。

即使在这种情况下，找出问题所在并加以改正，纯属供应商的责任。多数供应商强力坚信"我的工厂在做什么是我自己的事"，总装厂插手供应商的生产问题显然不受欢迎，因为这样会暴露供应商的运营和成本方面有价值的数据，总装厂可以在后续合同中利用这些数据进行压价。[3]

即使当一款新车型完全排除了故障，供应商和总装厂的关系仍然存在冲突。举例来说，如果竞争意外激烈，生产可能永远达不到计划的规模。这样，即使降低价格的压力越来越大，成本也会增加。总装厂可能会忍不住去寻找更低价的货源，甚至到已有合同的供应商之外去寻找。[4]

那些刚刚配置好工装设备，并且事实上在亏本销售的供应商，也会由于总装厂找到了其他供应商而被抛弃。此举无疑在短期内降低了成本，但却使包括新中标者在内的所有供应商更加确信，一定要对总装厂守口如瓶，对保持长期合作关系的信任只是不切实际的幻想而已。

似乎还不仅仅是上面提到的这些困难，还有产量波动的问题。我们在第9章将看到，大规模制造商的主要市场，特别是在北美，往往会发生很大的周期性变化。即使轿车和卡车的总销售量稳定，消费者所要求的产品组合也会发生迅速变化。采用大批量生产方式的总装厂认为这些变化是不可预料的，因此可能不得不突然宣布取消一些零部件的订单。由此产生的零部件积压，结果可能就成了供应商的问题。而且，大批量生产供应商往往倾向保持大规模的成品和在制品库存。因此，供应商在投标时就把这种过量库存的偶然性估计在内，消费者承担了市场不稳定的成本。

至此，我们应该清楚地看到，对于成熟的大批量生产供应系统，任何一方都明显不满意。供应商在设计后期才能介入，对设计的改善不起什么作用，导致了制造难度大、成本高。他们承受来自客户降低成本的压力，而客户并不了解他们特别的问题。其结果是，看来不合理的投标获胜，随后会不断地调整价格，以致最终的单件价格比报价切合实际而未能中标的还要高。上述过程使得总装厂很难准确估计成本。而且，这种使投标者相互离间的做法，使得他们在零部件投产以后，非常不愿让别人了解其改善生产技术方面的创意。换句话说，他们对交流自己学到的东西没有积极性。

这种典型的大批量生产供应系统，充其量只能使供应商的利润维持在很低的水平上。总装厂的采购部门会以此作为其成功的主要证明。但是，零部件的价格与供应商的利润完全不是一回事，始终居高不下，而质量却不能令人满意，而且在改善方面步履维艰，因为没有任何一方真正与别人交流。当然，肯定还有更好的方式。

精益生产中的零部件供应[5]

确实是有一种更好的方式。再一次，我们到日本寻找这种方式。为了说明这个系统如何运行，让我们回顾一下第5章谈到的由"主查"领导的产品开发流程。在产品开发的最初阶段，精益制造商便选择了所有的配套供应商。日本主要的精益制造商开发一款新车型需要的供应商不到300家（与西方大规模汽车制造商的1 000～2 500家形成鲜明的对比）。[6]选定这些供应商并不难，因为他们一般都正在为这个制造商其他型号车辆供应相同的零件，也是这个总装厂供应集团的长期成员（我们随后将说明这种组织的性质）。重要的是，他们不是根据投标，而是根据以往的合作关系及其表现的记录选定的。

与大规模制造商相比，精益制造商只需要相当三分之一到八分之一数量的供应商，因为精益制造商是将整个部件，比如说座椅，委托给他们称之为一级供应商的公司，由这个供应商负责向总装厂提供整套座椅。以日产为例，只有一个座椅供应商为其新的英菲尼迪Q45车型配套。而通用汽车，在一般情况下仍然在与为其总装厂座椅生产部门提供所需25种零部件的25家供应商打交道。

一级供应商下面一般有一组二级供应商，这些制造专家是独立的公司。这些公司依次得到供应系统金字塔中的三级甚至四级供应商的帮助。这些后者的公司根据二级供应商提供的图纸制造独立的零部件（我们在第3章中已谈到过这一体系的历史起源）。

在精益系统中，参与开发计划的一级供应商，在产品规划过程开始不久，也就是在投产前两三年即指派人员，称为常驻设计工程师，参加产品开发团队。当产品的总体设计在供应商的工程师不间断的直接参与下完成以后，汽车的各个部分：悬挂系统、电气系统、照明、空调、座椅、转向器以及其他，被移交给有关的专业供应商做工程设计。一级供应商全面负责整个部件的设计和制造，并满足双方协商确定的整车对各个部件的性能要求。供应商的开发团队在自己的"主查"带领下，以及来自总装厂和二级供应商的常驻设计工程师的帮助下，开始从事具体的开发和设计。

例如，在1988年，日本处于领先地位的刹车生产商，日新工业，在本田的研发中心就经常派驻一个由7名工程师、2名成本分析员和1名联络员组成的产品开发团队。该团队每天与本田的技术人员一起工作，共同设计一款新的本田汽车。[7]

这种供应系统意味着总装厂实际上对某些零部件和系统相当不了解。我们采访了一家西方供应商的主管，这家公司最近开始为在北美的一家日资工厂配套座椅。一开始，他先飞到东京，向这家总装厂索取整套零部件的工程图纸以便准备报价。但是这家总装厂解释说他对座椅的技术问题懂得很少，当然没有图纸。他说："这些都是我们两家传统的座椅供应商的事，你得去问他们。"最后，这家西方公司与其中的一家日本供应商建立了合资公司，为这家在北美的日资工厂提供产品。

由于专有技术的原因或消费者对新车型的一些观念，精益总装厂不会将某些关系到一个车型成败的零部件细节设计委托给供应商。这些零部件通常总是留在总装厂的内部供应部门生产，主要是发动机、变速箱、关键的车身钢板，以及越来越多的协调汽车众多系统功能的电子管理系统。

对于总装厂只略知有关技术的皮毛并完全依赖某一个外部供应商生产的零部件，精益制造商仍特别留意掌握供应商的生产成本和质量情况。

这种供应系统如何能实现交流如此敏感的信息呢？答案很简单。这种系统能运转就是因为存在着一个用以确定成本、价格和利润的合理框架。这一框架使得双方愿意为互利而合作，而不是相互猜疑、戒备。

供应商和总装厂之间几乎全部的关系都规定在一个被称为基本合同的文件内容。这种合同一方面是总装厂和供应商承诺长期合作的一种表示；同时，也建立了确定价格和质保、订货、交货、专有权和物料供应的基本准则。[8]

简而言之，这种合同奠定了合作关系的基础，与西方供应商和总装厂间那种相对敌对的关系是根本不同的。自20世纪60年代以来，类似的合同在日本的一级和二级供应商之间也很普遍。

精益供应的实践

现在让我们仔细看一下如何实践供应商与总装厂关系。

精益供应的核心是一种不一样的确定价格和共同分析成本的系统。首先，精益总装厂确定轿车或卡车的目标价格，然后与供应商一起，反过来研究如何在这个价格条件下制造出这种汽车，同时又使总装厂和供应商都能获得合理的利润。换句话说，这是一种"市场价格减法"系统，而不是"供应商成本加法"系统。

为实现这个目标成本，总装厂和供应商都运用"价值工程"方法将每一生产环节的成本分成细目，找出能够降低每个零部件成本的因素。价值工程分析完成后，被指定设计和制造各个部件的一级供应商开始与总装厂谈判，谈的不是价格，而是如何达到目标同时又使供应商能获得合理的利润。这一过程与大批量生产方式确定价格的方法恰恰相反。

在精益生产中，零部件一旦投产以后，还要应用被称为"价值分析"的方法进一步降低成本。价值分析将伴随零部件的整个生产周期，同样，它也是一种详细分析每个生产环节成本的方法，因而能够确定那些对成本起关键作用的生产环节并能提出进一步降低成本的目标。这些效益可以通过逐步改进，或"改善"，即采用新工装，或对零部件进行重新设计来实现。

当然，所有制造商，无论是大规模的还是精益的，力图分析成本，但精益生产方式使得准确分析成本容易得多。换型时间已缩短为仅仅几分钟，而且生产运行频繁、周期短、不中断，成本分析人员不必等上几天或几个星期，就能对几批生产业绩作出综合评估。他们能迅速收集准确且具有代表性的数据。实际上收集数据的工作，可以留给机器操作工自己去做。这样每年就可能进行几次全面的成本分析，并准确地监控降低成本的工作进展。[9]

显然，要使精益方法行得通，供应商必须让总装厂了解相当一部分有关其成本和生产技术方面的专有信息。总装厂和供应商应共同研究供应商生产过程中的每个细节，寻求降低成本和改善质量的途径。作为回报，总装厂也必须尊重供应商赚取合理利润的需要。总装厂与供应商之间共享利润的协定，使得供应商有积极性去改善生产过程，因为它保证供应商能保留由自己降低成本的创新和"改善"活动所得到的全部利润。

精益供应的第二个特征是能在一款车型的生命周期内不断地降低价格。大规模制造商认为中标的供应商在合同开始时实际上是亏本销售，并希望通过逐年提价回收投资。精益制造商则认为，或者更确切地说是知道，第一年的零部件价格，正是对供应商的实际成本加上利润的合理估计。总装厂还清楚地意识到，生产任何项目都有条学习曲线。所以他们明白即使原材料成本和工资费用略有上升，在后续的几年里产品的成本也会降低。事实上，由于"改善"，即生产过程连续不断的逐步改进，精益制造商的进步比大规模制造商要快得多，也就是精益制造商的成本下降得更快。

问题是，谁能得到好处？通过相互协商和谈判，总装厂和供应商又一次共同确定了一条在产品4年生命周期内的成本下降曲线，附带条件是由供应商自发实现的超出双方共同商定的降低成本的效益，全部归供应商。这就是精益供应系统中鼓励供应商进行迅速和不断改进的主要机制。

现在我们举例说明这种机制是如何运行的。假设在投产第一年，一套仪表盘的价格定为1 200日元。再假设，通过总装厂和供应商的共同努力，在这一年中价格降至1 100日元。在这种情况下，总装厂每套仪表盘付给供应商1 150日元。供应商和总装厂分享这部分利润。

假如供应商通过自己的努力在第一年就采取其他创新将价格进一步降至

1 080日元，供应商将保留这部分额外收益，仍得到1 150日元。这一做法在以后连续3年内都同样适用。[10]

总装厂同意由双方共享共同创造的利润并让供应商得到他们自行采取其他措施所得的收益，放弃独占供应商改善和创新收益的权利，而西方供应商往往很怕得不到这些利润。另一方面，日本的总装厂因其供应商提出创新和节省成本的建议以及积极合作的意愿不断增长而得到好处，这种体系以相互合作的良性循环取代了互不信任的恶性循环。

在零部件设计完成和投产以后，大批量生产的和精益生产的供应系统还有另外一些不同之处。一个是，精益生产在新车投产以后很少需要更改，原因很简单，因为新生产汽车的工作性能符合设计的要求。

另一个重要的差别在于零部件的交货方式。目前最好的精益生产公司几乎普遍采用将零部件直接送到总装线上的方法，通常每小时送货一次，肯定是每天几次，并且对运来的零部件不做任何检查。这种做法和大野耐一发明的著名准时化生产体系是一致的。

要使准时化生产体系得以正常运行，在准时化生产体系中，从总装厂返回供应商的零部件空箱就是生产更多零部件的信号，精益生产的另一项创新也是必不可少的，这就是均衡化生产，我们在第9章中将作更详细的分析。精益生产的特征是能非常灵活地调整产品组合，并且只需要几小时的通知时间就可以做到。同时，它对所生产的轿车和卡车总产量的波动也极其敏感。这类变动对于有工作保障制度、雇员已成为不变成本的体系来说，是难以适应的。

因此，丰田和其他精益生产的实践者致力于寻求均衡化生产（平准化生产），使总装厂的总产量尽可能保持不变。我们将在下章谈到的主动销售体制在很大程度上促进了"均衡化"在日本国内市场上获得成功，而在出口市场上，日本的精益制造商的成本或质量优势已保持了30年。这就可以在市场萧条时通过降低价格来保持产量稳定。

日本人实行均衡化生产的另一个目的：他们希望确保供应商产量的稳定。因此，供应商能够更有效地利用人力和设备，而在西方，供应商常常面临订货数量和品种的突然变更，而且通知期非常短。这些总装厂突然的变更是造成西方供应商不必要库存积压的原因；他们觉得必须用缓冲库存的办法来应付总装厂订货的突然增加。如果总装厂的订货经常变化，还要求立即供货，那就只有一个解决方案。必须预存制造好的零部件，手边还要有很多原材料的库存。

在日本，总装厂提前通知供应商调整产量。如果产量降低调整很可能持续下去，总装厂将和供应商一起寻找其他的业务。总装厂不会像西方的同行那样将这些工作突然拉回到自己公司内部，以保证自己的雇员不闲置。在日本，大家都遵循同甘苦共患难的准则。在很大程度上，供应商就像总装厂的雇员一样被看作不变成本。[11]

当然，即使是最佳的零部件供应系统偶然也会出现差错，即使是最佳的精益制造商也只是将零缺陷作为目标而非现实。但是，大批量生产与精益生产供应的一个关键差别就在于如何对待不良品的出现。在传统的大批量生产体系中，常常由总装厂的零部件检验员在收货处检查零部件的质量问题。如前所述，不良品为数不多时，就被随手扔掉或退回。不良品较多时，整批送货就会被拒收并退回。这样做是可以的，因为总装厂一般有一个星期的零部件库存，能够在等待下一批质量合格品送货时继续维持生产。

精益制造商的态度则截然不同。由于没有库存，一批零部件不合格会导致严重的后果。情况严重时，有 2 500 名工人的整个总装厂会骤然停工。然而，这种悲剧实际上几乎从未发生过，尽管零部件直到被装到轿车或卡车上为止都没有经过检查。为什么？

有两个原因：零部件供应商知道不合格零部件意味着什么，所以竭尽全力地避免问题出现。正如一个供应商所述的："我们没有铁饭碗，我们承担不起失败。我们没有失败过"。[12]一旦偶然发现不良品，总装厂的质量管理部门便立即进行丰田称之为"5 个为什么"的分析。供应商和总装厂齐心协力找出造成每一个不良品的根源，落实确保问题得到解决的措施，以防此类问题再度发生。

供应商一般派有一名常驻工程师到总装厂帮助解决问题。如果这名工程师不能找到问题所在，总装厂的工程师便到供应商去，不是去质询，而更像是一次为了共同解决问题的双边探讨。

在大批量生产体系中，供应商会断然禁止这些现场访问，他们的典型反应是："我的工厂是我自己的事！"相对而言，日本的精益供应协议总是为总装厂的人员提供进入工厂的通道。[13] 让我们来看一看总装厂调查小组到来时可能的情形。

首先，他们发现不良品的产生是由于一台设备不能保证适当的公差。但设备不是根源。所以该小组问道："为什么这台机器不能保证公差？"供应商人员说这是因为设备的操作工没经过充分培训。团队成员问："为什么？"供应商回答道，因为这些雇员不断辞职去找其他工作，这意味着操作工总是新手。"为什么他们不断辞职？"小组成员接着问。回答是："因为这项工作单调、噪音大、没有挑战。"最终解决办法是：重新考虑工作程序以减少人员流动。这才是真正的原因——几乎总是组织方面的问题。一旦困难得以解决，问题再发生的可能性就很小了。在不断进行5个为什么的分析以及努力改善生产过程以便降低成本并提高利润的过程中，精益供应商深刻了解了如何达到更高制造水平的切实途径。

管理关系

精益供应的另一个重要特征是供应商协会。一个总装厂的所有一级供应商通过这种协会分享更好制造零件的新发现。例如，丰田有三个区域供应商协会：关东协会、东海协会和关西协会——在1986年分别有62、136和25家一级供应商的会员；日产有两个：松本协会和贵空协会——分别有58和105家供应商参加。[14] 大多数其他日本汽车厂商也有供应商协会。此外，许多大的供应商还有由二级供应商组成的协会，例如，日本电装下面有电装巨力协会。

大多数主要供应商都参加这些协会，这些协会在传播新概念方面，如对20世纪50年代末和20世纪60年代初出现的统计过程控制和全面质量管理，60年代后期的价值分析和价值工程，20世纪80年代的计算机辅助设计等新概念的传播一直起着非常重要的作用。[15]

这些协会交流，对大批量生产的供应商来说是绝不可能的。这些厂家知道，介绍如何用更少的投入制造更便宜的零部件的经验，只能使他们在下轮投标中败给其对手，或者即使能取胜，标价也会特别低，以至于无法盈利。因此改善生产工艺便成为专业工程学会（比如在美国的工业工程师学会）的任务。他们虽然完成了这一工作，但却非常间接而且进度缓慢。

相比而言，精益制造商的供应商知道只要他们真诚努力，总装厂会确保他们的投入得到合理的回报。因此，和协会中其他成员进行交流，会使大家的水平都得到提高，每个会员都会受益。换句话说，积极参加供应商协会相互解决问题的活动，符合自身利益。

在结束这个话题之前，我们应该澄清对精益供应的一个误区。在西方，人们常常认为，在精益供应系统中，所有的零部件都是"独家配套"的，即每种零部件只由一个供应商供应。对于在设备方面需要巨额投资的大型复杂系统而言，一般确实如此，如变速箱、电喷系统、发动机计算机等，但对于简单零部件就不一定了。

精益总装厂确实也担心他们的供应商是否尽心尽力，就像丰田和其他厂商担心如何保持总装车间的工作节拍一样。他们坚持使用似乎过时的连续总装线，因为它是一个高度有效的保证工作节拍的装置。为了保证每个厂都不断努力，总装厂通常将零部件订单分给其供应商协会中的两个或多个成员。[16] 总装厂这样做不是为了压价，请记住价格不是通过招标，而是通过总装厂和一个预先指定的供应商之间相互考察协商确定的。他们这样做，是为了防止任何一家在质量或交货可靠性方面有所松懈。

如果某个供应商不能满足质量和交货可靠性的要求，西方总装厂的通常做法是解雇这个厂，而精益总装厂却不这样做。它将这个零部件的一部分订单在一段时期内从这个供应商转给其他供应商作为惩罚。由于成本和利润都是根据设定的标准批量仔细计算的，因此转移部分订单对这个不合格供应商的盈利有极大影响。丰田和其他公司发现这种方式的惩罚对保持行动一致非常有效，这对维持供应系统的长期合作关系是不可或缺的。

精益制造商偶尔也解雇一些供应商，但不是随意解雇。供应商明确地知道总装厂对他们的评价。事实上，所有日本制造商都有简单的供应商评分系统。他们根据组装线上发现的不良品件数，按一定数量和顺序而评估的准时交货比例和降低成本的绩效，给供应商打分。

通常，在由总装厂借来的技术人员的帮助下，供应商定期将他们的得分与其竞争对手的分数相比较，讨论发现的问题，强调应注意的问题。这种评分系统不只是简单的统计，它也是对供应商的进取态度和意愿的评价。只有当供应商毫无改善迹象时，才会最终被解雇。正如一个总装厂的采购经理在一次采访中所说的："只要我们认为他们在对改善做出切实的努力，我们将与任何供应商保持合作。只有当我们认为他们已经放弃这种努力时，我们才会中断与他们的关系。"

这些就是精益供应的要素。精益总装厂不把双方讨价还价能力所决定的价格作为外部供应商的主要联系，也不把上下级关系作为与内部供应部门的主要联系。取而代之，他们以一种长期协议并用它来确立分析成本、制定价格和共享利润的合理框架。因此，通过相互坦诚交流不断提高生产水平，能使所有各方受益，没有一方害怕另一方会借机损害对方谋求利润。在日本，供应商和总装厂之间的关系不是主要建立在相互信任的基础上，而是建立在相互依存的基础上，这种相互依存表现在共同商定的准则中。当然，一套稳定的准则并不意味着任何人可以松懈。恰恰相反，它促使每个人都不断努力做出改善。

由于精益制造商成功地将大部分设计和制造零部件的责任转移给供应商，所以自己需要做工作较之大规模制造商少得多。在生产一辆汽车所需的原材料、设备和成品部件的总成本中，丰田自身只占27%。丰田只有雇员37 000人，每年生产400万辆汽车。而通用汽车增加了70%的价值，年产汽车800万辆，所需世界各地的雇员高达85万人。[17]

确实，造成这些差别的原因一方面是由于丰田做任何事情效率都高。但主要还是，丰田和其他精益制造商需要做的事情少得多。例如，克拉克和藤本就发现，日本的精益制造商一般只对其汽车中30%的零部件进行细节设计[18]（细节设计是产生零部件图纸的过程，供应商可按这些图纸生产零部件），其余由供应商负责设计。相比之下，在20世纪80年代初期，美国的大规模制造商要对81%的零部件进行细节设计。同时，这些大规模制造商所要打交道的外部供应商数量是丰田的3～8倍。换句话说，由于美国的厂商要对更多的零部件做细节设计，并在公司内部生产大部分他们所需要的零部件，他们所要的外部供应商数量理应少得多。但事实却恰恰相反。更令人震惊的是，他们还需要更庞大的采购部门。1987年，通用的零部件采购部门就有6 000名职员，而丰田只有337人。[19]

改革大批量生产供应系统

我们谈论至今，仿佛世界上有两种供应系统——大规模的和精益的，通用汽车的和丰田的。事实上，纯粹的大批量生产供应系统形式无论是在通用汽车或任何其他地方都已不复存在了。10年的激烈竞争和许多新技术在汽车上的应用导致西方大规模制造商及其供应商之间的关系发生了重大变化。我们现在听到许多关于信任、伙伴关系和独家供应的谈论。这些变化并不只是停留在口头上，但是也不一定代表向精益供应的方向转变。

为了调查这些变化的程度，国际汽车计划研究人员理查德·莱明访问了欧洲和北美的一些最大的零部件供应商和总装厂的采购部门。[20] 作为对他这一广泛访问的补充，我们对北美的一些供应商也进行了问卷调查。[21] 结果如何呢？

激烈竞争的压力已迫使西方汽车制造商想方设法进一步降低零部件成本。一些面临严重困难的公司。比如，克莱斯勒在1981年简单地采取了全面压低供应商零部件价格的办法。而其他公司则在零部件生产中更充分地利用规模经济以图在长期运营中降低成本。这就意味着优化供应系统的结构以及减少供应商数量。

这种优化目前还在进行中，这可以从各个大规模制造商的供应商数量从20世纪80年代初期的2 000~2 500家降至末期的1 000~1 500家这一过程看出来。[22] 大规模制造商正力求使每个总装厂的供应商数量降到350~500家，并且在很大程度上已经达到这一目标，如表6-1所示。

在出现这些变化的同时，许多总装厂开始外购更多的零部件，因为这些零部件由专业供应商生产比内部供应部门生产更为经济（"外购"，在汽车工业术语中即指从别的公司购进零部件而非自己生产）。比如在20世纪80年代初期，美国福特关闭了它自己的线束组装厂，将此项业务转给12家外部供应商。到20世纪80年代后期，它又将这些外部供应商减至4家。[23]

表6-1 不同地区供应商比较

每一地区平均值	日本 日资工厂	美国 日资工厂	美国 美资工厂	所有 欧洲工厂
供应商绩效（1）				
换模时间（分）	7.9	21.4	114.3	123.7
新模具交货周期（周）	11.1	19.3	34.5	40.0
工种（种）	2.9	3.4	9.5	5.1
每个工人设备数量	7.4	4.1	2.5	2.7
库存量（天）	1.5	4.0	8.1	16.3
每天准时化交货次数	7.9	1.6	1.6	0.7
不良部件数（每车）（2）	.24	未得	.33	.62
供应商参与设计（3）				
供应商参与的设计量 （占总工时的百分比）（%）	51	未得	14	35
供应商专有零部件（%）	8	未得	3	7
供应商设计零部件（%）	62	未得	16	39
总装厂设计零部件（%）	30	未得	81	54
供应商/总装厂关系（4）				
每家总装厂供应商数量	170	238	509	442
库存量（天，8种零部件）	0.2	1.6	2.9	2.0
适时交货的零件比例（%）	45.0	35.4	14.8	7.9
独家供应商的零件比例（%）	12.1	98.0	69.3	32.9

注：1. 摘自对日本（18家）、美国（10家美国企业，8家日本企业）和欧洲（18家）的54家供应工厂的对比抽样调查。西口敏宏：《战略二元论：工业社会的抉择》，1989年牛津大学纳菲尔德学院博士论文，第7章，第313～347页。
2. 根据1988年《J.D. Power 公司新车质量调查》计算得出。
3. 摘自克拉克和藤本对29个产品开发项目调查。K.B. 克拉克，藤本和W.B. 周：《有效的产品开发组织：全球汽车工业实例》，1989年哈佛大学博士论文，表7-1。

资料来源：摘自《国际汽车计划各国总装厂调研》，1990年。

总装厂可以从三个方面减少供应商数量：

第一，对供应商进行分级，像日本人一样将整个部件（例如座椅）委托给一级供应商。正如我们前面看到的，这样做可以将供应商数量从25家减到只剩1家。总装厂对供应商的管理费用也会骤降。

第二，即使不分级，总装厂也可以通过减少部件中的零件数从而减少供应商的数量。在第4章中，我们提到通用一种汽车的前保险杠总成的零部件数是福特某种汽车类似总成零部件数的10倍。所以通用汽车的总装厂就会有10倍数量的供应商。为了适应环境保护的需要，以及满足消费者的需要，轿车和卡车变得越来越复杂了，车辆上的各种系统不断增多，而每个系统中的零部件数则不断减少，两者之间始终在竞赛。然而，就目前来讲，每个系统的零部件数下降得快些，结果是为总装厂配套的供应商数量在减少。

第三，总装厂可以将以前的零部件由两三家供应商供应改为独家供应。他们可以在传统市场环境中通过招标而将所有订单交给中标者，变成独家供应。赢得全部订单的供应商因此将有更大的规模经济效益，价格会更低。我们对有关厂家的问卷调查证实独家供应确实是一种趋势。在1983～1988年间，为每个美国总装厂生产一种特定零部件的供应商数平均从2个降到1.5个，为每个总装厂生产同一大类零部件的供应商数平均从2.3降到1.9（如表6-1所示。这与日本的情况形成鲜明对比，在日本通常都是多家供应）[24]。

总装厂采取独家供应的主要原因是使单一零部件有更大的生产批量并避免重复添置设备。但是，采取独家供应也有不利的一面。如果供货中断，总装厂很容易受影响，例如，最近的罢工便使欧洲福特和雷诺受到了影响。

尽管许多观察者指出独家供应是西方总装厂可以从日本人那里学到的另一个有用的方法，但是我们认为这种观点既不正确也不中肯。这些观察者认为在日本独家供应使得总装厂与供应商发展了长期合作关系。但事实上，正如我们看到的，在日本长期合作关系并不依赖于独家供应而是取决于促进合作的合同框架。

西方供应系统的另一个变化是总装厂更加重视质量。在美国所有总装厂均设立了供应商质量评分系统，不仅是按每批送货，而且针对在一段相当长时期内供应的所有零部件给供应商打分。福特在20世纪80年代中期开创了一个完整的供应商评分体系，称为Q1计划。随之不久，通用汽车施行了长矛计划，克莱斯勒公司施行了五星计划。这些都是复杂的给供应商打分评比的统计方法，它包括在总装厂发现的不良品数量、供货情况、供应商实行质量改善的情况、技术水平、管理水平，等等。其目的是使每个供应商不断提高业绩水平和质量，这些计划对于促进供应商普及诸如统计过程控制（SPC）等的质量监控技术，有着重要的作用。

根据统计过程控制，机床操作工记录所生产的每个零部件或零部件样品的尺寸。如果他们发现与所要求的尺寸有出入，便对机床进行必要的调整，如果遇到难以自行解决的问题，比如机床功能失常等，便请求帮助。从理论上讲，应该没有不良品零部件再次出现。部分Q1计划包括更进一步的内容，并与总装厂交流这些记录。

我们的问卷调查结果表明，1988年93%的供应商在他们所有的生产过程中应用了统计过程控制，而在1983年时却只有19%。[25] 尽管日本人早在20世纪50年代末期就在他们的供应商中普及统计过程控制，他们也是按同样过程开始在供应商中改善质量的。显然，大规模制造商还有很长的路要走。事实上，当供应商应用了统计过程控制判断什么情况下机床会生产出不良品，找出原因并采取相应措施确保问题不再发生。经过一段时间后统计过程控制便会成为生产工人的日常活动，许多日本公司在20世纪60年代中期就做到了这点。

迈向精益供应的下一步便是应用价值分析方法交流每个生产阶段成本的详细信息。具有讽刺意味的是，这些方法最初是由通用电气在1947年发明的，在20世纪60年代初期即被日本人欣然采用。[26] 但是，直到1988年才只有19%的美国供应商向他们的总装厂客户提供这类信息。这一事实并不让人感到惊奇，因为总装厂与供应商之间敌对的、以权势为基础的关系并没有发生根本变化。

我们已经看到西方开始重视多频次交货。1983年，70%以上的美国供应商一次交货量超过一周（即每周或更长时间交货一次）。现在，这个数字已降到20%。[27] 与此相比，早在1982年就只有16%的日本供应商实行每周交货。[28] 在1982年52%的日本供应商按日交货，其中31%的供应商按小时交货。到1988年，在美国总共只有10%的供应商按日或按小时交货。

尽管美国在交货计划方面有了改善，但这不是朝向精益供应，而是总装厂为了减少库存量，让供应商承受库存积压。因此，这一变化并不代表一种理念上的转变，而只不过是总装厂试图将成本负担转嫁给他们的供应商。

而且，多频小批量供货给总装厂是一回事，像精益供应商那样小批量生产这些零部件则完全是另一回事。事实上，55%的美国供应商在切换模具生产另一种零部件之前，一次生产超过一周的数量，与五年前的60%的比例相差无几。[29]

在调查中，许多供应商仍然表示对准时生产的概念持怀疑态度。如果考虑到迄今为止总装厂利用这一概念的方式，或许他们的怀疑并不奇怪。供应商将准时生产看成是把库存的压力转嫁给他们的方式，是有一定道理的。部分问题在于最初准时生产被认为只是向总装厂频繁供货。但是，正如我们在第4章中读到的，只有当准时生产应用于生产中，它才有其真实意义。强调小批量生产的纪律是精益生产中实现高效率和高质量的关键步骤之一。

情况没有发生根本转变的另一个现象是，根据问卷调查结果，没有迹象表明美国供应商认为美国总装厂比五年前更值得信赖——尽管我们确实看到合同期有所延长。合同期平均从1.2年提高到2.3年，合同期超过3年的供应商比例从14%提高到40%。[30]同时，供应商反映，总装厂在降低成本和采用新工艺方面没有给他们多少帮助。这一发现验证了我们的印象，即他们之间的关系还是跟以前一样疏远。

确实，供应商承担设计、长期合同（三五年而不是一年或更短）、高质量标准、多频次交货和许多零部件独家供应构成了20世纪90年代初期北美新型供应系统的特征。但是，不要因此而简单地认为西方的供应商已经迈向精益供应。他们还没有。尽管上述许多的变化从西方看来和日本精益供应相似，但促成几乎所有这些变化的因素是成本压力和现存的大批量生产逻辑——为达到规模经济而采取独家采购，为转嫁库存负担而采用准时生产，等等。

事实上，如果以势压人的讨价还价关系不发生根本转变，则几乎不可能发展成精益供应。如果总装厂不建立一套新的共同分析成本、确定价格和分享利润的基本准则，供应商会继续按旧的准则去做。

面对这种基于权势的关系，供应商的主要目标是争取更加主动。他们的主要方法是采用新技术和将分开的零部件集合成为系统模块。由于没有深入的价值分析，总装厂只能猜测一个复杂零部件的价格或者使一个供应商与其他供应商相互制约，除此之外别无良策。

许多新技术在汽车上的采用，如ABS防抱死制动系统、发动机电子控制系统和树脂车身件，使得一些供应商不仅在设计分开的零部件而且在整个系统方面都发挥着更大的作用，它也开始首次将许多新供应者，像摩托罗拉、西门子和通用电气塑料等大公司引入汽车行业。技术越复杂，传统的总装厂占主导地位的大批量生产供应系统就越不能适应。提供技术先进的系统或复杂零部件的厂商有机会增加更多的价值，即提高他们在谈判中相对于总装厂的地位。对于许多供应商，这是不断采用先进技术的基本动机。

供应商绩效

当美国供应商和总装厂之间的关系发生了所有这些变化的时候，供应商的制造水平有哪些改变？美国、欧洲和日本的供应商之间的差距有多大？为了回答这些问题，西口敏宏对在日本、欧洲和北美的54家相应的零部件厂进行了调查。[31] 如表6-1所总结，调查结果表明，西方零部件厂家的制造水平并不比总装厂好。换句话说，我们比较总装厂时所发现的制造水平的差异也同样反映在零部件行业中。

就零部件质量来说，美国与日本的水平相距不远，平均每100辆美国汽车有33处零部件缺陷，日本车的相应数字是24。相比之下，欧洲更为落后，每100辆汽车有62处缺陷。但是在所有其他方面，如换模时间、库存量、工厂里的工种、多技能工作程度和交货频次，西口敏宏发现在美国和欧洲的零部件厂与日本的零部件厂之间有很大差距（见表6-1）。在多数情况下，这一差距较之总装厂的差距更大——这一事实表明零部件工业在采用精益制造方面落后于总装厂。

然而并非毫无希望，目前在北美至少有145家日本零部件供应商，此外还有许多美国供应商开始给在美国的日资工厂配套。那些已经与日资工厂签了合同的美国供应商有绝对的机会学习从精益制造和产品开发到精益供应关系的任何东西。

例如，当通用汽车的帕卡德（Packard）电气分部开始为通用汽车和丰田在加利福尼亚的合资企业新联合汽车制造公司配套时，最初交货的几批线束被认为价格有竞争力，但质量不佳。[32] 帕卡德电气分部与新联合汽车制造公司讨论这一情况后向新联合汽车制造公司派了一名驻厂工程师，协同处理质量问题。帕卡德分部还向丰田的一家传统的线束供应商住友线缆系统公司寻求技术援助（以借用3名工程师半年的形式）。住友的工程师帮助帕卡德分部在墨西哥华雷斯（Juarez）为新联合汽车制造公司配套的工厂建立了全套丰田生产体系。帕卡德分部不断努力学习的结果是，18个月以后，它在新联合汽车制造公司供应商打分评比中从榜尾跃居榜首。

但是，供应商经营理念方面的差异仍然很容易被误解，下面即为一例。[33]

一家生产某种复杂零部件的美国供应商赢得了新联合汽车制造公司的订单并稳步改善质量和交货可靠性，近于完美。接着，它提出大幅度提价的要求，按西方的观点这一举动似乎合情合理，因为它已证实了它的能力。但是对于经丰田培训的新联合汽车制造公司采购人员来说，这一要求近乎是一种欺诈。在丰田体系中，供应商绝不应以不切实际的价格供货，而且必须准备在该车型的生命周期内不断降低价格。此类实例表明了大规模和精益供应关系在方法上存在着很大的差异尚待沟通。

西欧作为中间站

随着供应系统在北美的演变，它变得既不像西欧的供应系统，又与日本的供应系统不同。尽管西欧大批量生产的总装厂正如我们在第4章中看到的那样是当今世界上亨利·福特的最正统的追随者，但是西欧的供应系统却一直有别于大批量生产方式并且与精益供应更为接近。[34]

原因之一是欧洲的总装厂历来规模较小、车型较多。6家公司分别瓜分了大众市场，每家有 10%～15% 的份额，其他 6 家豪华汽车生产厂商瓜分掉其余市场。1989 年度销售情况参见表 6-2。

表 6-2　西欧汽车市场份额，1989 年

制造商	市场份额（%）	销售量（100 万辆）
大众（奥迪，西亚特）	15.0	2.021
菲亚特（蓝旗亚，阿尔法罗密欧）	14.8	1.991
标致（雪铁龙）	12.7	1.704
福特	11.6	1.562
通用（欧宝，沃克斯豪尔）	11.0	1.488
雷诺	10.4	1.392
奔驰	3.2	.434
罗孚	3.1	.412
宝马	2.8	.377
沃尔沃	2.0	.266
日本制造商	10.9	1.457
总计	100.0	13.478

资料来源：《金融时报》，1990 年 1 月 22 日。

这些总装厂规模小、资金不足，不能像福特和通用汽车那样可以 50 年来自己做所有事情。此外，在欧洲一直有几家大的供应商，以德国的博世（Bosch）为代表，也包括纳铁福（GNK）万向节和斯凯孚（SKF）轴承，在某些零部件领域中明显处于技术领先地位。因此欧洲的传统历来是大供应商具有更高的水平。许多供应商不是按总装厂提供的图纸进行生产，而是为总装厂设计完整的部件。例如，克拉克和藤本发现美国的总装厂对 81% 的零部件做细节设计，日本的总装厂只做 30%，而欧洲的总装厂对 54% 的零部件做细节设计。[35] 处于领先地位的欧洲供应商的规模可由如下事实说明，即在世界上最大的零部件市场欧洲，20 家最大的零部件供应商销售量占总装厂零部件总量的 1/3。相比之下，在略小一点的美国市场中，30 家最大的零部件供应商销售量占零部件总量的 1/3。

欧洲零部件供应商行业更类似精益而非大规模供应的另一个特征是，不论在地理位置上，还是在长期的合作关系上，供应商都是围绕其本国的总装厂聚合在一起。例如，法国的总装厂历来依赖于集中在巴黎地区的法国供应

商，他们之间的合作关系已保持了几十年。

欧洲供应系统明显不够精益的方面是，为每个总装厂配套的供应商数量太多，介于 1 000 家和 2 000 家之间。这些大的数字表明没有形成精益方式的分级。欧洲的大规模制造商目前正在努力通过将整个部件委托给供应商的办法来降低供应系统的复杂程度。这一过程伴随着欧洲自身正从国家的汽车生产体系向真正的欧洲地区体系转变。因此，即使没有来自精益制造商的压力，目前正在进行的结构重组行动也是很大的。

欧洲的供应系统正在向分级发展。例如，雷诺将汽车的零部件分为 150 个零部件"族"，标致分为 257 个，菲亚特分为 250 个。[36] 对于每一个零部件族，都寻找 2～3 个能够提供完整零部件的供应商。他们也正在试图将生产某个部件中单个零件的供应商组织起来，并让他们合作为总装厂提供完整的系统。这是分级的一种变异形式，能够减少 50% 详细图纸的工作量。一个法国供应商预计这种供应商组合最多可将 15 家供应商减少至 1 家。

表 6-3　北美和西欧零部件供应商估计数量

	主要的供应商	较小的供应商
北美	1 000	4 000
德国	450	5 000
法国	400	1 500
英国	300	1 500
意大利	250	1 000
西班牙	50	500
其他国家	50	500
西欧总计	1 500	10 000

资料来源：理查德·莱明《欧洲汽车零部件工业结构变化的原因和影响》，国际汽车计划工作报告，1989 年，第 13 页。

在近几年来，供应商开始主动在全欧洲范围内进行零部件行业结构重组。一些供应商兼并了一些欧洲其他国家的公司，组成为整个欧洲用户配套的真正的欧洲公司。这方面的实例有意大利的马格尼蒂·马雷里（Magneti Marelli）收购了耶格（Jaeger）和索莱克斯（Solex）在法国和卢卡斯的电气业务，以及法国的法雷奥集团进行的多起收购。一些供应商在欧洲其他地方已建有新厂，例如博世和一些其他德国公司在英国设有工厂，以避开德国国内的高生产成本，并为当地的日资总装厂配套。

由于许多欧洲特别是德国零部件供应商具有很大的优势，我们认为打入欧洲的日本供应商不会像已经打入北美的那样多。[37] 在那些已经染指欧洲的日本供应商中只有40%是独资企业，而在美国独资企业的比例却占64%。很多日本供应商提出的战略是与欧洲供应商建立合资公司。日本总装厂也指出，他们在欧洲比在北美将更容易找到合适的当地供应商。这是因为日本人认为现有的欧洲供应商比现有的美国或加拿大的供应商水平要好得多。因此他们觉得可以与欧洲供应商合作。

不论欧洲的零部件行业多么强大，它在今后10年仍将面临重大结构改革。正如我们前面看到的，欧洲零部件行业在生产业绩和质量方面与总装厂一样远远落后于日本。欧洲总装厂正在努力缩短与外来的日本总装厂间的差距，在这一过程中，供应商与总装厂的紧密关系将经受严峻的考验。许多欧洲供应商通过他们在美国的工厂已预见到欧洲未来将面临的局面以及知道应该如何迎头赶上。而且，通过与日本供应商的合资和为外来的日本总装厂配套的经验，欧洲的供应商事实上能够将欧洲的总装厂引向精益生产方式。

通向精益供应的其他障碍

目前，西方的大规模制造商正在开创一种新的大批量生产时期后的供应系统，这种体系具有如下特征：

- 规模更大和水平更高的一级供应商将为总装厂承担整套部件的工程设计，他们将根据较长期的合同以更短的时间间隔供应这些部件。
- 高得多的质量标准。
- 低得多的成本。

不幸的是，正如我们前面看到的，到目前为止所做的改良只是在外界压力下将传统的大批量生产供应系统推向其极限，而不是从根本上对该体系的供应方式进行改革。向精益供应方向的推进，仍然受到西方总装厂不愿放弃他们长期依赖的以势压人之讨价还价方式的阻碍。在对西方总装厂和供应商的访问中，我们明显地发现谁都知道这首新歌的歌词，但很少有人能唱得不跑调。

根本的问题在于该体系内在的奖励体制和逻辑。许多西方人仍然认为，在日本总装厂和供应商的关系只是建立在伙伴关系和信任的基础上。这些人说，只要我们能够在西方再造这些品德，我们就能大步前进，在效益方面赶上他们。事实上，我们没有发现任何迹象表明日本的供应商比在西方的同伴更喜欢他们为之配套的总装厂。

事实是，他们所处的截然不同的体系使双方努力得到协调，用最小的代价达到互利的目的。放弃以势压人讨价还价的做法，代之以双方共同分析成本、确定价格和分享利润的合理框架，对立的关系变成了合作的关系。合作并不意味着可以舒适轻松，实际远非如此。正如我们看到的，由于不断与其他供应商进行对比，以及合同规定降低成本的要求，日本的供应商始终面临着压力，需要不断地提高水平。但是他们也比西方的同行具有更大的自主性，并且在对自己的产品进行总体设计和工程设计方面承担更大的责任。

在第4章结尾，我们把大批量生产方式中头脑麻木的紧张工作与精益生产中持续改进的创造性挑战做了重要区分。这一对比同样也非常适用于零部件行业体系。在大批量生产方式中，供应商一直试图猜测总装厂的下一步举动却经常落空。而在精益生产方式中，供应商不必经常保持戒备，而是不断努力提高他们自身的生产水平，并且知道他们这样做会得到应有的报酬。

西方改良的大批量生产的供应系统怎样才能发展成真正的精益供应呢？我们设想关键措施是由日本生产商在西方创立精益供应系统，我们将在第9章继续讨论这个问题。日本人的推动将促使西方总装厂和他们的供应商最终走向精益供应。

第7章
The Machine That Changed the World

客户关系

我们已经就汽车生产过程的3个阶段——工厂、研究和产品开发以及零部件供应展开了描述。在上述每个领域，我们发现传统大批量生产和精益生产在方法和结果上均有非常大的差距。精益之旅的最后一站将我们带入上述生产活动的真正原因：消费者。我们将探究生产系统如何了解客户的需求，以及客户如何购买和保养汽车。我们也将调查汽车制造厂商如何将成品汽车交给客户。

我们为什么不从客户与生产系统之间的联系出发，展开我们的探寻之旅呢？这（客户与生产系统之间的联系）似乎符合了解由市场驱动的生产过程的逻辑起点。原因是：贯穿本书始终，我们都先以大批量生产的生产方式角度分析生产过程的每个阶段，而且正如我们在之前的章节中阐述的，大批量生产方式的成功在于它满足了制造和设计过程的需求，从而把客户放在了次要位置。因此，这也是本书遵循的次序。

本章基于丹尼尔·琼斯、扬·赫林和下川浩一的研究。

大批量生产方式的厂商与客户

亨利·福特知道怎样和客户打交道。他让经销商与客户打交道，而他来管理经销商：使经销商保持小群体，使他们孤立，并签订具有约束力的合同，规定他们只能销售福特汽车。此外，福特要求经销商根据其负责地域大小，按比例预先从工厂买走汽车。这样，经销商将可以有一定数量的汽车库存，以便随时满足消费者的需要。

事实上，这一新颖的运作体系对福特汽车有很多好处：它为市场上销售数量的波动提供了缓冲。除此之外，福特汽车要求经销商在提车时全部付款，而自己却以寄售的方式购买零件和原材料。这样，福特汽车在生产运营中，库存占用资金为零。在零件和原材料付款到期之前，他的客户（当然这里指的是经销商，而不是最终客户）已将款付给他了。在经济不景气时期，有时经销商会想办法避免在售出前提车，这时，福特就会亮出杀手锏：取消他们的特许经销权。

或许这套系统在福特的年代是最好的。当时，福特只提供单一产品，客户别无选择，因此谈不上订货。客户也同样可以购买库存的汽车。此外，大多数客户都有些机械方面的技能，能自己维修汽车，必要时可以直接向工厂订购零件。他们很少需要殷勤的经销商（或修理工）对他们的车进行服务，这与我们今天的情形大相径庭。

但是，福特的运营系统也开辟了不良的先例。它清楚地表示了工厂的生产需求是首位的，经销商和客户都应做必要的让步。在阿尔弗雷德·斯隆的年代，当产品种类变得越来越多，汽车结构变得越来越复杂时，福特处理客户关系的方法就越来越不令人满意了。

然而，这一运营系统改变得非常缓慢。在 20 世纪 40 年代末，美国最高法院剥夺了总装厂针对特许经销商设定排他销售条款的权利。在经销商试图通过同一经销网络销售竞争对手的产品时，这些条款曾给予工厂取消经销商特许经销权的权力。

在那时，终止排他销售是没有任何意义的。汽车行业那时已被三大汽车制造商所主导，他们建立了各自的经销渠道，这种情况至少在 10 之后也不会改变。从理论的层面，最高法院的决定或许会帮助小公司生存下来，例如纳什（Nash）和斯图贝克（Studebaker）。但是这些小公司终究难以逃脱被淘汰的命运，所以这个决定对他们并没有实质性的影响。然而，在20世纪50年代末，随着进口浪潮的到来，许多弱小的经销商开始"双重"，即从外国汽车制造者那儿增加一种或者两种外国汽车作为他们所经销的产品以充实他们的业务。

对于美国市场上一些新的竞争者，例如大众公司和雷诺公司，他们快速而廉价地捡起现存经销渠道的能力，为迅速提高市场份额铺平了道路。例如，在1957～1959年的短短两年时间里，进口车占美国汽车市场的份额从2%跃增至10%。在当时，这样的增长率是绝不可能发生在欧洲和日本的（现在依然不可能达到），我们接下来将会谈到这一点。

在过去的几十年中，美国汽车的经销体系还经历了一些其他变化。随着汽车售后服务所需设备的投资日益增长，汽车经销商的数量逐渐减少。这个数字从1947年的45 500家减少到1970年的30 800家，又降低到1989年的25 100家[1]。在20世纪90年代可能会降低到20 000家以下[2]。随着汽车市场的扩大和汽车经销商数量的减少，每个经销商出售的汽车数量从1947年的70辆增加到1989年的393辆（如果将轻型卡车计算在内，这个数字将达到580辆），如表7-1所示[3]，日本和韩国的汽车制造商对于扩展销售网络一直非常谨慎，却反而将每个经销商出售的汽车数量推向新的纪录。另外，近些年许多"巨型经销商"的出现对传统的单点经销的体系提出了新的挑战。这些企业家通常拥有40家或更多的汽车经销店，销售十几种或更多种品牌的汽车。

但在其他方面，自从亨利·福特的时代以来，汽车经销体系几乎没有改变。小型的个体经销商仍是主流。其中的11 700家，或者说47%的经销商仍是单点运营的。在许多案例中，他们依然是一手交钱一手交车，他们仍然抱怨总装厂强行卖给他们不想要的汽车。库存仍然非常多——在过去的10年中保持平均66天的存货周期[4]，超过行业公认的最佳库存量60天的标准，60天的库存量显示了经销商手头有足够多的汽车能够随时满足客户的需求，而占用资金的成本在承受范围内。

表 7-1 美国单个汽车经销商的销售量

生产厂商	1956 年	1965 年	1978 年	1987 年
通用汽车	183	351	464	249
福特	189	318	389	259
克莱斯勒	104	213	239	114
本田	—	—	396	693
丰田	—	—	423	578
尼桑	—	—	323	447
现代	—	—	—	1 369
大众	—	—	253	219
沃尔沃	—	—	120	257

资料来源：摘自历年《汽车新闻》市场数据板块。

在某些方面，美国的汽车经销系统自福特时代以来甚至出现了倒退。每个总装厂的销售部门之下都运营着一个庞大的市场部，例如雪佛兰、水星、道奇，这些市场部在总部附近设立总办事处，在各个地区还设有监督经销商的地区办事处。市场部和经销商的关系在大多数情况下都比较紧张，因为市场部将它的工作定位为确保经销商销售足够多的汽车以维持装配工厂进行稳定有序的生产。销售部门的工作是用各种手段刺激消费者和经销商，以出售尽可能多的汽车。

为了达到这一目的，市场部在分给经销商畅销车型的订单中可能强行搭配非畅销车型，这是一种十分有效但却极其不受欢迎的供需结合方式。例如我们最近访问了一个美国公司的分部总部，当时他们面临的问题是如何销售10 000万辆已经生产出来、但没有经销商想要的汽车。这家公司生产这些车是基于对于市场需求的预测，而非根据经销商或消费者的实际订单。但结果是市场变了，没有人想要这种车。

一个可能的解决办法就是我们之前谈到的：在经销商的较畅销车型订单中硬性搭配滞销车型。这样每个经销商要得到 5 辆畅销车就必须接受 1 辆不想要的类型的汽车。对应滞销车型的另一个方法是由工厂付回扣。这种办法对经销商来说更容易接受，但对于汽车制造厂商来说是非常昂贵的。

更糟糕的是，在大型的大批量生产方式厂商中销售部门与产品规划人员之间的协调很差强人意。当产品规划人员在产品开发开始阶段反反复复召开专题研讨会，以评估消费者对其所提出的新车型的反应时，他们无法从销售部门和经销商获取源源不断的反馈信息。所以，经销商和销售以及市场那些对产品开发真正起推进作用的部门几乎没有直接的联系。经销商的技能依赖于说服顾客购买和谈判，而不是收集反馈信息给产品规划人员。

应清醒地意识到，没有一个汽车公司的员工需要从经销商那里买汽车（他们通常是通过公司内部购买取代从经销商那里买车，或甚至免费得到一辆汽车作为报酬的一部分）。因此，他们既没有亲身的购车经历，也没有与客户的直接联系。而且经销商很少受鼓励去与汽车制造厂商共享客户反馈信息。经销商的态度是，我们的商品展示厅里的情况是我们经销商自己的事情（在这方面，经销商与汽车制造厂商之间的关系和零部件供应商与汽车总装厂之间的关系类似）。

在底特律，当我们访问一位分部经理时，他正巧第一次展示某一版本的准备投产的重要新型样车。这位经理告诉我们，这辆车在产品特征和消费者要求方面与他两年前同意销售的样车完全不同。自从那时以后，销售分部就很少与产品开发团队联系了。为了便于该车型的制造，产品开发团队对汽车做了很多次的改动。但是就这位销售经理而言，这些改动已经使这辆车的市场竞争力受到了威胁，而现在，要对该产品再做任何调整为时已晚。最终，这位分部经理的判断得到了证实：该产品以失败告终。

事实上，汽车总装厂的销售分部已经发展为庞大的官僚机构，不能有效地将市场需求信息反馈给产品规划人员。更严重的是，他们甚至站在经销商的对立面，而不是与经销商建立应有的相互合作关系。

此外，轿车销售的集市模式传统——客户与经销商在价格方面相互斗智——在经销体系中仍非常稳固，尽管越来越多的购买者在调查中表示他们对这种销售传统特别反感。这意味着客户与经销商之间的信息交流也同样受到了限制。

也就是说，销售人员对客户的需求和愿望并不感兴趣。他们只想尽快完成交易，并且只提供一部分能达到成交目的的产品信息。一旦完成交易，销售人员对客户就不再有任何兴趣。整个销售和商谈系统是基于尽可能少地为客户提供真实信息，原理与经销商和汽车生产厂商之间的关系相似。

结果是怎样的呢？随着汽车生产厂和工程技术部门在精益竞争对手的压力下变得越来越高效，汽车出厂后的花费——这部分的花费不仅包括销售成本（汽车生产厂商的广告和促销费、运输费、职员工资和管理费以及其他费用），也包括经销商的广告费和保修费——在消费者承担的全部费用中占据着越来越大的比例。大多数分析者估计15%的购买者支出发生在汽车出厂之后，也就是新的汽车移交至汽车总装厂销售部门后，但是在汽车交给经销商之前。

随着出厂后的花费在全部费用中所占比例的上升，汽车总装厂自然会更关注于如何降低这些花费。但是针对广泛的零售业的研究表明，汽车配送转运费用占全部费用的比例在北美和欧洲已经被认为处于一个较低的水平，比包括食品在内的许多其他产品都要低。事实上，汽车经销系统的成本已经处于较低水平了，但是服务水平的更低[5]。

我们可以看到亨利·福特经销系统的其他要素在当今依然根深蒂固。20世纪80年代，特殊订制的废除已经成为大批量生产方式的厂商在他们的工厂和供应链中想方设法提高效率的一种较流行的方法。在特殊订制中，客户可以向经销商预订一辆汽车，并提出一系列特殊要求。汽车总装厂按照订单要求进行生产。对于很多美国人和加拿大人而言，一年或者两年一次的客户特殊订制仪式在过去是一种惯例，但现在已经不那么流行了。正如最近一位已经退休的三大汽车公司之一的销售分部总经理自豪地告诉我们："如果说我在这几十年的工作中没有干成其他事的话，我至少成功地消除了特殊订单。"

在美国市场，欧洲和日本的出口商从来不接受特殊订单，这是由于供应的距离问题。他们致力于在出口汽车上增加丰富多样的选装件作为汽车的标准配置。这些年来，随着进口特许的发展，消费者拥有了更多的选择。例如在1958年，美国的消费者可以买到来自10家不同汽车制造商的21种不同品牌的汽车；在1989年，他们可以买到来自25家不同汽车制造商37种品牌的共计167种不同型号的汽车。因此，北美的汽车消费者现在可以从经销商那里买到相当多种类的产品，而且种类的数量还在持续扩大。但是，当没有一辆在售的汽车能满足某个消费者的需要时,他(她)就会发现通过特殊订单订购一辆车是十分困难的。

欧洲的客户

除了在一些方面落后 30 年以外,欧洲的汽车经销系统在很多方面与美国的十分相似。在西欧,不仅经销商的数量比美国多,在很多国家还保留着早在 20 世纪 30 年代就从美国消失了的二级经销结构,也就是在欧洲除 36 200 个总经销商外,还有 42 500 个子经销商[6]。其中大多数是小型维修车间,他们经销总经销商提供的新车,总经销商在这里扮演着批发商的角色。在美国,每个经销商平均每年销售 393 辆汽车。西欧一般的总经销商每年仅销售 280 辆车。如果我们再把子经销商考虑进去,则每个经销商平均每年只销售 128 辆汽车(表 7-2 比较了美国、欧洲和日本每个经销商的销售量)。

表 7-2　1984 年不同地区每个经销商的汽车销售量

	总经销商	总经销商和子经销商	本国汽车经销商	进口车经销商
美国	355	—	396	225
欧洲	—	—	—	—
英国	321	233	359	148
西德	189	119	192	59
意大利	339	111	220	64
法国	325	61	58	80
日本	222	—	222	—

注:美国和日本没有子经销商。1984 年日本没有实质上的进口汽车。"总经销商和子经销商"是两者的平均数。

资料来源:SRI 国际公司:《欧洲轿车经销系统的未来》,1986 年;《汽车新闻》市场数据专辑;下川:《对汽车销售、经销和售后系统及其进一步改革的研究》,国际汽车计划工作报告,除汽车计划工作报告,1987 年 5 月,第 9 页。

在欧洲复杂的汽车经销系统中,汽车制造厂商与经销商之间同样存在着一个额外的层级,即全国性的进口公司,它起到许多作用,例如监管经销商,这与美国的区域销售办事处的作用是一样的。但是这些公司一般不属于汽车生产厂商。例如沃尔沃的汽车在英国是通过沃尔沃特许经销代理销售的,它的所有者是莱克斯集团:一家在英国拥有许多轿车经销商的公司。

此外，在过去10年时间里，在大多数西欧国家，总经销商和子经销商的数量事实上是增长的。而且随着20世纪90年代法国、西班牙、意大利和葡萄牙的市场对日本汽车的开放，经销商的数量会进一步的稳定增加——尽管在这些国家中，一些新的销售日本车的经销商此前已销售其他现有品牌的汽车。

对于欧洲的这一趋势，英国是唯一例外的国家。在英国，经销商数量在稳步下降——从1968年的12 000家已经下降至1988年的8 144家[7]。在有些方面，英国汽车零售业的结构比美国更接近于"巨型经销商"，大型的公有经销商集团不断发展壮大，他们拥有庞大的经销店，在不同地点销售各种品牌的汽车。最大的经销商集团，例如莱克斯，现在正在向美国和欧洲大陆的市场扩展。

在欧洲，不仅汽车经销体系结构与美国的不同，法律也是不同的。

欧洲的汽车生产厂商从来没有在法律上失去在他们的特许条款中强制规定排他销售的权利，因此进口车要进入欧洲市场比进入美国市场困难得多。如果你曾想过为什么那么多年来在大多数欧洲国家，日本的汽车总是由街角巷尾的车库中出售的，你就无需在印刷精美的欧洲特许合同条款中寻找了。在大多数情况下，欧洲汽车生产厂商的特许一般禁止同一经销店销售其他品牌的汽车，就使得日本人难以找到经销商。此外，在很多欧洲市场上，日本车还受到配额的限制，他们所能提供的数量还不足以吸引一个较大的经销商将目光投向他们，尽管这一情况正在发生变化。

到目前为止，在西欧（英国还是例外），还没有弱小的经销商被淘汰，大多数子经销商仍然销售由当地汽车生产厂商制造的汽车。竞争压力的升级导致经销网络的合理化，许多这样的经销商将会首先被淘汰。20世纪70年代在英国就出现过这种情况，罗孚公司由于市场份额降低就将它的经销商从1968年的6 800家减少到1982年的1 900家[8]。此举对刚刚进入英国市场的进口商来说是一个绝好的机会，他们网罗起这些被淘汰的经销商建立自己的经销网络。随着欧洲汽车市场的一体化进程和来自日本的新进竞争者导致的竞争压力的升级，我们预计法国、德国和意大利的经销网络将会经历类似的合理化过程。但到目前为止，日本人仍面临从零开始创立经销渠道这一非常昂贵的任务。

1995年，统一后的欧洲将面临一次巨大挑战。届时，将重新审议对汽车经销商限制性销售的法律约束，决定是否应当免除。对于几乎所有其他消费品，欧洲共同体要求工厂允许其特许权代理人销售竞争对手的产品。在1995年，欧共体必须决定如何组织轿车经销系统，是仿效美国，仿效日本，还是保留欧洲的传统作法。正如我们所看到的，这既是一个竞争策略问题，又是一个贸易问题，因为经销商向"双重"转变的能力无疑将会助进口商一臂之力。

除了结构更为复杂外，欧洲的经销系统同美国的一样效率低下。欧洲经销商的整车库存与美国的相近，欧洲汽车出厂后的费用占消费者承担的总费用的比重也与美国大致相同。

在高级、豪华以及高性能运动车的销售方面，欧洲经销系统的发展有所不同。作为谋求区别这些汽车与大批量汽车生产厂商生产汽车的具体战略的一部分，一些特种轿车生产厂商为客户提供更高水准的售后服务。例如沃尔沃公司与其英国的进口商，属于莱克斯服务公司的沃尔沃特许代理人一起，首次提出终身维修服务合同和其他形式的完善服务。

这一办法立即被欧洲其他特种轿车生产厂家所仿效，并被应用于他们在北美的经销网络。例如捷豹汽车20世纪80年代初期在北美的销售顺利回升，其中部分是通过完善的客户服务实现的。这种完善服务消除了消费者对产品可靠性的担心。最近日本的新型豪华轿车——阿库拉、雷克萨斯和英菲尼迪等车的销售又深入了一步，他们要求经销商按标准设计，投资建造为客户服务的经销店，并培训人员。

欧洲的特种轿车生产厂商继续实行甚至鼓励客户按其意愿订购轿车。例如在德国国内市场上，梅塞德斯轿车没有选装件，所有配置均可由客户随意选择，并按客户的要求在工厂进行组装（事实上，工厂不能简单而准确地完成这项工作，这是在第4章中我们所参观的欧洲特种轿车生产厂商生产率低下的原因之一）。

但是，在其他方面，欧洲的基本经销结构没有发生改变，即使对这些豪华车经销网络也不例外。很自然地认为，高水准的服务必然导致经销成本上升，这种做法只有对高利润的豪华车才是合适的。便宜的汽车从逻辑上讲，只通过为消费者提供最低限度服务的经销商销售。

精益生产方式厂商和消费者

那么，有没有一种精益的方法能够替代现有的汽车经销和维修模式，使精益生产方式成为完整的精益体系呢？

我们认为有，至少从逻辑上是如此，而且今天在日本已能看到它的一些基本要素。由于许多原因，日本的经销系统并不是精益经销系统的理想模式。并且事实上，正如我们随后将看到的，它正在不断变化着。但是，日本汽车生产厂商关于国内市场经销系统的构想以及他们的销售体系中各部分结合的方式，却为未来的精益经销系统指明了方向。这种经销体系在西方几乎是难以想象的。

为了弄清精益经销系统的实质，我们不能从西方惯用的以每个经销人员每月售出的汽车数量作为衡量其成绩的办法，从狭隘的降低成本的角度去研究。而必须将它看成是整个精益生产系统的必要组成部分。

让我们先来看看任何一个西方国家中典型的汽车经销店。其设施主要包括一个大停车场，上面停放着大批积压、落满尘土的新车。这些积压的汽车，增加了利息的支出。销售人员为各自的佣金而工作，靠每售出一辆车抽取一定比例的报酬，加上数额很小的基本工资。多数人是职业销售人员而非汽车产品方面的内行。这就是说他们受的是销售技巧培训，特别是如何讨价还价，而不是了解所经销产品的特性。因此对他们来说是销售鞋子、计算机、百科全书还是销售汽车是无关紧要的。

作为国际汽车项目工作的一部分，我们几年来拜访了许多经销商的展示厅，常常惊奇地发现销售人员对他们所经销的产品知之甚少。一次，一位男性销售员让我们看前轮驱动轿车，却极力宣传后轮驱动的优点；另一次，一个女性销售员在展示的V6发动机汽车前，反而为四缸发动机的经济性争辩；还有一次，一个男性销售员介绍说他以前推销鞋的工作似乎比他这两个星期以来推销汽车容易得多……这些只是经销人员严重缺乏产品知识的几个例子。这一问题在北美尤为突出（在欧洲，销售人员的流动相对少很多，他们似乎对所销售的产品了解得多些）。

在北美，尽管仍可能订购几个厂牌特制的汽车，但销售人员却极力促使客户购买停车场上现成的汽车，或许给个很不错的折扣。经过激烈的讨价还价成交以后，客户，即现在的买主就被介绍给财务人员办理付款手续，然后被领到售后服务人员那里办理提车手续。售后服务负责处理随后发生的任何问题。

3个月后，买主通常会接到汽车总装厂的一份征求意见表。"您对买的汽车和经销商满意吗？"公司想知道客户的意见。几年后买主还会收到汽车总装厂寄来的月刊或季刊杂志，上面登载一些一般性文章和有关新产品的消息。这就是我们大多数人在一生中购买最昂贵消费品的买卖双方关系（我们的另一项重大个人消费：住房，通常会升值，而汽车则在10年或是更短的时间内会变得几乎一文不值。因此，以净消费来讲，汽车比住房更重要）。

我们刚刚谈及的情况与日本精益生产厂商的销售方式究竟有什么区别？让我们再以丰田为例[9]。丰田在日本有5个分销"渠道"——丰田、小丰田、汽车、远景和花冠，并且很快将开辟第6个（日产和马自达每家各有5个分销渠道，本田和三菱各有3个分销渠道）。这些渠道就是经销网络的名称。在美国，经销网是以主人的名字命名的，比如乔·史密斯·别克。在日本，叫作丰田远景或丰田花冠。这些分销渠道是全国范围的，通常为总装厂所拥有。每个渠道经销丰田全部产品系列中的一部分。例如，一个渠道经销普及型汽车，另一个渠道经销运动型汽车，等等。

这些渠道各自经销的汽车都有不同的车牌和车型，他们之间主要区别在于服务于不同的消费群体。由于5个渠道经销的汽车都明确地标志为丰田，因此设立这些渠道的目的不像美国的经销商那样，为了创品牌，而目的在于发展生产厂商与常被丰田（并非偶然地）称作为主人的客户之间的直接联系。

为了弄清丰田体系如何运转，让我们看一下5个渠道之一——花冠。丰田为经销其国民（Publica）品牌汽车于1961年建立了这个渠道。但1966年新车型花冠在丰田产品系列中取代了国民，于是该渠道的名称改为花冠。从那时起它已将经销的车型扩展到超越（Supra）、凯瑞（Camry）、赛利卡（Celica）、花冠Ⅱ（Corora II）型轿车和唐奥（Townall）厢式车和皮卡。

花冠渠道与产品开发过程有着直接联系。在指定由花冠渠道经销的新车型的整个开发过程中，该渠道派人加入到产品开发团队。这些来自花冠渠道的代表对产品开发将会做出宝贵的贡献，我们将在后面对其原因进行说明。

作为丰田公司的一部分，它通过78个经销商销售汽车，每个经销商大约有17个不同的销售点（与此相对，大批量生产方式的厂家需要与上百甚至上千家经销商打交道）。其中约20%的经销商为花冠渠道所拥有。[10] 其余或为花冠渠道部分所拥有，或是资产独立。但是花冠渠道集中组织所有培训。每个经销商与丰田都有长期和紧密的关系，所以可以将他们恰当地描述为丰田大家族中不可分割的一员。除培训以外，花冠渠道还为那些没有自己设备的经销商提供人员上的支持以及全方位的服务。花冠渠道在1989年销售了约635 000辆轿车和卡车，拥有30 400名雇员。

雇员中很多是大学毕业生，他们在每年春季一毕业就被雇用。他们在花冠"大学"接受紧张的培训，学习60门课程，多数课程与营销有关。新雇员经过全面培训以后——每个雇员每年还要继续接受正式培训——被分派到各经销店并开始销售汽车。

每个经销店的销售人员以小组为单位由七八个人组成。事实上，这一组织与我们在第4章中讲到的丰田和新联合汽车制造公司总装厂的工作团队非常相似。像在工厂中的一样，这些团队是多技能型的；所有成员都经过销售方面的全面培训——产品信息、订单的收取、财务、保险以及数据收集（我们随后将作解释），还要接受随时都能为车主系统地解决问题的训练。

每个工作团队在一天的开始和结束时都要开一个团队会。在其他大部分时间里团队成员分头去挨家挨户地推销汽车。只留一个团队在经销店负责问讯处的工作。整个团队每个月花1天时间用"5个为什么"和其他解决问题的方法系统地分析处理所遇到的各式各样问题。在性质上，这些会议与工厂里的品质圈是一致的。

挨家挨户推销汽车是日本特有的经销办法，外国人对此都疑惑不解。下面就来看一看日本人是怎样推销的。团队成员先粗略了解经销店周围地区内每户家庭的基本情况，除第一次用电话事先预约外，以后就定期逐家拜访。在访问中，销售人员对每个家庭情况及时进行修正：每户家庭有几辆用过多少年的汽车？什么品牌，规格如何？有多大的停车空间？家里有几个孩子以及用这些车做什么事？什么时候需要更新汽车？最后一个问题对产品规划过程尤为重要。团队成员系统地将这些信息反馈给产品开发团队。

根据他们收集到的信息和对花冠系列产品的了解，销售人员提出对新车型的性能最贴切的建议，以满足该特定客户的要求。当然，真正要买车的时候，这一家对买什么车还会拿不定主意，销售人员下次拜访时就会带来一辆样车来演示。一旦决定买，这一家就会向销售人员提出合乎其要求的订单。在日本，绝大多数汽车都是客户订购的，而在美国这种可能性却正在被取消。汽车订单通常包括全部财务条件、旧车的折价回收以及保险，因为经销人员受过为客户提供全面服务的培训。

或许你会有这样的疑问，如果汽车都是按订单生产的，工厂怎样能适应得了？下面就是实际情形。

工厂的高层管理人员力求对不同的车型式样、颜色等，做出有根据的预测。他们依据这一预测确定工厂的生产计划，并将这些计划提供给零部件供应商，以便供应商也知道生产什么。这些预测的准确度显然取决于对生产计划进行修订的时间间隔。这在日本一般是10天，而在西方国家是一个月到6个星期[11]。一旦接到订单，总装厂就对生产计划进行调整，以便生产出客户所需要的汽车。由于日本人采用了准时化生产，因此他们这样做比西方会容易许多。在西方，工厂灵活性小，而且订购零件的前置周期很长，而且零件在被使用前作为库存长时间积压。

当然，在日本由于能快速反馈客户真实需求的信息，以及经销商紧密地跟踪需求及客户偏好变化的趋势，因此生产计划在一开始就比较准确，而且更便于适应客户的特殊要求。总装厂和零部件供应商能够很准确地提前做出生产计划，并协调不同产品的合适比例，例如将一些生产时间较长的高性能汽车结合到需要生产时间较短的普通型汽车中一同进行生产。日本的工厂能够在2个星期之内生产出客户订购的汽车。西方客户订购汽车——如果他们能订到的话，同样的订单至少需要6个星期，甚至可能长达3个月才能拿到车。

那么怎样确定价格呢？因为客户购买的是根据其需求订制的汽车，因此西方汽车买主所厌恶的讨价还价，在日本汽车经销系统中已基本销声匿迹了。

销售人员不必为抛售客户不愿购买的汽车而削价，而且日本经销商的一个根本目的是让客户感到他们是经销商"家庭"的一员。经销商希望客户在购买过程中感受到良好的礼遇，并且所支付的价钱公道合理。

有可能这只是这个客户与这个销售人员所做的交易之一。这位销售员或许过去已经卖给过这个客户一辆汽车，曾经负责办理过汽车注册手续并折价处理客户的旧车，帮助维修过这位客户的汽车，并且帮助他通过了政府对汽车所进行的严格检验。很有可能这位销售员还替这个客户为一次事故索赔与保险公司打过交道，并且在客户自己的汽车送去维修时借车给他（或她）使用。在西方，大多数情况下都是两个素不相识的人之间在精神压力下的"一锤子买卖"，而后并无忠诚和承诺可言（即使这个客户又找到同一经销商要求再买车，很可能这个销售人员已调走了）。日本经销系统的目的是从长远考虑，最大限度地从客户那里获取长期性收入。

由于日本汽车故障少，日本汽车市场竞争激烈，很容易理解经销商乐意为客户解决汽车所发生的任何问题，即使过了规定的保修期亦是如此。客户不必为经销商是否承担保修责任而与他们争辩，而这种不愉快的经历常常会促使西方汽车经销商的客户在下一次购买汽车时选择另寻他处，特别是有良好品质信誉的品牌。一旦合同签订，订单就直接交到汽车工厂，10天或2个星期后汽车便生产出来，销售人员就亲自将车送到买主家中。新车买主根本无需到附近的经销店去取车。

精益的经销网络

一些日本买主，特别是在大城市里的年轻人，宁愿自己去经销店买车。与年纪稍大的人不同，他们更喜欢到更多的展示厅亲自看看有哪些产品。此时，汽车生产厂商也越来越难雇用到那些愿意挨家挨户上门推销汽车的人。一个原因，当时被雇用的大多是妇女，而一些妇女并不热衷于上门推销汽车，尤其是在晚上。结果是越来越多的日本人到经销店买汽车，在花冠渠道约有20%，其他渠道的这个比例更高。此外，我们还看到，最终所有客户会去经销商那里做汽车的售后服务。

一个典型的现代化花冠经销店看似在展示厅方面与西方经销店差不多，但所有其他方面都大相径庭。首先，他们没有大停车场地。事实上，除了三四辆展车外，基本看不到有其他汽车库存。由于多数汽车按订单制造，因此没有各式各样的汽车在停车场待售，也没有推高利息成本的六七十天的汽车库存。在日本，经销系统中的汽车库存平均只有 21 天 [12]。

此外，经销人员见到上门的顾客时不会一哄而上。由于团队作为一个集体统一计算佣金，因此展示厅里团队的七八个成员不会相互争抢顾客或者争相提出更好的条件促成这笔买卖，而是团队成员在客户向他们提出具体问题时共同参与讨论。

所有日本经销店的核心是它们的服务区域。服务区域的主要用途不是像西方经销商那样为汽车排除故障或进行例行保养，而是为汽车接受运输省的检验做准备，检验汽车是收入的一个主要来源（在欧洲汽车也要经过政府检验，但规则轻松些，而与日本相比在美国检验是非常松的）。所有汽车使用 3 年以后必须通过第一次检验，之后一直到第 10 年，运输省要求每 2 年检验一次，再往后则要求每年检验一次。

随着汽车的老化，检验的费用变得相当高。检验不仅变得更为频繁，而且越来越苛刻。例如大约到第 7 年时整个制动系统即使能正常工作，可能也需要更换。因此日本人有强力的激励在 4 年后购买新车，同时大多数日本人在这个时候会处理掉旧车。经销商在国内市场上只能卖出大约三分之一折价收购的旧车，三分之一被运往东南亚其他国家进行销售，还有三分之一报废。因为要使这些折旧汽车满足检验要求，经销商所要承担过高的维修费用。我们看到经销商不仅处理磨损和损坏的零部件，而且排除所有故障因为他们不愿冒险在未来支付很高的费用或承担影响他们声誉的可能。汽车买主在困难时期也不大可能推迟购买下一辆汽车，而这是在西方对经济滑坡的通常反应。

客户对销售渠道的忠诚度

我们习惯认为，汽车买主对某一厂牌的忠诚主要是过去西方汽车市场上的遗迹。一个客户购买了一辆雪佛兰或一辆雷诺汽车，下一次购买时并不一定会再购买雪佛兰或雷诺了。两次购买没有必然的关系。多数西方消费者如今会在各处挑选，寻找一辆价钱实惠或一辆能满足他们当前需求的汽车。他们并不太关注具体的品牌。

例如在英国，对汽车品牌的忠诚度已经从20世纪60年代的约80%降到今天的50%。这个比例在美国更低。而且在美国，再次购买同一品牌汽车的比例随消费者的年龄而降低：56岁以上者约为30%，年龄为26至55岁者则为22%至23%，对25岁以下者比例为13%[13]。

但是，这种情况在日本并不存在。在日本，每一分销渠道的首要目标是建立和培养客户对它长期性的忠诚。让我们再看一下花冠分销渠道的情况。

新车交货以后，车主便成为花冠家庭的一员。这意味着销售这辆汽车的人会经常打来电话，他进而成为车主的个人代表。他将保证汽车正常运行，研究车主碰到的任何问题，并将其反馈给工厂。

他还会在车主生日送上生日贺卡，在这个家庭有丧事时寄吊唁卡，还会打电话询问家里的子女上大学或初次就业时是否需要购置一辆汽车。在日本时常听人说，若想摆脱曾经卖给你一辆汽车的经销员，唯一的办法是离开这个国家。

这种关系无疑会特别受西方汽车客户的欢迎。分销渠道一心一意要扩大市场份额，并竭尽全力不放弃任何一个可能的买主。在这种情况下，日本的总装厂提供相对较短的保修期便微不足道了。只要车主正常使用汽车，分销渠道一般会在汽车的整个正常生命周期内提供免费维修（当然这种终身保修不包括正常磨损，如更换制动器蹄片和离合器摩擦片）。

精益经销与对大批量生产方式经销：总结

如前所述，精益厂商与客户交往的方法与大批量生产方式的厂商用的方法截然不同。首先，日本的经销系统是主动的，而非被动的，日本人称之为"主动销售"。经销人员不是在经销店内坐等被广告和公开宣传（例如工厂折扣促销活动）吸引而来的客户，而是定期到经销店所在地区挨家挨户地去拜访。滞销时，经销人员会加班加点地工作。当工厂因没有足够的订单难以维持全面生产时,生产人员也会被调派到销售系统中去工作(这一情况在1974年马自达公司危机时发生过,最近在斯巴鲁公司也出现过)。

第二,精益生产厂商将买主,即车主看成是生产过程中不可分割的组成部分。买主对新车的偏好信息被精心收集,并被系统地反馈给新车开发团队,而且一旦与车主建立了联系,汽车生产厂商便竭尽全力维护这种关系。

第三,日本的经销系统是精益的。整个体系中,只有3个星期的成品车,而且其中大部分车是已经出售了。

这种能提供如此高标准服务的系统与大批量生产方式的经销系统有很大的区别,它更加集中——在日本总共有1 621家经销商。相比之下,在比日本大2.5倍的美国市场却有大约16 300家主要经销商。几乎所有的日本经销商通常有多个经销店,其中一些规模大的经销商丝毫不亚于美国的巨型经销商。如同精益生产方式的厂商只有数量有限的供应商一样,他们也只与数量有限的经销商发展协作关系,所有这些经销商都是其精益系统的组成部分[14]。

精益客户关系前瞻

如果日本经销系统的很多要素都像我们所认为的那样先进,为什么日本经销系统没有被复制到西方?当我们向日本的精益方式的生产厂商和西方的大批量生产方式的厂商提出这个问题时,出现了两种截然不同的回答。西方的生产厂商一致认为这种体系太昂贵,一种说法是,"他们希望在日本之外,摆脱成本控制的噩梦"。他们强调,销售每辆车需要付出的努力太大。其根据是,在美国经销网络中,一般销售员每月销售10辆车(或大约每2天一辆);而在日本,销售员平均每月销售4辆车(或大约每星期一辆)。大批量生产方式厂商的观点是,当前的销售费用已经很高,完全不能证明这部分额外成本是合理的。

日本人的观点则截然不同。首先,他们认为挨家挨户推销的方法尽管在日本适用,但在西方不太符合时代潮流,在逐渐被淘汰。因此日本人只将其经销系统的其他一些要素引入到北美和欧洲市场。但最重要的原因,正如一个日本高层管理人员指出的:"除非汽车能按订单生产并几乎立即交货,否则日本经销系统的引入将变得毫无意义。只有到了20世纪90年代末，当我们在北美和欧洲发展了全部完整的制造体系时，我们引入该体系才会成功。"

在当前情况下，日本汽车在距离美国7 000英里以外的地方生产，需要好几个星期才能交给美国客户，日本生产厂商在很多市场上还受到市场份额的限制，因此他们选择了西方大批量生产方式的经销方法。我们相信仿效西方的做法并非他们的本意，而且在20世纪90年代结束以前，当精益生产系统的最后要素出现时，一定会使西方大批量生产方式的厂商感到震惊。

日本厂商非常了解他们的经销系统的成本——在仔细分析生产不同阶段的成本方面，没有人能胜过他们。他们认为如果精益方式的经销系统与大批量生产方式的经销系统起着同样作用的话，这些费用岂不打了水漂。相反，他们指出精益方式经销系统的作用要大得多。精益方式的销售体系及其定期对日本市场上的几乎所有消费者进行的调查，是产品开发过程的第一个环节。省去了西方大批量生产厂商所进行的费时、费钱，并且往往并不精确的市场评估调查。

精益方式的销售系统还大大降低了库存成本并使工厂的生产井井有条。通过确保其销售人员清楚地了解工厂的需要，特别是当各种车型的订货量在不断变化时，工厂也要求总订货量能平稳地流动，这样能使工厂运营得更好。

而且日本的经销体系帮助对新产品进行改进，消除了令人不快的经历和导致危险状况出现的缺陷，以避免出现大规模的、极为显眼的公开召回的局面。

最后，精益方式的销售系统能够使买主逐渐提升对分销渠道的忠诚度，这让新的竞争者很难获得市场份额。这就是西方大批量生产方式的汽车厂商极难进入日本汽车市场的一个关键原因。只是在近几年，当像宝马和戴姆勒-奔驰这样的西方厂商，对他们自己的经销渠道进行了必要的投资后，进口车在日本市场上才赢得一席之地，从几十年来一直低于1%的市场份额增长到1990年的5%。[15]

信息技术和精益方式的客户关系

正如我们指出的，像了解生产的其他各方面的成本一样，日本汽车制造厂商非常了解他们的销售成本，特别是对于挨家挨户的销售。他们认为降低这些成本的最可行的办法是应用信息技术。为了了解信息技术如何起作用，让我们再去看一看花冠经销店。

如今客户走进一家花冠经销店，首先映入眼帘的是一个精致的计算机显示屏。花冠"家庭"的每个花冠车主都有一个会员卡，车主可以像在银行将卡片插入ATM机中一样将会员卡插入。显示屏幕上就会显示出关于客户家庭的所有信息，并询问是否有任何变化。如果有，计算机便会请车主输入新的信息。该系统接着为他推荐最适合其家庭需要的车型，包括现阶段价格。在紧挨着计算机显示屏的展示厅里一般都陈列着每种车型的样品。

这时，如果客户决定要购买，便可以去找销售人员，七八名销售团队成员正坐在那里讨论销售的详细情况。目前，日本通过这种方式售出汽车的比例在稳步上升（现在约20%）。汽车生产厂商希望：从长远来说，他们能以这种方式与大多数现有的买主打交道。而且他们希望在将来的某个时候，每个买主可以在家中通过计算机或电视机的显示屏看到同样的信息。

客户还可以查询其他各个数据库，包括如何办理贷款和保险以及获得车辆停放许可（在日本很多城市要求买车前必须有停车许可）。客户如果想买一辆二手车，也可以查询有关信息，也还可以查询这个经销店在汽车维修和检验等其他业务的情况。

既然每个买主都希望认识销售网中的某个人，以便在需要时方便联系，于是大多数经销人员便被指派去"说服"那些目前忠诚于其他品牌的潜在客户。汽车生产厂商期望的最终结果是，通过从客户那里不断地获得信息，使新车的销售成本大幅度降低，并保持客户对销售渠道的忠诚度。如果日本生产厂商能够实现这一目标，并将这种真正精益的销售系统在全世界范围内推广，精益系统就完整了。

在日本，经销是整个生产体系中不可或缺的组成部分。它不仅仅是一个要花钱的挨家挨户的销售系统，实质上也是一个为客户提供高水准的服务，和为汽车生产厂商提供高品质的真实信息反馈的系统。如果同时考虑对产品的规划、经销和销售成本进行有效平衡，并对生产和需求进行更精确地协调

（较少的降价和亏本销售），以及更佳的生产计划（工厂运转效率更高）等诸方面的好处，那么日本的系统已经达到了比西方分析家所认知的更高的服务水准和更低的真实成本。当信息技术被全面应用于经销系统，产生真正精益的经销网络时，还可能消除大批量生产方式中的另外一个固有风险。在精益方式的生产工厂中质量成本低，设计产品快、差错减少也使成本降低。同样，以服务水准高的精益方式销售汽车，其真实成本可能会比低服务水准的大批量生产方式低得多。精益销售将形成一个由客户的需求带动的，而不是由工厂的需求带动的体系的先锋。正如我们在第5章中所看到的，在竞争逐步加剧的世界市场上，更多富有的客户在个人交通方面正寻求，也有能力支付更多的选择，整个大批量生产系统的方针再调整将主宰大批量生产系统的命运。

目前，在西方常常能听到对经销系统的批评意见。客户评价低、汽车生产厂商不满意、经销商的盈利也很有限。然而关于汽车经销系统未来的讨论至今仍集中在为经销商找到一种取胜的组织方式：巨型经销商、公有经销网络、单独的销售和维修网点，或终生关怀方案使客户在产品使用了3年后仍可回来维修。但是正如我们所看到的，这并非观察这一问题的正确角度。我们必须从更宽阔的角度去考虑经销问题，把它看作以客户为中心的精益生产系统的一个组成部分。适合这一系统的取胜方式可能会与我们目前的期望大相径庭。事实上我们最后可能得出不止一种而是几种制胜方式，以适应不同的客户、产品和不同的市场档次。

到这章为止，我们已经谈到了生产一辆汽车这一非常复杂工作的所有阶段。在每章中我们都注意到精益生产方式的特征之一是需要不同阶段之间的充分协作，常常涉及面对面的接触。令人感到惊讶的是，对经销来说也是如此。一个真正精益的经销系统很可能需要一个位于或非常接近于销售市场的生产系统的支撑。

由于世界几大汽车市场相隔甚远，再加上贸易壁垒的持续存在，这就要求那些希望在未来全球汽车工业界取胜的精益生产厂商，在每一主要地区同时发展起完整的生产和经销系统。但一个公司如何创办并管理好这种全球的复杂体系呢？我们将在下一章讨论这一挑战性问题。

第 8 章
The Machine That Changed the World

管理精益企业

从新设计开始之日到客户把车开走之时的各个生产步骤仅是全部生产经营过程的一部分。为使这些环节获得成功，必须有能力支付多年开发工作所需的经费，必须有训练有素、富有进取心的员工，必须使在世界各地进行的各种活动能相互协调。尽管至今还没有一个公司能完全成功地做到这一点，但我们相信精益厂商在财务、人员管理与全球协调等方面的做法，必须与大批量生产厂家截然不同。简而言之，如果在这些活动中精益方法都能得以实现，企业将成为精益企业。

财务

读者从第 2 章中已经了解，亨利·福特不需要外部的资金。他利用比供应商收款更快速地销售汽车，在管理一个完全由其家族所有的巨大企业时，他能够做到自给自足。1945 年，亨利·福特二世接替了其祖父创立的家族企业。甚至当他查问公司资金储备存于何处时，他才知道大约有 7 亿美元的现金，并全部堆放在公司的地下室里[1]。亨利·福特从不在银行存款，也极少向别人借贷。在他去世的时候，公司的全部股票均由家族成员拥有。

在大批量生产方式的汽车工业中，这样极度独立的例子是十分罕见的。在西方，大多数汽车公司在他们发展的早期，一般为公有。随着公司业务的发展，所需资金数量迅速增加，创办者便从向家庭或私人筹资转向股票市场（在1956年，福特公司最终也走上了这条路）。当然，在大多数情况下，（例如标致、菲亚特、福特）最初创建公司的家族曾经并持续保持着大部分的公司股票。

第二次世界大战后，一些欧洲公司以公众拥有的形式为公司找到了新的一种财源。大众汽车公司成立时，德国政府就是公司的主要股东。雷诺公司、阿尔法·罗米欧公司、西班牙的西亚特公司（现已为大众公司所有）与英国利兰公司在不同时期、由于不同的原因被政府所控制。至于雷诺公司，法国政府视其为一个经济增长的动力，可以给整个国家引进大批量生产方式的原则。意大利、西班牙与英国政府则与此不同，他们不希望看到本国最大公司之一的失败。但是，由于种种原因，公有的时代已经在很大程度上结束了。罗孚、阿尔法·罗米欧与西亚特在20世纪80年代末的私有化改革以及德国联邦政府最近出售大众公司股票的行为，使得目前仅剩下雷诺公司仍由政府控制。雷诺的高层管理人员也在强烈呼吁，雷诺必须完成私有化。

实际上，所有西方汽车公司的股票都是在公开的交易所上市交易的。日本的精益生产厂商也是如此，但是他们的相似性就此终结。读者可能还记得在第3章中，丰田公司在第二次世界大战后曾力求得到一个强有力财政后盾的故事，其经验可以扩大到其他的日本汽车制造厂商。

1870年明治维新后，在日本工业化的第一阶段中，各大公司通过财团募集资金。这些家族拥有的控股公司控制了各个工业领域，这些领域覆盖到每个主要行业中的大公司，例如钢铁、造船、建筑、保险、金融业，等等。每个财团有一个银行，银行中的存款就是集团内各公司投资基金的主要来源。

美国人在第二次世界大战后占领日本期间，取缔了这种紧密的集团组织。美国人撤出后，财团被一个新的工业金融形式"日式企业集团"（以下简称为大集团）所取代。每个大集团大约有20个主要公司，每个行业一个公司。与财团不同的是，这种大集团在组织的最高层没有控股公司，这些公司之间也不是法定的联合，而是用交叉占有股权与互惠互利的默契结合在一起。所谓交叉占有股权，就是在一个封闭圈中每一家公司拥有其他公司的部分财产。例如丰田公司是三井集团的一分子，马自达与住友集团关联，而三菱汽车公司则是三菱集团的一员。每个大集团的主要公司中，都有一家银行、一家保险公司和一个商社。这些公司都可为大集团的成员公司提供大量的资金来源。实际上，他们的主要目的是互相帮助筹措投资基金。

这些大集团是在美军撤走、日本重建时逐渐发展起来的。1945年，原来财团的财产就已被宣布取缔。开始时，日本公司的大多数资金是靠美国政府担保，并从东京各大银行贷款得来的。因为这些公司仅拥有贷款和公司自身的有形资产，他们的财力非常有限。当经济飞速发展，很多公司在获利后便开始担心会被外国人收购。他们也不相信结构松散的股票市场可作为财产增值的主要手段，因为他们无法想象一个内部没有互利互惠默契的系统能够做到这点。

针对这些担忧，20世纪五六十年代成长起来的公司忽然产生彼此出售股权的想法，这里通常没有现金易手。所以战前集团的各个成员以及一些新进者加入了这种新的日式企业集团，其股权在一个封闭圈内互相交错。

这些大集团大都是私有的，其规模极其庞大。他们的少量股票在瞬息万变的东京股市上进行交易，但是有实际价值的股票却从不被出售。直到1971年之后，美国人与其他外国人才发现这一情况。当年，日本开放股权，允许外国控制任何公司半数以上的股权。但是没有任何大集团的成员愿意以任何价格出售其"控制"股。所以事实上很少有公司会被买走。

这种大集团的系统紧密地连接在一起，其部分原因是一种相互承担义务的意识，每个成员在这种信任的状态下持有其他各成员的股份。但是如果这种承担义务的意识动摇了，敌对的股权出售将持续进行：如果有一家公司考虑将其在另一家公司的股权出售给外界，使外部获得该公司的控制权，被出售股权的公司也可将其持有的该公司的股权出售给外界作为报复。所以没有任何一家公司对外出售它所持有的其他公司的股权。

这种系统的变型立即也扩展到供应商厂家的集团。在第3章中，读者已看到丰田公司如何使其供应商脱离出去，如日本电装与丰田合成株式会社。

丰田在这些公司中占有一定的股权，而他们在丰田公司也拥有少量的股权。这样，丰田工业大集团表现出了一个环形的股权结构，丰田则占据着强有力的中心地位。

美国"侵入者"布恩·皮肯斯（T.Boone Pickens）最近试图控制丰田集团的一个成员单位小糸制造所。从这个案例中，我们可以看出集团系统是多么强有力。丰田公司仅拥有小糸制造所15%的股权，而皮肯斯已买到了超过26%的小糸制造所的股份。但是皮肯斯仍不能在董事会上赢得一席之位。此外，甚至在开价超过公开交易市场的股价时，仍没有股票出让。

这种集团股权的系统使西方的公司与政府都很恼火，因为其逻辑与西方大相径庭。日本的公司尽管最初表现为公有的股权结构，但实质上却是由私人控制的。这种格局在美国以及一些欧洲国家的投资法中是明文禁止的，公司必须说明他们只有部分股票可以实际出售。我们确信这种大集团与工业集团实际上是所能设想到的、最有效的动态工业金融系统，但它们仍没有被西方社会所完全理解。

除了对成员提供保护，防止恶意收购外，大集团一个公认的优点是能为其成员提供低成本的资金。这些廉价的资金来自两种方式[2]。第一，很多的日本公司几乎从不支付红利。日本公司通常只支付股票面值10%的收益，而这个面值是在20世纪50年代开始股权交易时确定的，实际上是零。所以，以丰田为例，它的股票在1989财政年度支付红利18.5日元，也就是收益的10%；而日产公司该年度仅支付7日元，也就是收益的7%。

第二，在20世纪80年代，飞速发展的东京股票市场允许日本各汽车公司以可兑换债券的形式发行巨额新股票，即当某汽车公司的股票在交易市场上达到一定的价格后，这些债券就可兑换成股票。由于这些债券的购买者推断其实际收益将来自不断上涨的东京股票交易市场的股票价值，所以他们非常乐意接受极低的利息。20世纪80年代，丰田发行了62亿美元的可兑换债券，利率从1.2%～4%不等，比西方各汽车公司用于融资的成本低得多。甚至一些实力较弱的公司，如五十铃与富士重工（斯巴鲁）通过这种方式也能获得利息较低的财政资源[2]。

上述第二种廉价的募集资金的方式可以维持多久，是一个令人感兴趣的问题。一方面，1990 年东京股票交易市场的股票突然暴跌，使投资者意识到兑换不可能是永远可行的，并且终止了兑换债券的发行，至少是暂时中止了发行。另一方面，日本仍是一个由着迷的储蓄者组成的国家，这些储蓄必须找到某些出路。

不管怎样，即使在没有廉价募集投资基金时，日本的集团系统仍然具有充分的竞争优势，特别是能保证投资基金有明智的投资方向。为了证明这些假设，我们需要看一看日本与西方的金融系统在处理公司危机时不同的方法。一个重要的案例是日本马自达公司在 1974 年的扭亏为盈。直到那个时候，马自达还是由其创建家族所管理。这个家属强力地以产品工程设计为导向，它引以为傲的是技术先进但油耗较高的汪克尔转子发动机。当 1973 年能源价格突然飞涨时，马自达公司便面临严重的问题。它需要有一套全新的省油的活塞式发动机，并需要开发装用新型发动机的车型系列。

这家公司同时还面临另一迫切问题。虽然马自达制造的汪克尔发动机比普通发动机便宜，但其轿车价格仍高于同等级车型的市场平均价格。价格居高的原因是马自达的生产系统不经济，这系统类似大批量生产方式而不是精益生产方式。以前马自达的轿车能卖高价，是因为采用了汪克尔发动机的高技术形象。如果放弃汪克尔发动机，这就意味着马自达要销售普通轿车，车价必须下调。车价下降是马自达改革其生产系统的基本原因。

马自达的救星来自通过交叉持股关系控制马自达汽车公司股权的住友集团，住友银行派出了一个高层管理人员小组取代了原来的家族管理。这个高层管理人员小组做出的第一项关键决策是在马自达的广岛综合生产企业中，采用丰田生产系统的模式，从而使马自达汽车生产在成本和质量上都可以与最好的日本汽车公司相竞争。第二项关键决策是为马自达新发动机与新的车型系列提供大量贷款。所以马自达不但没有收缩，反而扩大了其市场份额。

上述情况与英国以及美国在 20 世纪七八十年代的情况形成了鲜明的对比。当利兰公司与克莱斯勒公司开始挣扎时，数以百计的银行家与社会上的投资者主要关心的是如何减少对自身的影响。这两个公司中的股票持有者为数众多，但是没有一个有影响力的股东组织站出来表达他们对公司的关心。公司的外部董事不仅不知道问题的实际情况也不知道该如何处理。而董事会却持消极态度，银行取消贷款，社会上的投资者便只好在亏损情况下售出股票，一走了之。

英国利兰公司在政府直接控制10年后最终倒闭了，而克莱斯勒则需要争得政府担保的贷款来恢复其发展势头。两个企业都未唤起政府以及投资者足够的信心，来给予更多的帮助，使其正常运营。由于产品开发贷款紧缩，两家公司在20世纪80年代一直在困境中挣扎。更为重要的是，在这两个案例中，金融系统或是政府都未能抓住问题的实质，即机制失调的大批量生产方式系统再也无法在世界市场中占得一席之地。

在欧洲，其他的西方汽车生产厂商背后的投资金融系统曾经更为有效，至少在各公司发生危机时提供了足够的资金。这是因为绝大多数的欧洲汽车公司都是由一个深谋远虑的大股东控制着其命运，如菲亚特的阿格尼里家族、标致集团的标致与米什林家族、宝马的匡特家族、沃尔沃的汉德尔银行、萨博的瓦仑堡家族、保时捷的保时捷/派歇家族、梅塞德斯的德国银行。雷诺公司至今仍为国家所有。直到最近，政府在大众公司中也占了很多的股份。因此没有一家公司是"无依无靠"的，他们或是由一个有影响的股东来支持，或是与一家大银行关系紧密。

尽管日本的大集团也会犯错误，而且有时是很大的错误，然而大集团系统与安格鲁·撒克逊（美国的与英国的）和欧洲大陆的金融系统相比，通常表现出明显的优势。西方的金融系统对公司的问题，或对情况知之甚少而又过于急躁（如在英、美社会上的投资者与银行在问题出现时便立即抛售股票与债券）或是虽有耐心但却消极应对（如美国和英国的外部董事和欧洲大陆一些家族股东）。而后者经常不能直视在竞争中明显处于下风的问题，直到为时已晚。

与此相对，日本的大集团系统却富有耐心，具备长远发展的眼光，同时消息灵通并且对低下的业务表现极为挑剔。各大集团可以用巨额投资来支持处于困境中的公司扭亏为盈，因为他们丰富的知识减少了失败的风险。

职业阶梯

我们已经多次指出，大批量生产方式不能为生产工人提供晋升的机会，工程师、财务分析与营销专员按其技术专长晋升，总经理们则是按照更高级的公司等级制度升职。所有这三种晋升途径对一个整体的组织来说是机制失调的。与此相反，精益企业力争为每一个雇员提供一个清晰的职业阶梯，这与大批量生产方式的晋升制度截然不同。

每个雇员在刚开始都会被安排在生产线上工作一段时间。例如，我们最近参观的位于俄亥俄州马里斯维尔的本田工厂，我们要求会见外部事务总监。此人在本田公司负责处理与政府的交涉关系和一般的公共关系。我们被告知不能见到他，因为他刚加入公司，正在忙于组装汽车。最好的精益生产厂商们坚信生产岗位是真正增加价值的地方，而不是通过间接的管理活动增加产品的价值。所有雇员在进入公司时就必须尽快明白这一点。

那些在工厂里的人，很快就增长了解决问题的能力。管理强调，解决问题是所有岗位最重要的事。管理的目标是向雇员提出越来越有挑战性的问题要他们去解决，以不断地考验其工作能力。与西方公司不同，甚至没有机会晋升到部门领导或工厂厂长的情况下，精益生产方式的公司员工也这么干。较高的工资主要靠资历与效益奖金。换句话说，不像我们在西方公司中看到的那样，精益生产厂商在经营中没有那么多等级制度。他们力求使雇员懂得，有能力解决越来越困难的问题，是他们可能得到的最有意义的发展，尽管他们的职务并没有改变。

对于那些有专门技能的雇员——最常见的是机械工程，精益生产厂商试图将这些有一技之长的人纳入一个团队，使之能发挥最大的作用。读者在第5章中已看到这是如何进行的，也已知道团队成员是如何被调往其他团队的，在职业生涯中又是如何被要求学习全新的技能。

大批量生产方式与精益生产方式的一般管理人员所需要的技能对比，差别同样是明显的。因为在实施精益的公司中，决策和解决问题被下放到基层，在很大程度上不需要中层与高级经理的逐级下达命令，并将信息反馈上来。

经理的关键职能是将供应商与总装厂联系起来、把公司分散在各地区的单位联系起来。其中典型的是，公司派遣中层经理到总装厂集团的供应商那里去担任高级职务，并在公司的各经营部门，特别是国外运营单位之间轮换中层和高级管理人员。

这样做有两个好处。一是这些管理人员建立了一个复杂的人际关系网络，通过个人接触，使总装厂、供应商与公司的各个国际运营单位之间加强相互了解。二是这些人还是公司文化的传播渠道，通过他们可以把公司文化传播到供应商系统和新的地区。

地域分布

必须指出的是，包括一些日本的精益生产厂商在内，世界上很多人还不了解精益生产至关重要的一个特点。当所有的活动——从设计到组装都在同一地点进行时，这种生产方式可以达到其最高的效率、最好的品质与最大的灵活性。正如本田的一个高级管理人员最近所说的那样："我们希望能在一个大的房间里进行整个汽车的总体设计、工程设计、制造与组装工作，这样每一个参与人员就可以彼此面对面地商量。"在前一章中读者已经看到，在销售市场所在的同一地区中不设生产系统，整个系统的最后阶段——精益销售与精益服务，也无法全面开展。

为此，在 20 世纪 90 年代，日本的精益厂商在世界三大市场——北美、欧洲与东亚（以日本为中心）创建完整的从概念到成品汽车的制造系统。这个制造系统最远构建到了北美。在那里，日本企业于 1982 年开始建总装厂，20 世纪 80 年代末已经有 11 个在运营，到了 1990 年，汽车总装数已略微超过北美产量总数的 20%，如图 8-1 与表 8-1 所示。

当然，全部工作在一个大房间里完成是不可能的。甚至限制在一个地区内，如限制在丰田城，也是不可能的。但是精益生产方式在北美的地域格局已经非常清晰了。日资在北美的总装厂（新联合汽车制造公司例外）全部位于美国和加拿大的中西部半径为 300 英里的地区内。在这些厂内组装的汽车中，美、加自制部分的数量仅为20%，但这一数字一直在稳步上升，1990年几乎达到总量的60%，我们预计在20世纪90年代末这个数字将达到75%。

供应商绝大多数在邻近地区，有些是老厂，有些则是新建厂，所以零件可以在一天车程内从供应商那里运送到总装厂（与日本供应商地区集中相比容易产生很大误解。日本的道路堵塞非常严重，以致距总装厂50公里以内的供应商的运输所需时间事实上比位于美国和加拿大中西部的日本总装厂与供应商之间200公里的运输所需时间还要长）。

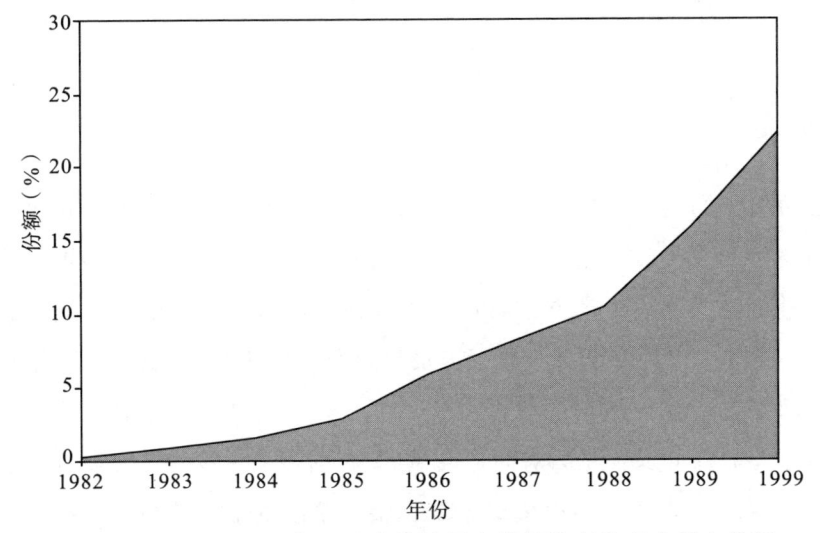

图 8-1　1982～1990年，日本移植厂在北美汽车生产中所占份额

注：1990年的数据是根据该年第一季度的数据估算的。
资料来源：作者用华德式汽车报告中的数字计算得来。

表 8-1　北美的日本移植厂的生产设施

公司	地点	1989年产量	对外公布的生产能力	注释
总装厂				
本田	俄亥俄州，马里斯维尔	351 670	360 000	
	俄亥俄州，东利伯蒂		150 000	（1）
	安大略州，阿里斯顿	8 6447	100 000	
新联合汽车公司	加利福尼亚州，佛蒙特	192 235	340 000	（2）
丰田	肯塔基州，乔治敦	151 150	240 000	
	安大略州，剑桥	20 859	50 000	
日产	田纳西州，斯米纳	238 640	480 000	（3）
马自达	密歇根州，弗莱特罗克	216 200	240 000	

（续）

公司	地点	1989年产量	对外公布的生产能力	注释
钻石星	伊利诺伊州，布卢明顿	91 839	240 000	（4）
CAMI	安大略州，英格尔索		200 000	（5）
SIA	印第安纳州，拉斐特		120 000	（6）
总装厂总计		1 349 000	2 520 000	
发动机厂				
本田	俄亥俄州，安娜			
日产	田纳西州，斯米纳			
丰田	肯塔基州，乔治敦			
发动机厂总计				

注：1. 1989年开始运营。

2. 通用与丰田合资，增加了卡车总装线。

3. 增加了第二条总装线。

4. 克莱斯勒与三菱合资。

5. 通用与铃木合资。

6. 富士重工与五十铃合资。

对外公布的生产能力为标准的每周工作5天，每日两班，每班8小时制。因此，加班生产可以使"生产能力"由于工作时间的延长而提高到近120%。

资料来源：1989年产量来自华德的（Ward）汽车报告。生产能力来自各公司所发布的公告。

本田、丰田、日产、马自达与三菱公司现在都在北美建立了产品与工艺工程设计业务部门。本田公司确信"在一个地方集中做所有的事"，将工程设计中心设立在俄亥俄州的马里斯维尔，从而成为一个综合性企业。而其他公司都建在底特律地区。他们的理由是，要靠近美国供应商的总部，而且在底特律易于招聘工程师。

这些中心正在快速发展，虽然他们达到美国三大汽车公司在底特律的规模可能要到21世纪。然而，他们已经开始进行重要的总体设计与工程。从本田雅阁四门轿车的原型车变型为雅阁双门轿车和旅行轿车的车身工程设计是在马里斯维尔进行的，所有生产所用的模具也都是在那里进行切割加工的。服务全球市场包括出口日本与欧洲的雅阁双门轿车与旅行轿车全部都是在马里斯维尔进行组装的。日产公司在密歇根州安娜堡的工程设计中心在对其新型双门轩逸轿车的车型在工程设计方面也作了类似的工作，面向全球市场的这个车型都只在田纳西州的士麦那统一组装。

日本汽车产业在欧洲的发展速度较慢，我们会在下一章中讲述其原因。然而，正如表 8-2 所示，日本对欧洲市场的投资步伐现正迅速加快。在 20 世纪 90 年代末期，一些日本汽车组装企业会在欧洲建立一套完整的汽车生产系统。

表 8-2　欧洲的日本移植厂的生产设施

公司	地点	1988 年产量	对外公布的生产能力（90 年代中期）	潜在的增产能力	注释
总装厂					
日产	英国，华盛顿	57 000	200 000	200 000	
	西班牙，巴塞罗那	76 000	150 000		
本田	英国，斯温顿		140 000	260 000	
	英国，长桥	4 000	40 000	400 000	（1）
丰田	英国，博纳斯顿		200 000	200 000	
	德国，汉诺威		15 000		（2）
	葡萄牙，里斯本	14 000	15 000		
五十铃	英国，卢顿	35 000	80 000		（3）
铃木	西班牙，利纳雷斯	22 000	50 000		（4）
	匈牙利，埃斯泰尔戈姆		50 000		
马自达	?			100 000	（5）
三菱	?			100 000	（5）
总装厂总计		208 000	940 000	1 260 000	
发动机厂					
日产	英国，华盛顿		200 000	200 000	
本田	英国，斯温顿		70 000	330 000	
丰田	英国，肖顿		200 000	200 000	
发动机厂总计		470 000	730 000		

注：1. 罗孚公司为本田公司生产的产量，潜在的数字是假设本田兼并了罗孚公司后的数量。
　　2. 大众公司组装的丰田车。
　　3. 与通用汽车公司合资。
　　4. 不包括组装兰德·罗孚的汽车。
　　5. 正在讨论的拟建的新厂。
资料来源：法国汽车制造商协会月刊，1989 年 12 月，第 9 页，巴黎。由作者重新编辑。

全球化企业的优势

除了上述至关重要的优势之外，把所有的工作集中到临近销售区的一个地方，并在世界上每个重要市场中创建一套完整的制造系统，这个做法相对于竞争对手试图在单一地区制造并出口，在以下**五个**方面有利于公司建立优势。

第一，也是最明显的一点是，这种方法提供了针对贸易壁垒和汇率波动的保护。对在一个地区内有一个生产中心的公司而言，如英国的捷豹公司和瑞典的萨博公司，汇率波动可能促成一大笔意外的出口横财。例如，20 世纪 80 年代中期，当美元在与欧洲货币的相互关系中处于强势地位，这些公司在美国获得了高额利润。

但是灾难也同样可能发生。在 1987～1989 年间，捷豹公司与萨博公司在轿车生产上并没有变坏。事实上，我们的国际汽车计划项目各国总装厂调研中还显示了他们的生产效率和产品质量略有提高。不仅如此，两家公司还都推出了新的车型，这些新车型扩大了其产品范围。但是就在这一时期，美元走势疲软，而这两家公司的主要出口市场却都在美国。捷豹与萨博从高盈利瞬间沦落到濒临破产的境地。后来，他们分别被具有跨地区生产基础的福特与通用汽车所收购。

对于那些希望在每个地区都获得显著市场份额的大公司来说，20 世纪 80 年代的教训是显而易见的：没有当地区域内产品生产系统的替代品。在北美、欧洲与日本，每年用于购买轿车与卡车的资金大概相当于个人消费额的 15%，这笔钱在北美是每年大约 2 400 亿美元。如果大量汽车由一个地区（如日本）生产，而由其他各地区来消化，很难想象这笔资金如何依靠地区之间的出口实现贸易平衡。

20 世纪 80 年代的经验也使人联想到，如果不建立贸易壁垒来重新平衡国际汽车贸易，汇率波动将起到相同的作用。然而这些方法产生不同的结果。政府规定进口成品汽车的限额会使进口商发财，因为他们提高产品价格并分配给需求者，而汇率波动的影响则相反。然而，不管在哪种情况下，事实是各长期经营的汽车生产厂商必须在其销售市场中建立生产中心（如日本正在北美与欧洲所进行的），或选择放弃国际汽车市场的一部分（一些欧洲的大批量生产厂商似乎正在被迫退出北美市场）。

公司发展一套跨地域的、完整的生产系统的**第二**个优势是产品的多样化。

正如读者在第5章中所看到的，在欧洲、北美和日本，汽车市场正在逐渐细分化，并且似乎还要继续不断地细分下去。在第5章中读者已经看到，与大批量生产方式相比较，精益生产系统可以在单个产品批量相当小的情况下，达到最佳的规模经济。然而，要达到这一目标，就意味着在一条庞大的生产线上，有多种型号的发动机和变速器，按照次序组装出各式各样的产品，所用的发动机与变速器均来自大的发动机厂和变速器厂。这样，所有产品加在一起，具有较大批量的公司仍有竞争优势。只要公司的管理部门能够处理好这种复杂的情况，公司规模增大就意味着公司变得更好。而在20世纪90年代，公司变大就要求公司在每个主要地区都有自己的生产中心。

同样重要的是，所有三个地区的消费者都一直要求不同类型的产品，并在相同的产品上增加不同的外形，这一点是关键。例如德国的豪华轿车在德国作为出租车出售，使他们的制造厂商能够得到一个相对较大的生产批量基数，但销往北美和日本的产品却是小批量、高价格的豪华商品。同样，本田公司由于出口其雅阁双门轿车而获得相当多的利润，这些车在美国大规模生产并大批量销售，而在日本市场上则是限量的豪华汽车。

本田公司似乎是第一家发现这种方式优越性的公司。在20世纪90年代，该公司计划为每个主要销售地区开发一系列独有的产品，并将在该地区生产，以满足该地区的批量要求。公司随后将这些产品出口到其他地区去满足那里利基市场的需求，他们希望在那里这类相对限量又独特的产品能卖出更高的价格。

如果这个方法按其逻辑上的结论发展下去，跨地区生产厂商应建立公司内部的产品系列组合和贸易往来，如图8-2所示。地区内部的主要需求由各地区的生产系统来满足，跨区域贸易也可以获取相对合理的平衡。

跨地区生产厂商和单一地区生产厂商比较，其**第三**个优点是经历过不同环境的历练，企业能够培养出相当有经验的管理人员。当然，所谓相当有经验是主观的，但是在我们与世界上主要的总装厂和供应商的高层管理人员接触中，我们为能遇到么多高瞻远瞩的管理者而感到震惊。而他们的能力是在不同环境下想方设法制造产品的过程中积累而来的。

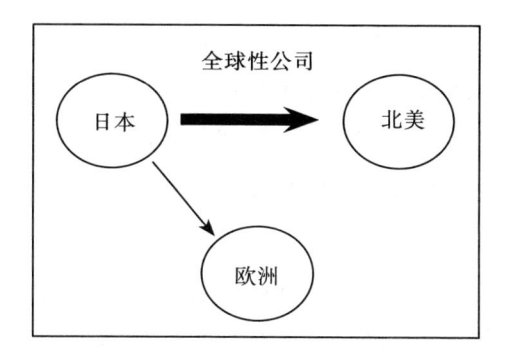

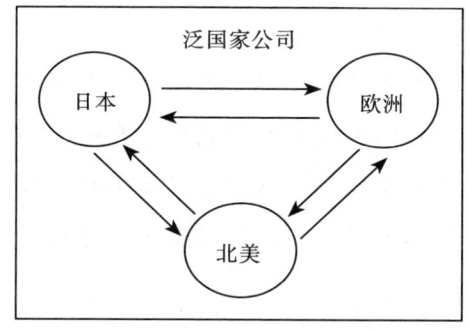

图 8-2 跨区域公司内的产品流动

例如，我们相信福特近年来业绩比通用汽车好的其中一个原因是，福特在美国本土以外有很多活动，并在各国运营部门间进行人员轮岗。现在已很难碰到在福特工作的，且没有在美国本土以外有多年管理经营经历的高层管理人员了。

与此相反，虽然通用汽车在海外也有很多子公司，也可以经常遇到这样的高层管理人员，他们曾到德国的欧宝公司或瑞士的欧洲通用汽车参观学习过2年。但是除此以外，他们却从未在美国中西部以外的地方工作过。广泛地与外界接触，使得福特公司造就了一批在经营管理上十分有经验的高级管理人才。因为管理者接触过各种完全不同解决问题的方式，他们也就会灵活地、富有创造性地考虑那些公司所面临的战略性问题（很明显，要想在国际运营中获得良好的业绩需要一个非常有经验的人事系统，以最有成效的方法轮换管理人员。我们很快还会提到这点）。

跨地区生产厂商的**第四**个优势是能防止区域性汽车市场周期性的变化。汽车被经济学家称之为耐用消费品且排在最前面，车主几乎总能利用小修小补使自己汽车的使用寿命更长一些。所以，每一个国家的汽车销售情况比总体经济更反复无常。然而，世界各主要市场不会正好在同一个时候起伏，例如，日本汽车市场在20世纪80年代末期很兴旺，而美国市场在当时则处于疲软。因此，一个公司在所有主要市场都占有一席之地就可以防止受到这种周期性变化的影响。

对于那些主要依赖于周期性较强的北美市场的美国各公司来说，建立一个全球生产系统是十分重要的。日本公司仍在日本市场销售他们大部分的汽车，却很少受周期性变化的影响。我们将在下一章中说明其原因。日本汽车制造厂商认识到他们相对容易熬过下一次汽车行业在北美的萧条时期。如果需要，他们会用降低价格的方法来维持他们北美新工厂的正常生产。与此相反，通用汽车与克莱斯勒主要的运营和销售都在美国和加拿大。任何销售下跌都将迫使他们减少产品开发活动和与国外合作的投入，用于弥补其短期运营所需的费用。

产品开发的后果将在20世纪90年代中期清晰地体现出来。那时，这些美国的公司或许将会进一步丢失其市场份额。1989年与1990年的市场滞销已带来一些消极影响。克莱斯勒将其在三菱汽车公司的股份从24%减少到12%；通用汽车将其在五十铃的股权资本从44%降低到38%。这种筹集现金的做法，准确地说，将引导这些公司在建立一个全球生产地位方面迈出完全错误的一步。

当我们思考在每一个主要市场内建立一套成熟的生产系统的**第五个优势**时，事实变得明了起来：这样的做法消除了竞争者把他们从受保护的市场中获取的利益用于世界其他市场的竞争。

以20世纪80年代为例，当时日本的国内市场就曾展现过当外国公司把一个主要地区的市场让给本国公司时会出现的情况。西方各公司可以大力推行购买日本较弱的公司，例如通用汽车收购五十铃与铃木，福特收购马自达。这无疑在日本引起了"投资摩擦"，正如上文所述，大集团的股权结构有效地排斥了外国人，除非大集团有意识地决定要接受这些外来者。然而，这终究是很快将要面临的问题，也是西方公司希望极力促成的一点。

西方公司转而极力促进贸易开放，这样他们能比较容易向日本出口成品车和零部件。即使没有贸易壁垒，贸易开放也是一场艰难的斗争。因为在日本汽车市场上销售的美国产品无论是在价格还是在品质上都缺乏竞争力，除了少数新颖的产品，如凯迪拉克的豪华轿车曾受到日本黑帮暴徒的青睐。而20世纪80年代，这些暴徒的目光又转向梅赛德斯奔驰了。

与此同时，日本的汽车公司从北美和西欧的配额中发了一笔横财。当日本人被告知他们只能销售他们过去所销售轿车数量的一部分时，他们就易如反掌地提高了销售价格，直到销售量下滑到配额要求的数量为止。在这个过程中，他们获得了巨额利润。确实，西方的配额成了有争议的、有史以来促进日本汽车工业最主要的政府政策，比通商产业省在日本实行的政策更为有效。日本的各家公司用他们所得到的利润在国内开展了一场市场份额争夺战，在很多情况下，售价可能甚至低于成本。所以即使在没有贸易壁垒的情况下，西方的进口商也很少有在日本成功销售的机会。

20世纪80年代末，情况发生了逆转。日本公司利用从迅速发展的国内市场获得的巨额利润（日本政府确实通过大幅度降低购买轿车的商品税促成了这点）来支付其在北美和欧洲生产厂的大规模投资。他们可以继续发展而无需顾及美国的生产厂商控告他们倾销或者实行其他贸易报复，因为他们的利润并不用来补贴在国外的售价低于其在日本销售的价格。反之，这些利润被用于资本投资和新产品开发，如丰田的凌志 LS400 型轿车和日产的英菲尼迪 Q45 型轿车。这些车型主要为美国和欧洲市场而设计。

美国和欧洲各公司在日本没有生产基地，他们通过少量地向强劲的日本市场出口获取一些利润，但却失去了绝大多数的机遇。他们未能在日本或东南亚的任何地方建立起一个生产基地，从而未能在日本汽车市场上与丰田、日产和本田展开激烈的较量，并获取高额利润。这是西方汽车公司最大的竞争失误之一。

管理全球性企业

在给出压倒性的论据说明跨地区生产是当今汽车工业获得成功的关键之

后，仍存在的一个问题是：如何在 20 世纪 90 年代管理好一个由 3 个完整的生产综合体组成的、精益的、全球性的企业。到了 21 世纪，或许企业的组成部分可能会更多（如在南亚市场的印度、在拉美市场的巴西与阿根廷、大洋洲市场的印度尼西亚和澳大利亚，甚至在非洲南部市场的南非——如果能够继续目前重新加入世界社会的运动）。

这不是一个无足轻重的管理问题。事实上，全球性生产组织动态有效的管理，极大地无视了汽车工业中大批量生产厂商近一个世纪以来尝试中所呈现的智慧。

第一个追求全球性制造战略的汽车公司是福特公司[3]。现在的福特汽车公司是 1903 年成立的，生产最初的 A 型车。1905 年，虽然年产量还不到 1 000 辆，亨利·福特仍在加拿大建立了制造工厂，组装在加拿大出售的福特轿车。1911 年，即 T 型车投产 3 年后，福特在英国的曼彻斯特开办了总装厂。到 1926 年，福特就已经在 19 个国家设立了总装厂。

然而，这些步伐几乎没有形成真正的国际化。福特最基本的动机是减少运输成本，因为运输零部件比运输成品车便宜，而且可以规避关税。至今成品车的关税仍高于零部件。亨利·福特决定将所有的设计工作和尽可能多的零部件制造保留在底特律。此外，国外的分支工厂（就是这么称呼的）也几乎总是在底特律派去的美国人管理之下。

这种模式一直延续到 20 世纪 20 年代。但是，在 1929 年世界经济崩溃之后，各国相继建立起贸易壁垒，福特被迫前进了一步。1931 年，他在英国的达根汉建立了一个完整的制造综合中心，同年在德国的科隆又建立了一个完全相同但规模较小的制造综合中心。到了 20 世纪 30 年代中期，这些厂实际上生产福特产品全部的零件。出乎亨利·福特预料的是这些厂制造了一个新的产品 Y 型车，这种车没有在美国投入生产。亨利·福特为时已晚地承认，欧洲人不习惯驾驶美国式的大轿车。

但是我们必须记得，Y 型车是在底特律设计的，很多用于生产的工具也是在底特律制造的。尽管英国工程师们提出了各种建议使产品适合欧洲人的偏好，Y 型车和福特 20 世纪 30 年代的所有产品，是 100% 的美国式的工程设计。

只有在第二次世界大战之后，英国的福特公司与德国的福特公司才开始雇佣他们自己的产品开发工程师。直到1961年推出的福特安格利亚（Anglia）车型才是第一次完全在海外设计的福特产品[4]。这项开发工程是福特在英国曼彻斯特的特拉夫公园开办其欧洲组装运营整整50年之后开展的。

在这个时间点上，福特汽车公司的运营策略来了个180度转弯。原来亨利·福特要求100%地控制产品，并确保所有制造决策都来自底特律。亨利·福特二世主持了一个值得一提的分散化进程。经过分散，新组建的欧洲福特与底特律总部没有共享的产品。同时，除了几个位高权重的美国人，只有有限的人员交流。这样除了财务，在多个方面都可以说这是一家完全独立的公司。

由于福特比西德、法国或英国的汽车公司早一步认识到统一西欧的紧迫性，因而福特在欧洲成为第一家"欧洲"公司——欧洲福特分部（1967年建立）。该公司取得了显著的成功，并且为福特在北美的激烈竞争中生存下来起到了推动作用。在1980～1982年北美汽车市场大萧条时期，欧洲福特分部提供的巨额贷款挽救了福特公司。

但是底特律高层管理人员认为，太过分散化的公司与理想相距甚远。20世纪70年代，北美的福特公司开发了一系列产品。这些产品在体形上小于20世纪50年代的标准美国汽车。其中很多车型与欧洲福特单独开发的产品在外形和体积上完全相同。看来唯一符合逻辑的是，如果将全球各级别的车型产品进行标准化，将大大节约开发成本并提高制造的经济性。

福特首先试图在全球推广标准化的是其在1979年推出的福睿斯（Escort）轿车。来自世界各地福特公司的成员组建了全球性的设计组，一起来开发这款轿车。但是在开发过程中却发生了一个很奇怪的事，从欧洲福特来的欧洲人与从北美汽车运营部来的美国人反复修改这款"全球性轿车"，使之更贴近欧洲人或者美国人的口味以及不同制造工艺上的偏爱。以至于在推出该车型的当天，欧洲版的福睿斯与美国版的福睿斯虽然在外观上难以区分，但却只有两个通用件——烟灰盒和仪表盘支架。

1979年，福特收购了日本马自达公司25%的股份。由于马自达也生产从大到小全系列的产品，马自达的某些产品好像可以名正言顺地纳入福特的全球产品计划与开发进程之中。

从一开始，福特公司就在日本建立了自己的销售渠道（名为奥托拉玛 Autorama），并用福特的标志销售改型后的马自达 121、323 与 626。这些车型也作为福特车在东南亚的很多市场上销售。随后，福特决定从韩国引进一款改型后的小型马自达 121 的设计到美国。这个车型当时是在韩国起亚公司组装的。起亚是一家小企业，福特与马自达均持有少量的股份。这一车型以福特嘉年华（Festiva）的名称销售。

在福特－马自达间的关系完全建立起来时，再要考虑联合设计金牛座／黑貂车型（1985 年推出）已为时太晚。但是，在新马自达 323 与福特福睿斯车型上进行了联合设计（1989 年在日本推出，1990 年在美国推出）。目前，一个包括欧洲福特与北美福特类似的跨地区联合设计的项目（称为 CDW27）正在进行为北美市场设计的新福特天霸（Tempo）及蜂鸟（Topaz）车型，和为欧洲市场设计的福特希拉（Sierra）改型车（1991 年完成）。

福特公司将这种负责联合设计过程称为"责任中心"。"责任中心"由广岛的马自达（323/福睿斯），或迪尔伯恩的北美福特（为取代金牛座与黑貂的下一代大型汽车）；或英国和德国的欧洲福特（为天霸以及希拉）牵头负责。公司的高层决策者声称：在每一个地区的市场里都需要较多品种的轿车和卡车的时代，这种办法是控制新产品开发费用螺旋式增长的唯一方法。

但是到目前为止，责任中心的全面实施没有达到福特最初设想的成果。欧洲福特有不同意见，他们认为新的 323/福睿斯对欧洲的消费者来说太小了，所以加紧自主研发的车型设计，使之与 323 和福睿斯同时推出。类似，在拒绝使用马自达 121 的设计（被认为太小）之后，1989 年又推出了下一个较小尺寸的新嘉年华车型。最后，欧洲的经理们抵制将其大型轿车天蝎座纳入金牛座／黑貂的换型计划中，理由是没有一个设计可以在这个档次的车型中能同时满足美国与欧洲消费者的要求。更有甚者，马自达公司一方面欣然接受 323 和福睿斯的主要设计工作，另一方面，继续为不同尺寸和市场档次设计自己的车型 121、米亚塔（Miata）、626 和 929。在主要的地区市场上，这些车型仍直接与福特的产品开展竞争。

应该清醒地认识到，即便在全球性设计与生产方面的进展有限，福特仍然在全部汽车公司（包括日本各公司在内）中扮演带头人的角色。他在 3 个主要市场中将自己建立成具有设计与生产设施的真正意义上的全球性组织。与此相反，克莱斯勒在北美以外仅有一个很小的制造中心，即一个与奥地利斯太尔（Steyr）的协议，每年组装 3 万辆克莱斯勒厢式车（从 1991 年开始）。通用汽车在欧洲与巴西都有"很强的阵容"，但却继续实行分散经营。这些独立经营的公司几乎与他们的北美运营部老死不相往来。最后，欧洲的公司或是还没有开始全球化进程，或是如即将介绍的，仅在几个发展中国家有些犹豫不决的进展。

日本人则相反，开始时极力抵制全球化，但目前已展露全球化的意图，并已取得初步成功。但是，下面将谈到，在未来的 10 年中，他们将面临极大的困境。

欧洲未能获得一个全球性的席位

在全球化方面，欧洲的汽车工业如今正跟随美国和日本，如表 8-3 所示。我们在研究欧洲人经验的时候，发现了一个基本原理：在本国尚未精通精益生产方式时，不可能建立全球性的精益生产。大众公司的案例提供了很好的验证。

表 8-3　1988 年汽车总装厂的国际化
（成品组装地的产量占总产量的百分比）

	本国	本地区	其他地区
福特公司	53	13	34
通用汽车	65	10	25
大众集团	56	25	19
菲亚特（依维柯除外）	79	11	10
雷诺（雷诺汽车工业除外）	61	34	5
标志集团	77	20	3
本田公司	72	3	25
日产公司	75	4	21

（续）

	本国	本地区	其他地区
马自达公司（包括起亚）	65	20	15
丰田公司	89	2	9
三菱公司	80	13	7

注：不重复计算国外成套散件组装车的。
本地区：美国地区——美国、加拿大、墨西哥；欧洲地区——欧共体、欧洲自由贸易联盟、波兰、土耳其和南联盟；日本地区——日本、韩国、中国台湾、泰国、马来西亚、印尼和菲律宾。
资料来源：法国汽车制造商协会月报的数据，巴黎，1989年12月。作者用其中数据进行推算。

1974年，德国大众在美国宾夕法尼亚州的威斯特摩兰建立了一个组装工厂。其目的是，在德国马克升值以及日本生产厂商在北美展开销售攻势时，建立一个低成本的美国生产基地。但是，大众公司对精益生产方式一窍不通，并在这个生产基地中聘任了从通用汽车挖来的大批量生产的制造经理。

其结果是灾难性的。首先是成本并未降低。同样糟糕的是，为了适应美国市场对产品进行的调整造成品质大幅下滑，从而疏远了被传统德国产品吸引来的购买者。在遭受挫折的15年以后，大众公司于1989年将生产基地迁至墨西哥，期望用那里的低工资重建其在美国入门级市场上的历史性地位。

雷诺公司承受了更大的损失。1979年雷诺买下了美国汽车公司（American Motor），意图在北美获得一个低成本的立足点。但是，雷诺也不了解精益生产，在北美一些最差的大批量生产工厂的"复苏"中也没有取得什么进展。

1987年，雷诺公司终于难以支撑，将美国汽车公司以大大低于买入价的价钱卖给了克莱斯勒。虽为时已晚，但克莱斯勒公司仍打算彻底改造这些老工厂。它所采取的第一个措施就是关闭最差的工厂，例如1905年建在威斯康星州的基诺沙总装厂。

雷诺公司在法国、西班牙与葡萄牙这三个欧洲保护主义最强的市场之外，除了在比利时有一个单独的总装厂就再没有别的生产中心了。知道这一情况后，我们就会懂得雷诺在美国失败的沉重代价了。大众公司至少在巴西的拉美汽车公司（AutoLatina）保持一半的股份、在墨西哥普埃布拉有一个综合制造中心，以及在上海有一个规模小但问题多的工厂。如果大众公司能在制造与产品设计上掌握精益生产方式,并将这些方式移植到巴西、墨西哥和中国的公司,其状况将会迅速发生显著变化。正如利用其地理政治优势在东欧建立公司一样。

对于欧洲各公司来说解决方案很清晰,第一步是在制造的全部领域内精通精益生产方式,由此来保护他们本国的市场。否则,将会上演令人吃惊的一幕,日本和美国将成为1992年之后欧洲仅有的精益生产厂商(福特公司已经转移其从马自达学来的知识,明显地改善了它在欧洲的制造运营)。只有当欧洲人精通了精益生产方法,他们才可能恢复在北美与东亚的汽车制造地位。但到那时,也许为时已晚了。

日本公司与全球化存在

日本的公司有一个相对有利的起点,却面临着极为严峻的全球性挑战。从对本田公司战略的简单介绍中可以明显地看出其前进道路中的问题。

我们时常可以看到这样的案例,在世界市场上采取最大胆跳跃式战略的公司往往是本国地位最低的公司。当美国人实际上已经顶礼膜拜本田的产品时,本田公司在日本却被看作是一个杂乱无章、不上正轨的小企业。与丰田、日产、三菱和马自达等公司不同,本田公司与大集团没有紧密联系。除了汽车与摩托车外,本田也没有其他主要业务活动。与日本其他公司完全不同,这家公司对卡车市场也没有什么兴趣,仅限于供应一种微型厢式车。

由于主要依赖出口,出口汽车数量大约占本田在日本汽车产量的70%。20世纪70年代中期,本田决定需要在海外组织生产。如果不在国外建立生产基地,他在应对汇率波动和贸易壁垒方面极其脆弱。本田在美国的总装厂于1982年投入生产,但在刚开始时仅组装轿车,25%的零部件在美国制造,75%的零件在日本制造。

同时,本田公司在欧洲寻找一个生产基地。但却发展得更为艰难,原因是本田在欧洲销售汽车比丰田、日产晚很多,甚至比三菱和马自达还要晚。所以在20世纪80年代初期,英、法、意对日本车实行配额时,在列出的名单中本田排在末尾；即使在较为开放的市场，如德国市场，其销售网络也非常微弱。1989年本田在欧洲市场共有5种车型，但总共只卖出14万辆汽车。本田是在劣势地位中立即转向全面组装活动的。

本田寻求与罗孚集团结成强大的联盟，罗孚起初是一家国有公司，但现在已经转为私有的英国航天公司的一部分。在双方签订了几份许可证合约，并协议由罗孚公司在英国生产本田设计的汽车之后，最终才促成了双方在设计车型上的合作。这就是本田阿库拉车型的里程（Legend）与罗孚的斯特林（Sterling）轿车。本田计划销售罗孚在英国考里工厂生产的里程轿车以扩大其在欧洲的销售量。但是，这些车的质量不尽如人意，甚至在英国西部新的史云顿（Swindon）本田独资的总装厂内整修后，其质量仍难以令人接受。所以在开始后不久，就悄无声息地中止了这一努力。

下一步是联合设计和生产一款中型轿车，本田协奏曲（Concerto）/罗孚200型汽车。1989年，本田买下了罗孚20%的股权，并大规模协助位于伯明翰附近罗孚公司的长桥（Longbridge）工厂生产组装新的协奏曲/罗孚轿车。该产品在1989年年末推出，接下来在1992年会有一个新的合作产品：同步型（Syncro）轿车，这个产品将由本田独资的、即将投入运营的位于史云顿的工厂制造。

本田正艰难地通过与罗孚复杂的合作关系，为建立起一个基于欧洲的制造系统努力，但其最终结果如何尚不得而知。同时在美国和加拿大，本田已稳步地扩大了其在马里斯维尔、俄亥俄州的东利伯蒂与安大略州的阿里斯顿的总装厂。至1990年年底，生产能力将达到60万辆。包括其进口汽车在内，本田或许将超过克莱斯勒，位居北美轿车销售榜的第三位[5]。

令我们更感兴趣的是，本田在俄亥俄州的安娜（Anna）建立了一个年产量达到50万台发动机的工厂，并在附近又建立了一个由本田全资拥有的零部件公司，使其在北美的轿车自制率稳步上升。与此同时，本田也从传统的日本供应商那里采购各种零部件，这些供应商已经在本田总装厂附近建立了移植厂。本田还从美国供应商那里购买零部件。虽然众所周知，本地自制率的计算是不可靠的，但本田宣称，到1992年其在美国和加拿大组装的轿车中的本地自制率将达到75%，这个数字可能是真实的（"本地自制率"是指汽车中在美国制造的那些部分的比例。举例来说，在俄亥俄州安娜生产的发动机是本地的，而日本制造的发动机电脑系统是进口的）。

当公司成为一个全球化大企业时，一个更有意义的问题是如何增加工程设计部分的价值。本田公司在日本各移植厂中率先在美国成立一个工程设计运营部，其内容包括了产品和制造工艺。而且本田已发布了一个车型——雅阁双门轿车，它的外形设计和工具生产全部都是在美国进行的。还有正在准备中的另一个车型——雅阁旅行轿车，并正在讨论是否在此基础上于20世纪90年代末，在北美进行包括总体设计和工程设计在内的全部新产品开发工作。

无论如何我们绝不能低估这个工程的规模。到1991年，本田在俄亥俄州与密歇根州的工程设计部将有700名工程师，这似乎是一个天文数字。但要知道的是，福特公司与通用汽车在底特律都雇用着数以万计的工程师。即使把第5章中提到的，本田与其他日本公司对工程师的使用效率比美国人高一倍的因素考虑在内，本田在北美实现全面的精益生产方式还有一段漫长的路要走。福特在欧洲用了50年才完成这个任务。本田公司虽素有高效的美誉，但我们也绝不能低估在一个新大陆上建立一个完整的产品开发体系将会遇到的各种问题。

尽管本田能够非常迅速行动，但我们也不得不问：在公司形成全球性运营的过程中，将如何进行管理？本田对大众的回答是：他们将把在日本、北美和西欧，甚至拉美（巴西）和东南亚（泰国）的自给的区域性公司组成一个联盟。各主要的区域性公司都要独立完成完整的产品设计、工程设计以及制造。这些产品主要在该产品的制造区域内销售，也有少量的产品出口到其他地区以服务利基市场，以类似于图8-2中假设的"泛国家"公司的运营模式那样。雅阁双门轿车已从美国出口到日本，不久也将出口到欧洲。这就是该过程的第一个案例。

但是，各地区该如何协调他们的活动呢？一个全球性的本田公司的人事系统会是什么样？总部中的高级职位是否还保留给在22岁时就进入公司工作的日本人？要花多少时间才能将自给地区的联盟建立起来？这些问题是本田公司要想真正成为一个全球性的企业所必须回答的。

阐述跨地区企业

尽管福特和本田都没有声称已经找到了理想的答案,这两家在跨地区建立生产系统上最先进的公司已经在该方面取得了重大的进展。但是比较起来,欧洲和美国的克莱斯勒还没有结束起步阶段,其他的日本公司,包括丰田公司在内,实际上也是跟随着本田的脚步。很显然,全世界的各个产业包括汽车工业要在全球范围内实现跨地区生产,还有一段漫长的路要走。本书的最后一章,我们将从政治的角度来思考这一挑战。在这里我们要做的是,阐明一个真正的全球性企业所具有的特点,研究这些企业在20世纪90年代达到跨地区精益生产所面临的管理上的挑战。

我们的目标是阐明什么是理想的企业,这就像手工生产汽车,例如阿斯顿马丁的买主指明他们梦想中的轿车那样。遗憾的是目前还没有这种梦想中的机器,于是我们就自己创造一个,并称之为跨地区汽车公司。

我们认为管理方面的挑战从概念上可简单地理解为:设想一种企业的形式,它能在跨地区的基础上平稳运营,在与各个当地市场的紧密联系中获得优势并成为各主要地区中的一分子。与此同时,又必须从全球性的生产、供应、产品开发、技术获取、财务和销售方面获取效益。

处于核心位置的是人——如何犒劳并激励成千上万名来自许多国家和地区具有不同文化背景的员工,使他们能够和谐地工作。遗憾的是,至今为止为这一企业开发的三种模式都不完善。第一种是决策极度集中在总部。几乎一成不变的是总部都设立在本国,总部的人员也都是本国的公民。

正如读者已经看到的,这是福特公司从1908年到20世纪60年代的做法,也是很多日本公司现在转移到海外时所采用的方法。集中化产生错误的决策,更糟糕的是从政治的角度上看,这种方式容易在其他地区中引起强烈的不满。最重要的决策显然都是由总部或有合适护照的雇员做出的。

针对上述情况,通常寻求的代替方式是将决策权高度分散到各个地区的子公司。各子公司独立开发自己的产品、制造系统、确定组织内部的职务等级,各自为政。这第二种模式是欧洲福特公司20世纪70年代中期的做法,欧洲通用汽车至今仍然这么做。这种按地区密闭的分割导致了目光短浅，忽视了跨地区整合的优势，并且为高薪的本国高级职员制造了一个"镀金的笼子"，使他们在这个机构里不再有任何晋升的机会。

第三种模式是各地区独立的伙伴企业间的战略性结合，这是从第二种模式中蜕变而来的。例如三菱公司和克莱斯勒的联合、通用汽车和五十铃及铃木的联合（李·艾柯卡经常提到三菱、克莱斯勒的欧洲汽车生产厂商联盟体，并称之为环球汽车公司）。

不幸的是，这些安排仍没有回答协调和全面管理的中心问题。基于这一事实，在汽车工业中大多数战略性的联盟体已被证实是非动态而且缺乏稳定性，这是不足为怪的（这种联盟体与目标专注的合资企业不同，例如新联合汽车制造公司就是这种有具体的短期目标的合资公司）。在福特公司和马自达，通用汽车和五十铃，克莱斯勒和三菱之间无休止的争议中，使人感受到并不是这些联合体需要更好的管理，而是除非市场情况十分稳定，否则根本无法进行管理。

在没有选择的情况下，我们建议一种新的合作方式，并称之为"后国家"一词。我们称为跨地区汽车公司的主要特征表述如下：

- 一个完整的、全球的人事系统，可以从公司内的任何国家提拔职员，仿佛不存在国籍。显然，要达到这一目标要求努力学习语言并了解社会背景，要使部分年轻人愿意长时间到外国去工作，以获得比其在国内更高的职位。我们已经发现，年轻的管理人员认为这种晋升途径是极具吸引力的。

我们在美国的移植厂里遇到过很多日本的管理人员，他们期待长期留在美国并在将来被派往欧洲。不像年纪较大的管理人员那样不能熟练地运用外语，年轻人把这条道路看作是一种有趣的生活方式，也是他们在公司中取得成功的可靠途径。

同样，最近欧洲福特已经相当成功地招募到欧洲的管理人员，他们并不期望和希望在本国工作，而是期待也可以在美国长期服务。我们也偶然遇到过一些美国人，他们很乐意到日本去工作。

- 一套为在制造、供应系统、产品开发、技术获取和销售系统之间形成连续的、水平流动信息的机制。最好的方法是将这些机制放在一个由强有力的"主查"带领的产品开发组内。在明确的目标下，将具有这些技能的人员组织在一起。

在大多数西方的公司中，有很多活动都不是集中进行。产品规划工作人员为那些从不会得到绿灯的产品而忙碌，职员的大量时间都浪费在救火上。与此相反，最佳的日本公司坚信，如果你不是在脚踏实地为投向市场的产品直接工作，你就没有增加任何价值。因此，极为重要的是把尽可能多的雇员吸引到开发和生产中去。各公司应该把注意力集中在客户会购买的产品上。

这些团队在产品的整个生命周期内都在一起，随后团队的成员将轮转到其他的产品开发组，很可能是到其他地区，甚至是从事不同的专业（如产品规划、供应商协调、市场营销）。采用这种办法时，当雇员在不同专业技术和各地区公司之间换岗时，信息流动的关键机制是员工本身。每一个人将不断地获得新的知识，也就会在整个公司内形成一个水平的信息渠道网络。

目前在日本，各团队是在一起工作的，但是其成员并没有作为产生全球性水平知识流的一种方法被分派到新地区的新项目中去工作，因此也就没有给每一个雇员以深入了解世界的机会（当然，原则问题不在于这是否是个好想法，而在于是否有足够多的雇员意识到这种方法极具吸引力）。当他们在全公司及不同地区待过之后，这些管理人员也会创造出一种统一的企业文化，那就是每一个组织想要运营得顺利所需要的思考问题和处理问题的一种默契。

- 建立一个能协调各个地区产品开发并推动在其他地区作为利基产品的销售机制，而不是生产通用性最低的产品。达到这一目标的合理方式是授权每个地区为本区域市场开发一系列完整的产品。其他地区如有需要，可以作为利基产品向该地区订货。

由于跨地区汽车公司在各个区域市场之间的出货数量大致相等，这个方式可以大大避免汇率波动的影响，即向一个地区发运汽车造成的损失可以由向相反方向发运汽车获得的高额利润中得到补偿。

今天当汇率波动时，管理部门通常会恐慌失措。他们或是试图尽快地寻找低成本地区重新布置生产，或是寻求贸易保护。

承诺长期在每个重要地区负责世界水准的精益生产系统的跨地区汽车公司的经理们可以更为轻松自在，因为"后国家"企业的另外一个要素已然到位：国际化的融资和股权。

在当前，大多数汽车公司的绝大部分的股权和贷款都发生在本区域，并用本国货币支付红利、偿还贷款。即使他们已成功地建立了一个跨地区的生产系统，币值的波动仍然是一个问题。

我们来看一家以美元借贷和分红的美国企业。如果公司在海外获得大量利润，美元的坚挺是极其危险的，即使是公司在三个主要地区市场的市场份额和用当地货币结算的利润都没有变化时结果亦是如此。

将公司的股权国际化，使之在每个地区内的筹资和销售量以及用于制造的投资大体相等，这将大大消除这方面的影响。而红利可用当地货币支付，以避免公司受各地区间的汇率波动。

将这些新的方法用到人事管理、信息交流、产品开发、跨地区贸易和国际化金融方面上，在20世纪90年代建立一个适合于这个区域化世界的跨地区汽车公司是可以做到的。我们认为。世界上出现跨地区汽车公司是尤为重要的。这不仅仅是商业上的原因，也因为已然出现的全球性政治挑战。在最后一章中，我们将就这一观点进行阐述。

精益生产方式的扩散

我们已经研究了精益生产的各个要素，包括工厂、产品开发、供应商系统、销售和服务网络，以及设想中的跨地区的精益企业。我们的结论是简单的：精益生产是人们制造物品的一种卓越的方法。它能以较低的成本制造出种类丰富的优质产品。同样重要的是，它为包括从工厂到公司总部的各个层面上的员工提供了更具挑战且有满足感的工作。因此，全世界应该尽快采用精益生产方式。

但是，由于种种原因，推广精益说起来容易做起来却很难。正如大批量生产方式在推广时的情形一样，当一种完整的体制已经根深蒂固时，如果有一套崭新的思想对当前秩序提出挑战，那么从一种体制到另一种体制的过渡很可能是相当痛苦的。若新思想来自国外且已经威胁到许多国内重要企业的存在时（在这里指的是大规模本土大批量生产方式的汽车公司），这种过渡的痛苦将展现得淋漓尽致。这些企业在其政府的支持下对那些在新思路引导下的"入侵者"予以抗拒，因而这种过渡可能要经历数十年，甚至永远不可能完成。

所以，我们并不能肯定精益生产会在大范围内扩散。但我们坚信，20世纪90年代自然会见分晓。而且我们相信精益生产是否盛行主要取决于广大公众对它好处的理解、依赖于老式的大批量生产厂商谨慎的行动、依赖于日益兴旺的精益生产厂商，以及各地的政府。

我们将从本书前面几个章节中分析什么是精益生产、它的起源，转向在下面的章节中探讨如何实现从老式生产方式到精益生产的过渡。我们将展示如何以最小的痛苦和代价过渡到精益——一种新的更好的生产方式。

第 9 章
The Machine That Changed the World

扩散的困惑

在1914年和1924年间，亨利·福特和阿尔弗雷德·斯隆倡导的工业创新摧毁了强大的、基于手工生产方式的美国汽车工业。在这期间，美国汽车公司的数目从100多家直降到大约10家，而其中的三个大公司——福特、通用汽车和克莱斯勒占据了全部销售额的90%[1]。

但是，这并没有产生社会恐慌、抗议或是要求政府干涉。事实上，一系列的社会舆论质疑了大批量生产方式所带来的新型工厂生活，但没有人要求保护困境重重的手工生产者。

人们对缺乏抵制的原因并没有进行深入的探究。甚至当福特和斯隆在摧毁一个工业的同时创造了第二个工业：大批量生产的汽车工业，而且是在手工生产方式曾经最普及的城市里。第二个工业的发展是极富戏剧性的，以至于所有手工生产方式下的技术型员工都能在大批量生产方式系统中找到合适的工作，并在其专业内或其他技术性工作岗位上支持大批量生产方式的发展。事实上，在1927年T型车销量滑坡前，福特公司一直面临着在底特律地区找不到足够的技工来制造工具的问题。同时，随着T型车价格持续下跌以及轿车和卡车销量的直线上升，组装工作量急剧增大，使得总装线上新增了几十万个不需特定技术的岗位。

此外，福特和斯隆是美国人，甚至可以说是"当地人"。福特巧妙地把自己描述为一个能够提高普通人生活水准的民族英雄，所以没有人觉得其在底特律大批量生产方式的成功是来自外国的威胁。

再也没有人能像福特和斯隆那样轻易地用一种生产方式代替另一种了。确实，大批量生产方式从美国移植到海外时就开始遭受了抵制。现在的精益生产方式取代大批量生产方式也重复了这个模式。过去和现在的基本问题是采用老式生产方式的公司和员工很难适应国外已率先使用的新方法。传播新技术的另一条途径是通过外国公司的来临，使老式公司所在国的民族保护意识减弱。但采用这种方法的结果通常是经过数十年才实现生产方式的新老交替。

大批量生产方式与手工生产方式在英国的对决

1911年10月，亨利·福特在英国靠近曼彻斯特的特拉夫福特公园创办了一家汽车总装厂[2]。除了在安大略省温莎的小总装厂外（该厂在底特律河对岸，与福特的高地公园厂隔河相对），这是福特在国外投资的第一家企业。福特建立特拉夫福特公园总装厂的目的是克服当时的运输限制，但是不久之后，福特就将该厂用于克服贸易壁垒。

1915年，英国放弃了自由贸易转而实行麦克纳关税，规定对进口成品车（大多数是从美国进口的）征收25%的关税。而对零部件的关税仅为10%，所以外国制造商有强力的动机在英国建立总装厂。

最初，在特拉夫福特公园一切都井然有序地进行着。福特从底特律派遣了一大批美国管理人员到英国，完全按照他那套在高地公园正在优化的大批量生产方式系统进行管理。招聘工人时，管理人员明确地告诉工人他们所将从事的工作是琐碎的、没有技术含量的。事实上即使他们有技术，福特也用不着，而且在组装车间里的工人应该准备从装配大厅的一个工作转到另一个工作[3]（事实上，特拉夫福特公园的一个管理人员估计，培养一个组装工人做任何一项装配工作只需要5~10分钟）。1914年9月特拉夫福特公园的第一条动力总装线就已布置就绪，这仅仅比高地公园第一条动力总装线的落成晚了大概9个月的时间。1915年，福特的组装技术和工艺就已完全被搬到特拉夫福特公园了。

福特的大批量生产方式系统也适应于受聘于福特的车身制造车间的熟练工。例如内饰部分，就用特殊模具取代了复杂的手工活，座椅套的缝制工作也被标准化并简化了。在车身车间，熟练的钣金工已被冲压床取代（我们最近在阿斯顿马丁碰到了这些钣金工的"后裔"）。喷漆系统则取代了那些刷漆的熟练工。结果，在1913年，当专业的长途客车制造者反对福特的大批量生产方式并要求对技术性的手工操作实行传统的计件工资系统时[4]，引发了一场罢工，导致车身车间的关闭（福特打破了英国员工的等级制度，就像福特在底特律那样，对特拉夫福特厂的工人采用计时工资）。

因为生产线上干简单工作的工人很容易被替代，而且福特可以在任何情况下由底特律供应成品车身。所以，这次罢工很快以失败告终。由于英国关税和运输中的损耗增加了成本，车身从底特律用船运到英国是很昂贵的。但是福特还是坚持这样做，直到罢工者耗尽他们的所有积蓄并放弃罢工。到1915年，没有人还会对福特的生产系统提出挑战，一位来自底特律的福特的管理人员表示，特拉夫福特公园的生产效率已经可以和高地公园的旗鼓相当了[5]。显然，大批量生产方式在新的环境下取得了胜利。这种生产方式应该很快理所当然地在英国流行起来，而且在整个欧洲情况也应如此。

但是，这并不能用来证明现在的事。因为有一系列事件让我们对精益生产方式能否在20世纪90年代快速轻松的取胜持保守态度。

大批量生产方式在英国的艰辛历程

福特的问题是在1915年从一个似乎不太可能发生的事件——和平号船开始的[6]。福特是个狂热的孤立主义者：他坚决主张美国必须远离第一次世界大战。为此，他租了一艘轮船并组织了一次到欧洲的旅行，私下去促使德国和英国议和。但是，英国公众对福特这种行为动机的看法和福特自己的解释完全不同：人们普遍地认为福特是支持德国的。结果造成英国人对福特公司产品的大范围抵制，例如，许多报纸拒绝刊登福特公司的广告，而且英籍员工的士气也受到影响。

虽然英国福特公司的管理者采取的有力举措减少了一部分不良影响，但福特公司的问题不久便加剧了。战后颁布的能源和功率税对福特产品的要求特别苛刻。由福特公司的竞争者所建议，并由政府制定的功率税对其竞争对手的长冲程发动机有利，而对福特的短冲程发动机极为不利。这对福特汽车来说无疑是个沉重的打击。福特的T型车，原被设想为"通用性"汽车，在英国却很快就变得不适用了。福特的厄运使他的工厂常常使用部分产能，在底特律的公司总部似乎逐渐对英国福特的运营失去了信心。

并不出人意料的是工厂的业绩似乎持续走下坡路，英籍经理们的运营观念仍与大批量生产方式难以调和。制造的职业生涯从车间现场管理开始的观念对中产阶层的英国人来说没有吸引力，因为这些英国人受的教育是培养他们往服务、法律等相对高级形式的管理工作方向发展。他们不想探究工厂生产运营活动的本质，而只想把某些具体的工作委托出去，就像他们在大英帝国工作时做的那样。

另外，英国的经理们坚信，具有长期手工生产经验的英国人不会容忍福特的方法。短期间也许可以，那是在美国经理们的督促下，想要长期如此是难以做到的。

结果是，车间管理工作很快变成车间管家的职责。这些管家一般都是对大批量生产方式高度怀疑的技术型手工生产者。这些第一线的基层管理人员到处宣扬要保持他们那套传统的技艺和对流水线生产毫无意义的计件工资系统。而我们知道在流水线作业中，每个工人的工作节奏将会受到其他工人的制约。

福特公司在英国工厂的业绩倒退了，这使得福特公司在底特律和在特拉夫福特公园在实践上产生了巨大的差异。当福特公司放弃了特拉夫福特公园总装厂，并于1931年在英格兰的达根汉建立了一个完善的生产系统时，这个差距被拉得更大，而且一直保持到今天。

福特汽车公司这个新生产方式的首创者和汽车产业的领头人，在英国的表现却较差。所以，采用大批量生产方式的福特公司的英国竞争者仅取得部分成功也就不足为奇。

产业取经：高地公园之行

到1914年春天，福特在高地公园实际上获得了两项成就：生产T型车和产业复兴的主导者。而永无止境的产业取经的潮流约在1911年就开始并且持续了40年之久（事实上，这种取经直到1950年丰田英二的访问才告一段落）。至今在密歇根州迪尔伯恩福特公司的档案馆里还有一个与众不同的画廊，里面陈列着许多当年取经者和主人的合影。

取经者们包括安德烈·雪铁龙（雪铁龙公司），路易斯·雷诺（雷诺公司），吉奥凡尼·阿格尼里（菲亚特公司）以及不留名的苏联人。这些苏联人企盼能把大批量生产技术加到列宁的公式中去，使"苏维埃加上电气化等于共产主义"（后来列宁又将公式修正为"苏维埃加普鲁士铁路管理加美国的产业组织等于社会主义"）[7]。一张摄于1921年的特别引人注目的照片抓拍到查理·卓别林和亨利·福特在高地公园的总装线上微笑着相互致意的镜头。在那时，公众仍把福特看成一个创造奇迹的工人而不是劳动者的敌人[8]。

牛津汽车公司及其子公司MG的创始人威廉·莫里斯和奥斯汀汽车公司的创立者赫伯特·奥斯汀也在取经人的队列中。莫里斯在1914年访问了高地公园后，他回到英国并决定马上把大批量生产技术搬到自己的工厂。但是，他实施大规模生产的过程并不容易。

因为战争，正常的生产被打断了，牛津公司的手工总装线直到1919年才就位。在这种总装线上，汽车是被放在小台车上沿轨道向前推进。因为汽车是由工人用手推到下一工位，所以这一整条线实际上是按最慢工人的速度运行。这条总装线直到1934年才恢复动力，要知道这已经是福特公司在底特律率先采用动力总装线的20年之后。莫里斯还发现要将整个组装工作细分到福特公司那样的工序是很困难的。例如，他们的总装线在1919年细分为18道独立工序，而福特公司在1914年就已经在运行拥有45道工序的生产线了。

最后，莫里斯发现培养愿意接受并且能够适应福特式大批量生产方式的经理同样是一个难题。

相当令人难以置信的是，直到第二次世界大战之后，尽管所有的工序都已被连贯的生产线串联起来，莫里斯却仍然实行计件的工资系统为他的员工付薪水。工人们更关心的自然是尽可能快地完成其日工作定额以获得相应的奖金，然后停止工作。我们很容易想象此系统下成品的质量。

莫里斯之所以坚持执行计件工资，是因为他想不出其他办法来激励工人为他工作。他在生产管理上的弱点在于他只能在车间管家的帮助下间接地给工人制定工作速度和定额，从而来运营他的工厂。简单地说，他的本意是想创建一个高地公园式的复制品，可他得到的却只是美国管理人员离开后福特公司留在英国特拉夫福特公园的工厂复制品。

在受挫之后，莫里斯把赌注全部押在我们今天所说的高科技上。在他的发动机工厂内，他建议实行发动机、飞轮和变速器生产的完全自动化，以便消除大量熟练的和不熟练的员工。正如我们将要看到的，他的经历就像通用汽车和菲亚特公司在 20 世纪 80 年代采用先进自动化的尝试一样，这种自动化是在受到挫折后被迫采用的。

莫里斯在 1925 年安装设备时发现，当工人们把发动机缸体和变速器壳体沿着轨道从一台机器移动到另一台机器时能获得大量节约。每个机器能或多或少地自动完成预定的任务（以前，机器按类型集中，所有的磨床集中在一个区域，铣床集中在另一个区域，车床在第三个区域，零件用小车运送，一次运送一件，这个过程还包括在每台机器上的提起和拉动）。但是这种工艺还是在工人的帮助下完成的，不能彻底地排除人的介入，例如很难实现把零件从一台机器自动地送到下一台。事实上，这一要求仍然超出了技术所能达到的范围。

除了从没考虑将高技术作为一个出路外，赫伯特·奥斯丁也有很类似的经历。在 1922 年访问了高地公园后，他回到英国决定模仿福特公司的生产系统。他获得部分成功。奥斯汀安置了总装线（尽管直到 1928 年或更晚才实现了动力驱动），并把工作分成若干个无需高技能的小任务。但车间的管理工作依旧十分疲软，奥斯汀仍坚信计件工资是一种激发员工工作热情的最佳方法。

一名为奥斯汀工作的员工在几年后面对英国广播公司的记者时，对这个系统工作情况的评价是："你得花很多的时间干活。如果你按通常工作时间工作的话，你一周可得2英镑酬劳，若想要获得更多，则需要工作得更快，而总装线就得运转得更快。从通常的时间加快四分之一，接着再加快到二分之一，这样你每周可得3英镑。但当我们适应了这种速度之后，管理者又将总装线的速度加快到原来的2倍，然后不再加快了。可是我们当时做的，却是将车身提起来，越过流水线上的隔块，使它再向前走，（使汽车向前移动得比总装线还快）并使速度达到了一般工作情况下的2.5倍，这意味着每周可得5英镑的工资，这在当时已经不是笔小数目了。"[9]

在今天看来，工人试图让生产线运转的速度超过传送带的转速似乎是非常可笑的。这种系统对成品车的质量有可怕的影响，可奥斯汀除此之外没有其他方法。正如他的一个高级管理者在为计件工资系统辩解时说的那样："如果要求工人更勤奋地工作，就必须支付给他额外的工资（奖金），否则只有像福特生产系统那样付出更高的工资并且坚持到能完成工作任务。工资固定的计日工作系统也许在美国工厂中是可行的，但这种强制性的工厂政策在英国是行不通的，不论英国的工人还是管理者都不会接受（英国人的所谓强制性的工厂政策就是指机器按标准每天工作额度的速度运转）。[10]

实行这种混合系统的后果（现在叫英国的大批量生产系统）[11]，是英国工厂——包括那些通用汽车和福特公司在英国开设的工厂在内，从未赶上美国汽车工厂的生产效率和质量。事实上，直到1980年发生财政危机，也就是在高地公园引入动力型总装线的67年以后，罗孚公司（其前身为英国利兰，并已成功合并了奥斯汀和莫里斯）才最终采用了标准的计时工资制度并开始在生产效率方面赶上美国（英国利兰在1975年被国有化。直到1979年，其面对大规模财政赤字，以及倒闭的危机时，才意识到引入一种新的管理方法使公司提高效率的必要性）。而在此时，美国式的大批量生产已处于日本的精益生产方式的包围之中。

大批量生产方式在欧洲大陆

在法国、德国和意大利，大批量生产方式的处境与在英国有所不同。不同之处在于美国人更加难以通过直接投资去推广他们在美国国内培育起来的体系。安德烈·雪铁龙、路易斯·雷诺和吉奥凡尼·阿格尼里被视为积极采用大批量生产方式的3位企业家，他们在20世纪20年代和30年代混乱的政治经济局面下，一直在艰难地推行着大批量生产方式。他们的一部分问题来自手工生产者们的抵制。同时也由于缺乏稳定的国内市场，因为当时的欧洲经济正从极度通货膨胀转入萧条阶段。

福特试图通过投资西德的科隆和巴黎附近的普瓦西以树立榜样，通用汽车也在1925年买了一个小型德国汽车生产商欧宝。但是意大利坚定地关上了这两家公司在其境内投资的大门，拒绝他们的介入。更加严重的是，由于在欧洲国家间以及欧洲国家与美国之间的贸易壁垒，福特和通用汽车被迫在欧洲的每个国家分别生产汽车的每个零部件，这大大提高了成本，限制了市场的规模，而且从总体上说，阻碍了大批量生产方式的普及。当欧洲在20世纪30年代末再次陷入战争时，大批量生产方式的发展受到了更大的限制。反观之，欧洲经济的失败也是战争爆发的根本原因之一。也就是说，因为大批量生产方式没有取得进展，欧洲的经济停滞不前，也成了战争的导火索。

战后，形势很快发生了变化。20世纪50年代和60年代欧洲出现的经济奇迹，大多是姗姗来迟对大批量生产方式的拥抱。大众公司独资建起了世界上最大的汽车工厂狼堡工厂，随后雷诺和菲亚特也纷纷在弗林和米拉菲欧里开办工厂。第4章我们提到过的调查包括了所有这些工厂。

直到20世纪60年代中期，欧洲人终于掌握了美国人的技术（而那时，丰田英二和大野耐一已超越了他们），且在出口市场上向底特律发起挑战[12]。与此同时，美国也在积极地向欧洲市场投资，并在全欧洲范围的基础上完善产品开发和供应商系统。至此，手工生产方式向大批量生产方式的过渡宣告完工。但这个艰难的过渡足足用了50年的时间。

精益生产方式和大批量生产方式的交锋

我们已经对手工生产方式过渡到大批量生产方式的过程进行了仔细的考察，我们可以由此来推断当前精益生产方式对大批量生产方式的挑战。事实上，新的挑战似乎更艰巨。

在20世纪20年代的欧洲，基于手工生产方式的汽车工业还十分弱小。大批量生产方式若能够取得成功必然增加很多就业机会。20世纪50年代欧洲的案例已证实了这一点。然而，由于对外国（美国）统治的威胁产生的恐惧心理，以及体制和观念方面的（例如英国人的管理观念以及欧洲大陆对技术性工人的观念）的不协调，欧洲人对大批量生产方式的实际态度依然是抵触的，而非适应。

20世纪90年代，对外来统治的恐惧（这次是来自日本）仍将是巨大的。然而北美和欧洲成熟的汽车市场，再加上精益生产带来的生产效率的提高，将意味着向新生产方式过渡的道路仍是坎坷的。由于每年生产的轿车和卡车数量不变，大批量生产方式向精益生产方式的过渡会导致许多就业机会的消失。

更重要的是，当前西方汽车工厂的劳动力与1913年的手工生产工人的处境恰好相反。大批量生产方式的引入给手工生产工人带来新的工作——这些工人要为新的生产系统制造所需的机械生产工具。相反，当精益生产方式代替大批量生产方式时，那些被裁减的无技能的工人（由大批量生产方式的本质决定），将很难找到新工作。

早期的威胁：对精益生产最初的误解

任何新生事物在起始阶段都有可能遭到误解，其中最典型的是按照传统的观念（例如分类和原因）来解释新的现象。所以当丰田和大野提出的产业改革以初期的成品车出口的形式引起外国的关注时，他们得到的仍是广泛的误解。

20世纪70年代，对于日本人的成功，最普遍的解释是日本的工资水平低。这种解释恰好符合国际贸易理论。第二个解释是日本政府通过保护国内市场、减税以及低利率等方式支持出口，使日本汽车公司获得了成功，人们把他们称之为"日本公司"。第三个解释是高科技，最突出的是在工厂广泛采用机器人。总之，由于这些原因，日本人的崛起在情理之中，但对西方人来说却不是什么好兆头。人为的低工资加上政府的财政支持（例如20世纪70年代的各种税法就促进了机器人的普及），日本人用自己的方式击败了西方的大批量生产方式厂商。

事实上，以上种种解释都有一定的真实性。在20世纪70年代汇率变更之前，日本人的工资大大低于美国人的工资。日本政府对国内市场和本国所有制的保护对日本工业的起步也确实是不可或缺的。到20世纪80年代初，日本的平均自动化程度已高于西方。但是这些解释不能说明日本汽车公司在80年代的汇率变更后和不断扩大的海外运营活动中，在日本通产省几乎没有提供帮助的情况下是如何获得持续性进步的。也不能解释为什么日本企业从自动化的进程中可以得到很大的好处，而西方企业却在工厂自动化方面投入大，产出小。要深入阐明这些秘密必须对精益生产方式有所理解。

新的产业取经：广岛和丰田市之旅

幸运的是不久就出现了新的取经路线，不同的是这次是从底特律到日本。最著名的早期取经者是福特汽车公司和全美汽车工人联合会组成的联合团队，这恰好与20世纪50年代丰田英二的取经路线相反。

1980年，福特汽车公司遭遇了一次后来被证明是及时的大危机，公司流失了大量的资金并且失去很多市场份额。幸运的是，福特的高层管理人员和工会领导人都意识到此次的危机并不是由经济周期性变化所造成，尽管1980年的汽车市场的整体下滑是自20世纪30年代以来最为严重的一次。他们认为日本竞争者采用了某种全新的方法。简要概括，用我们前面提到的传统方式不能解释日本人的成功。

于是他们决定亲自去日本看看。由于福特公司在1979年收购了马自达公司24%的股份，使得这次旅行成为可能。这意味着福特的高层决策者和福特全美汽车工人联合会的领导人能充分进入马自达在广岛的重要生产中心，并亲自找出福特在国际竞争中失败的原因。

福特在与马自达的关系上还收获了第二份意外惊喜。众所周知，1974年的马自达自身正经历着一场危机。技术驱动的产品战略（采用了耗油的汪克尔发动机）的失败，直接导致了马自达的改变。它将丰田公司在丰田市的精益生产系统作为转型目标，在其广岛的生产企业中大范围地仿效丰田的精益系统。若福特及全美汽车工人联合会领导人之行是在1973年而非在1981年的话，他们也许会得出错误的结论。

广岛的考察持续了几周，随后又经过几个月的细致研究，福特的决策层和工会领导人得出结论，精益生产方式才是日本人成功的合理解释。尤其是当他们发现马自达公司生产的323型轿车的花费只相当于福特公司生产同类型福睿斯轿车的60%，两款车都服务同一细分市场。并且马自达在制造上的失误相对少很多。同样令人惊讶的是，相对于福特公司，马自达能够更快也更省力地开发新产品，而且与其供应商合作得更为顺畅[13]。

回到美国，福特公司的巨大危机（在1982年曾威胁到公司的存亡）迫使它打破旧思想和狭隘利益的束缚。突然间公司的各级员工都自动停止考虑如何提高个人的地位或所在部门的利益，转而开始考虑怎样去挽救整个公司。这种局面的出现是由这场突如其来危机决定的。正在这时，传来了福特从广岛取经回来的消息。在20世纪80年代，福特可以实施精益生产方式的许多元素，其结果不久就在市场上体现了出来。

这时，克莱斯勒却陷入比福特公司或通用汽车更深的困境中，并且已经成为美国政府的一个保护对象。尽管它也同样与三菱建立了关系并前往实地考察，但为什么它并未在危机中找到问题的根源，真是一个富有悲剧性的谜。

通用汽车与福特公司的经历截然不同。这个公司也曾在取经的路上前行。但近几年来因为一直缺乏一个使得任何大批量生产方式的公司从心底接受精益生产方式的危机。1980年，通用汽车还很富裕，尽管通用汽车在1982年亏损了10亿美元，但它的债务依旧很少。通用汽车仍是世界上遥遥领先的、最大的公司。通用汽车解决问题的主要方法是从一个个细分市场中撤出，力图在引入新的车型（例如 GM-10）时，通过采取一切可行的新生产技术大幅度提高生产率。没有人会抱怨日本人进入并填补了通用汽车撤出所留下的空白的细分市场。直到最近，机构投资者察觉到通用汽车这样做是在慢慢地摧毁自己，那些人才终于开始变得紧张起来。

20 世纪 80 年代，通用汽车的主要学习机会来自在加利福尼亚与丰田公司的合资企业合作制订生产计划过程。

1983 年，当这个计划有实现的希望时，通用汽车的高层决策者在丰田市度过了相当长时间。正如现任通用汽车副董事长杰克·史密斯后来所说的那样："这是我们第一次真正清楚地了解他们是怎样运营的……那些有关生产率的数据简直令人难以置信。"[14]

正如我们在第 4 章所述，新联合汽车制造公司极其成功。但是把学到的知识转移到庞大的通用汽车组织中去却是一项极其艰巨的任务。基本问题是从大批量生产方式转为精益生产方式要改变每个工人和每个经理的工作。更重要的是如果没有市场增长，许多岗位都会被取消。由于通用汽车在 20 世纪 80 年代没有面临危机，也没有找到新的发展契机，所以它也不可能面对这种挑战并有所作为。

出于同样的原因，欧洲的汽车公司也只是小心翼翼在取经的道路上一闪而过（这里的取经同样指到丰田市去向精益生产方式学习考察）。欧洲的汽车市场在 20 世纪 80 年代后 5 年很兴旺。从 1985 年到 1989 年，每年都创下新的销售纪录，而日本人的竞争则受制于正式的贸易壁垒和混乱的君子协定。[15]其结果是，迫使欧洲公司转变的外部压力不大。如上所述，在欧洲，最著名的向精益生产方式转变的不是欧洲的公司，而是美国的福特公司。它努力在欧洲实行从日本学到的东西。

我们团队的经历完美地总结了这种状况。1982 年，访问位于巴黎地区的一家法国汽车总装厂时，我们遇到一位年轻的工程师。他刚巧从日本回来。他在日本的汽车公司进行了一年半的交换访问。他充满了热情，滔滔不绝地阐述着他在日本几乎在偶然间发现的精益生产方式和他自己工厂的大批量生产方式之间的差异。他希望尽快引进精益生产技术。他最关心的是从哪里着手和怎样去吸引高层管理者对精益生产方式的兴趣。

我们的探讨被一个意外事件——一场激烈的由几乎承担起工厂内全部生产工作的北非工人工会争斗打断了。这些工人分别属于两个独立的工会，他们纠缠于关于工作制度的争论。当两派争斗的紧张局势越发紧张，甚至破坏了大批成品汽车。工厂管理人员建议我们离开。当我们匆忙离开时，祝愿这位年轻的工程师在实行精益生产方式的过程中能非常幸运。

1989年秋天，我们偶然地在该公司在某省的一个工厂里再次遇到那位工程师，他已是该厂主管制造的负责人了。我们问他实行精益生产的进展情况如何。最初他显得茫然，但马上想起了我们的那次见面，并且对那次事件作了奇怪的解释。他说，实质问题在于巴黎地区的法国汽车厂中雇用大量外籍工人。但在这些省，工人都是法国人，合作精神很好，不存在那个问题。他准备用他的工厂同世界上其他汽车工厂较量。

我们很难在这个问题上继续交谈下去。因为，我们刚刚完成的考察表明，与日本最好的精益生产工厂相比，生产同类产品时他所在的工厂要花3倍的努力而出厂产品的次品却3倍于日本的工厂。更重要的是，该工厂平均所占用的空间和库存水平是日本工厂的好几倍，而且法国工厂在每一条生产线上只生产采用同一种车身的同一型号的产品。

简而言之，因为他所在的公司没有面临来自精益生产厂商的挑战，他也就缺乏实行精益生产方式所需的思想状态来促进这个变化。虽然这个青年人已经带回了精益生产方式的信息，但却在大批量生产方式的环境中被同化了。当我们离开该厂时，一种沉重的抑郁感油然而生。

指出一条通向精益生产方式的道路

在国际汽车计划工作中，我们也是取经者。我们首先到目前精益生产方式最成熟的日本企业中进行了解，然后回到北美和欧洲大批量生产方式的根据地。我们坚信我们的调查之旅已经涉及非常广的范围，并比汽车产业乃至于其他产业的任何人做了更详细的比较。那么，在精益生产方式向全球扩散的过程中我们所处的位置？如果全世界都接纳这种生产系统，将会产生怎样的必然性结果呢？

请记住，事实上，精益生产方式向全世界扩散的方式只有两种。一种是日本的精益生产厂商能够通过在国外建厂和收购国外的公司推广它，另一种则是欧美大批量生产方式的厂商引入和应用精益。这两种方法中哪一种占据主导地位，都将会对未来 10 年内的世界经济产生极其深远的影响。

通过日本在北美地区的投资进行扩散

日本汽车工业从 20 世纪 60 年代开始逐渐向海外扩展。大规模行动的第一步是由日产公司迈出的。1958 年日产在墨西哥建立发动机厂和总装厂。除非算上那些产量极低的组装工厂，它们通常是由拥有许可证的散件总装厂运营，而非由日本公司运营，在 1968 年之后的很长一段时间内没有其他厂家出现在受保护的发展中国家的市场上。例如，当巴西政府在 1966 年禁止进口整车时，丰田公司向当地的巴西公司出售许可证，以进口零件组装陆地巡洋舰汽车。

本田成为第一家在国外投资重要项目的日本公司，其在俄亥俄州马里斯维尔建立的综合企业在 1982 年正式开始组装汽车。一旦有一家公司在海外获取了稳固的立足之地，所有日本公司都在本田公司的带领下涌入北美。在汇率波动和坚固的贸易壁垒（例如，关于日本成品车进入美国的自限额协定）存在的情况下，外国的直接投资是不可避免的。

正如上一章中的表 8-2 所示，11 家日本汽车公司之间的激烈竞争激起了异常猛烈的投资热潮。

在这一系列的海外投资热潮中，首先出现的是总装厂，然后是发动机厂，现在则是各类零部件供应商，而且投资的热潮还在不断扩大。本田、日产和丰田都已宣布计划在 20 世纪 90 年代后期在北美进行整车设计和生产。伴随着这一措施的落实，他们将建立一个完整的汽车生产系统。其他日本公司必然也会效仿这种做法。

这个过程的发展速度和规模是极不寻常的，在产业发展史上，还没有什么可与之相比。事实上，在 1982 ～ 1992 年的 10 年间，日本将会在美国中西部地区建立一个与法国几乎相当的汽车工业，其规模超过了英国、意大利和西班牙。到 20 世纪 90 年代后期，日本的公司将至少占到北美汽车生产能力的三分之一乃至更多，并且有能力在距本土 7 000 英里以外的异国他乡设计并制造完整的汽车。

另外，在政治允许的情况下，这种投资将继续进行下去，直到美国的汽车公司复苏起来并且在市场上获得立足之地，或者全部惨遭淘汰。

相比之下，福特最初于 1911 年在欧洲建立总装厂，1931 年在英国的达根汉和德国的科隆扩展全面的生产活动，并在 1961 年建成所有产品的开发团队从而完成了整套生产。福特公司用 50 年才取得的成就，日本人可能在 15 年之内就能完成。通用汽车的进展速度也相对较慢。它于 1925 年从德国买下了欧宝公司，但在第二次世界大战后才开始大批量生产，直到 20 世纪 60 年代中期才实现了完整的产品开发系统。克莱斯勒直到 20 世纪 60 年代才开始着手建立海外总装线和生产厂，但不久就退出了。20 世纪 70 年代后期公司的危机迫使其变卖了欧洲的企业。[16] 即便如此，欧洲汽车公司在 20 世纪 60 年代后期面对美国的挑战时，还是苦不堪言（美国的跨国公司曾被认为是接管整个欧洲汽车工业的威胁）[17]。

日本并不等于精益

就在人们因移植厂的出现而兴奋时，许多人似乎忘记了我们在第 4 章所强调的一点：在北美的所有移植工厂并不都能表现出一样的运营水平。运营情况最好的工厂，例如 Y 公司，仅用 18.8 小时完成一辆标准汽车的组装任务，每辆汽车每年占用的工厂场地仅在 5 平方英尺左右。附近的另一家与 Y 公司竞争的移植厂 Z 公司，则要 23.4 小时组装一辆，占用的工厂面积超过 13 平方英尺，这个数据是在此次对全球取样调查中空间利用率最低的。

Y 和 Z 这两个工厂都是日本人开办的。但 Y 公司比 Z 公司更加精益。那么如何解释两者在业绩中存在的巨大差异呢？

第一个原因：即便在日本，Z公司的精益生产运用得也不熟练，它的工厂在仿效Y公司的运营方法。我们再次强调"精益"并非日本人的专属。尽管绝大多数日本厂家的运营方式给大家留下了深刻的印象，也有少数日本公司似乎更多地受到了亨利·福特而非大野耐一的启发，同样也有少数的西方公司在20世纪80年代不断改进工厂的运营并向精益生产方式靠拢。极具讽刺意味的是，福特公司就是其中的典范。

业绩最佳和最差移植厂差异的第二个原因是Z公司把工厂的大部分运营活动，包括设计和工厂布局等委托给那些从底特律挖来的美国人。这是极其冒险的行为，正像1911年福特把大批量生产方式移植到欧洲时的做法一样，也就是，工厂的管理人员对工厂的生产系统并未全面理解就开始负责运营，他们不可能在新的环境里引进并坚持精益生产方式。而成就斐然的Y公司采取的方式却是从日本派出大批富有经验的管理人员到它在美国的移植厂去，从而获得最理想的效果，事实上完全可以和在日公司的运营成绩相媲美。

必须强调的是，这种人员上的差异并不在于Y公司的经理是日本人（事实上，也可是其他民族的人），而是因为他们都拥有多年在总装厂从事精益生产的经验和技艺。正如一位Y公司的高级管理人员在接受访问时所强调的那样："我们相信我们具有许多微妙之处的生产系统是可以被任何人学会的，但这要在专家指导下花10年的实践时间。"

如果谁接受了（我们确实接受了）这个管理人员关于建立精益生产所花的时间和人员的估计，那么接下来就会有这样的问题：既然在国外经营需要这么多有经验又精通当地语言的管理人员，那么即使是那些最优秀的日本公司也可能为如何尽快地开展国外生产活动而感到为难，这些公司的人员可能永远也满足不了开办新厂的需要。

同样重要的是，外国政府对于到他们国家来工作的管理人员在数量上的限制也会减慢日本公司所作的努力。例如，美国政府已不断地严格限制参加管理移植工厂的日本人数，显然他们深信这些工厂的目的是给美国人创造工作机会。所以，设想精益生产能由日本人迅速移植到国外是天真的，正如把移植到国外的日本公司都认为是同等的精益并具有竞争力一样天真。事实上，由于在产品设计和市场营销方面力量薄弱，最近由一些较弱的日本厂商开办的移植厂甚至可能会失败。

由美国公司通过学习进行扩散

那么美国公司的情况如何呢？他们在向精益生产方式过渡的道路上处于什么地位呢？毫无疑问，就整体来说，美国工业在工厂运营方面是在日益进步的。每一个公司都有很大的改进。但是，通用汽车和克莱斯勒公司主要通过关闭最差的企业（例如通用汽车的弗雷明汉厂）来改善他们的经营，而不是通过改造每个工厂。克莱斯勒公司圣路易斯第一总装厂的实例就是很好的说明。

圣路易斯一厂用3 400个劳动力总装21万辆道奇戴托那牌（Dodge Daytona）和克莱斯勒男爵牌(LeBaron)轿车，而最好的日本移植厂只要2 100个劳动力就可以总装同样数目的汽车。克莱斯勒公司和它的工会面临一个简单的选择：或者用精益生产方式替代大批量生产方式，并裁减1 300名工人，或者完全关闭工厂。遗憾的是，公司和工会都没有找到向精益生产方式过渡的办法，该厂将不得不在1991车型年开始时关闭。

在过去3年中，通用汽车和克莱斯勒公司已重复发生过这种情况，如表9-1所示。这两个公司总共关闭了9家在北美的工厂，而没有一家完全转变成精益生产的企业。[18] 随着这种情况的持续发展，通用汽车和克莱斯勒被一种日益加深的悲伤感觉所包围。这种逐步退却的关厂看来似乎永远不会激发危机，不会导致过时经营思想和劳资关系的崩溃，从而使企业复兴。

表9-1　1987年至1998年美国的汽车公司在北美总装厂的数目比变化情况

公司	工厂	关闭年份	生产能力
关闭（10家）			
通用	底特律，密歇根州	1987	212 000
通用	诺伍德，俄亥俄州	1987	250 000
通用	利兹，密苏里州	1988	250 000

（续）

公司	工厂	关闭年份	生产能力
克莱斯勒	基诺沙，威斯康星州	1988	300 000
通用	庞蒂亚克，密歇根州	1988	100 000
通用	佛雷明翰，马萨诸塞州	1989	200 000
通用	莱克伍德，佐治亚州	1990	200 000
克莱斯勒	底特律，密歇根州	1990	230 000
克莱斯勒	圣路易斯，密歇根州	1990	210 000
通用	庞蒂亚克，密歇根州	1990	54 000
新开（一家）			
通用（土星）	斯普林希尔，田纳西州	1990	250 000
生产能力净减		1987年至1990年	1 756 000

正如我们所看到的那样，福特公司充分利用了1981年的危机和从广岛学到的东西，并且找到了取得与日本移植厂同样劳动生产率的一些办法。但是，我们关心的是，当福特使其工厂集中生产只有少数选装件的单一车型时，就可取得最佳业绩，而在多车型混合生产的工厂里，福特的业绩却不那么引人注目。所以，这个公司甚至在工厂层面在向精益生产企业过渡的道路上只走了一段路程。然而，福特公司毕竟已经大胆地开始了，并且赢得了时间去完善自己版本的精益生产。

恰如我们在第6章谈到的，美国的公司已经开始使他们的供应体系合理化。各公司的供应商数目大为减少而且对待品质的态度也有了根本上改变。然而，要做的事仍很多。

我们还发现在产品开发方面向精益方向转化的明显迹象。不幸的是，目前投产的产品并没有得益于真正的精益开发过程，只有等到产品完全开发出来并投入市场后才能对它的开发做出评论。1990年制定的产品改进计划的成效只有到1993年或1994年新车型出现时，才会出现（即只用3年或3.5年而不是原来的5年时间开发出新的车型而且在很大程度上节省了产品开发的工作量）。

然而，在产品开发时间和工作量方面，我们目前还没有看到明显的证据能够表明美国公司是否缩短了与日本最好的汽车公司之间的差距。美国的公司虽然能够大幅度缩减传统的努力程度和时间，但最佳的日本公司同时也在进步。

五年之前，日本汽车制造商考虑把 42 个月作为一个令人满意的产品开发周期。而现在，最好的汽车公司正在讨论是否能以 24 个月作为合理的目标。所以精益生产方式将会持续向前发展，而亦步亦趋的西方大批量生产厂商的确需要加快发展的步伐才能赶上。

北美的底线：充满压力的十年

从一个角度来分析，北美地区向精益生产方式的过渡正高速并平稳地进行着——移植厂的事例已经说明精益生产能够盛行于北美地区，而且一部分美国公司也表现出能够掌握这一全新系统的迹象。更重要的是，尽管生产能力过剩危机的预言已广为传播，但日本移植厂的繁荣却与美国公司的撤出近乎同步进行着。在 1987～1990 年间，美国从日本进口的成品汽车（轿车以及轻型卡车）减少了约 100 万辆，而美国汽车公司的生产能力也减少了 200 万辆。但与此同时，日本移植厂的生产能力却增加了 250 万辆。因此，减少的进口量加上美国公司下降的生产能力超出日本移植厂新增的生产能力约 50 万辆。而 1990 年生产能力的实际利用率仅略低于 1987 年的水平，数据下滑的主要原因是 1990 年的市场销售量低于 1987 年。[19]

但是，从另一角度看，若北美地区要避免 20 世纪 20 年代欧洲的命运（生产改革延缓了一代），还有许多问题有待解决。在这些问题中，有很多是生产体系本身的问题，一些是政治方面的问题，还有一些兼而有之，它们包括：

- 与精益生产不相容的美国汽车市场的周期性模式。
- 与精益生产不相容的北美人的职业观念。
- 美国和加拿大的公司（许多人认为是本国的机构）急剧下降的事实，由于下降速度太过迅猛，以致政治家们和公众都难以接受。

现在，让我们深入逐个探讨这些问题。

周期性经济中的精益生产方式

西方人已经习惯于商业周期性的思维方式。就像重力一样,尽管没有人清楚地了解这种周期性存在的原因,但周期性的确实实在在存在着。没有人喜欢商业的周期性,消除它的办法也常常被人提出,最新的方法是凯恩斯的宏观经济管理。但至今仍未解决这个问题。

事实上,在高度周期性的经济中,大批量生产方式是适合大企业生存的理想系统。在该系统中,工人和供应商都被当作可变成本。在市场萧条时期,总装厂可以削减人员以及组织上的开销,并期望在市场条件好转时将这些工人和供应商再找回来。图9-1和图9-2展示了过去40年美国需求和生产变化的情况。

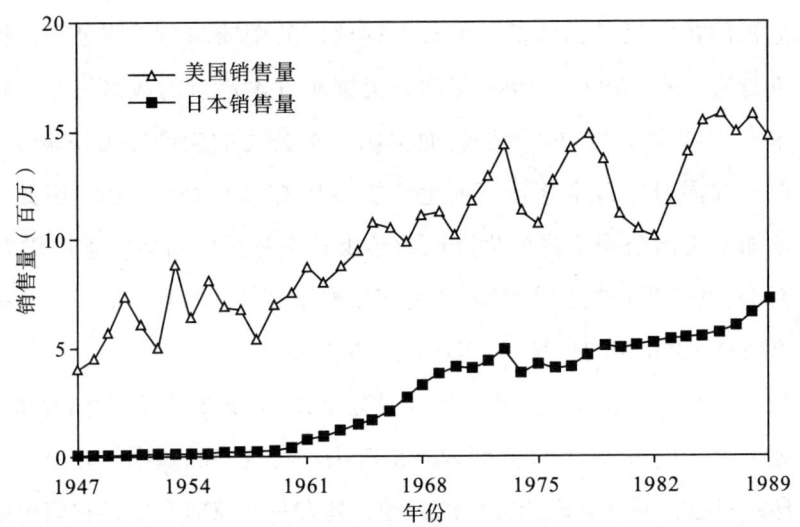

图9-1 1946～1989年美国和日本汽车市场周期性变化情况比较

资料来源:美国销售额引自美国汽车制造商协会《汽车的现状与数字》;日本销售额引自日本汽车制造商协会《日本汽车统计数据》。

图9-3展示了美国汽车工业中的就业情况(需要注意的是,薪水阶层的就业状况比构成员工主体的拿计时工资的生产工人稳定得多)。

美国人模式的问题是,它很大程度地侵蚀了人际关系。人际关系在任何生产过程中都起到了举足轻重的作用。大批量生产方式下的工人从不幻想他们的雇主会在任何情况下都站在他们一边。事实上，在大批量生产方式下，工会最重要的作用是为年长的雇员争取合理待遇和为那些被解雇的人员争取解雇津贴。相同的，在大批量生产方式下，供应商也不会幻想着和总装厂同命运共患难。汽车市场的形势不佳时，每个汽车公司都只顾自己。供应商就得解雇他们的员工，撤弃他们的分包商。在这种生产方式下，公司对工人和供应商缺乏应有的责任感。

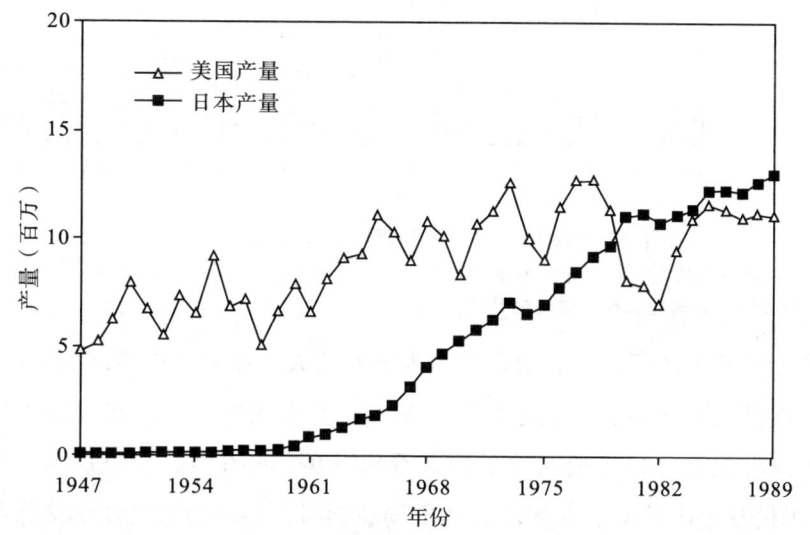

图 9-2　1946～1989 年美国和日本汽车生产周期性变化情况比较
资料来源：《汽车新闻市场数据专辑》。

与此相反，精益生产方式在本质上是一种相互承担义务的体制。工人和雇主、供应商和总装厂同甘共苦。当这一体制正常运转时，就会使体制中的每个成员都产生积极参与和促进不断改善的意愿，这正是精益生产方式的实质和核心。

然而，这种系统能在周期性变化的经济中运行吗？正如图 9-1 和图 9-2 所示，这个问题从来没有在日本发生过，因为日本国内的生产和市场都不存在周期性变化（作为至今仍保持低成本，高品质的全球性的汽车生产者，日本的本国产业总是能够通过削减利润来渡过出口市场的不景气）。事实上，在过去的 40 年中，日本的最大生产萎缩小于北美的最小生产萎缩。

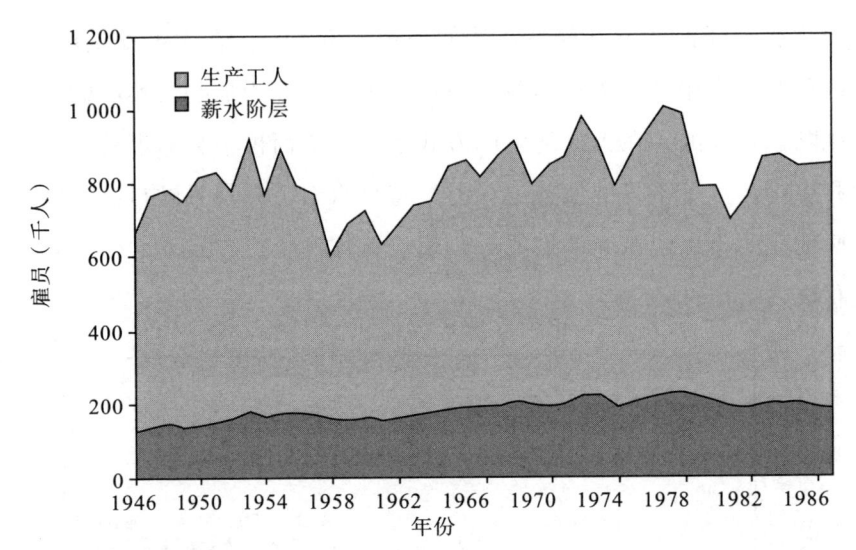

图 9-3　1946～1989 年美国汽车工业雇员人数

注：本图所用数字包括了标准工业分类 371（汽车与零部件）类中所有职业。
资料来源：美国劳工部，劳动统计局。

作为精益生产厂商，无论是日本人或北美人，在北美遭遇巨大的波折时，或是在欧洲遭遇小波折时会怎样呢？通用汽车公司的一位高级管理人员给我们作出这样的答复，当他在被采访时看到图 9-1 或图 9-2，"当日本生产厂商（这里指精益生产厂商）遇到巨大的市场波动时，他们会很快地变得像我们一样平庸。他们也将不得不开始增减雇员以及供应商，并很快就落得与大批量生产者相似的下场"。

我们不能肯定，但确实感到下面这个问题很重要，那就是很少有西方人认真地思考过：宏观经济管理对国内生产系统的基本特征有着显著的长期影响。那些常常感到必须用紧缩经济来挫败通货膨胀的政府官员也许需要重新思考一下这种做法可能对生产系统造成的不利影响。如果新生的精益生产者在急剧的经济萧条中为了挽救自己而抛弃了他们最宝贵的财富——他们的员工，可怜的西方宏观经济管理在未来所付出的真正代价将大于在过去所付出的。

从更为积极的方面思考，广泛采用精益生产方式或许可以抑制通货膨胀和商业周期性变化。如果大批量生产方式能理想地使大公司生存于周期性大起大落的需求变化中，那么这种生产方式很可能会强化这种周期性的变化。即该生产方式对大量库存（包括在制品和成品）的偏爱将恶化这种循环：当通货膨胀时，积累存货以期望得到更高的价格，这种举措将促使价格上升。接着，当经济形势突然变动时，积储的存货滞销，加深了生产系统上游的不景气。

一些观察家甚至怀疑，日本耐用商品缺乏周期性市场变化是由于采用了精益生产方式：没有库存、高灵活性的系统可以大大抑制周期性。

日本人还有另一种抑制经济周期性变化的方法，就是采用灵活的付酬方式。日本公司各个阶层的雇员大都以奖金的形式获得很大一部分酬劳，而奖金直接与公司利润挂钩，可高达雇员报酬总额的三分之一。所以当市场销售下降时至少在理论上，公司由于运营成本下降，可以大幅度地削价，使生产恢复到先前的水平。

事实上，这套办法仅在马自达这类公司尝试过。该公司曾经历过一次与市场环境无关的危机。由于日本经济没出现过严重的周期性经济，所以也就没有真正检验雇员对大幅度削减工资的忍受程度的机会[20]。

西方的"职业者"观念对抗日本的"共同体"观念

这个观点直截了当地指明了西方精益生产厂商将面临的第二个问题：为什么工人们不离开暂时削减工资的公司寻找更好的就业机会？在日本，答案是简单的：按照惯例，日本公司的雇员都是从最基层起步的，并且所支付的薪资主要是以公司工龄为基础的。所以跳槽是毫无意义的，因为雇员在别处依然要从最基层干起，情况或许会更糟，不如与自己的雇主一起等待形势好转。

在西方，这种情况显然并不常见，而且正如我们在第5章中指出的，西方的职业观念与精益生产方式的需要存在很大的差异。

大多数的西方工人认为掌握一种随身的技能是非常有价值的，当在某一公司没有干出什么成绩，可以带着自身的技能到别的公司求职。这种观念与西方的教育体制息息相关，西方教育强调个人能力，给获得技能的学生以资格证明。这种关于技能的观念类似于手工生产者过去和现在沉迷于保持自己随身技能的思想形式，尽管西方的职业工人并不这么认为。

但是，正如我们所看见的，为使精益生产系统成功，需要有愿意学习多种技能并能在团队中加以运用的多技能员工。正如我们在第5章提到的，卓越的团队使优秀的工人们在本团队中做得更多并且更好，与此同时，使他们越来越难以离开这个团队。这样就存在一个危险，即感到已陷入精益生产组织中的雇员可能会隐瞒自己的知识，甚至蓄意破坏这个系统。因此西方企业若要变得精益，需要更仔细地思考其人事系统和员工的职业道路，将远比我们现在所做的周全。

痛苦过渡的政治体系

在我们迄今为止的讨论中，我们只陈述了这样一个明显的事实：精益生产方式正在北美迅速传播，但这几乎都是在日本公司的领导下进行的。不过从整个人类发展历程来看，外国的投资和所有权就好比高空走钢丝，并不断地挑战东道国的容忍力。美国人最近的态度转变充分地证明了这一点。

在开始阶段，美国政府对日本人投资美国的汽车工厂扬扬得意。同时，各州政府也纷纷热衷于吸引外资在本州范围内投资建厂。随着投资不断增加，公众开始慢慢接受这些新厂，并逐渐将其视为理所当然的。

但是，最近当日本人投资的全部含义逐渐被政府公职人员、美国的汽车公司、全美汽车工人联合会和美国拥有的供应商企业充分理解后，一种新的看法慢慢浮出水面。

第一，日本公司觉得他们难以改变当地现存的大批量生产方式的设施。因此，日本人的所有移植工厂在汽车业内行话中被称为"绿色的田地（处女地）"或完全新建的工厂，而新联合汽车制造公司则被视为"半开垦绿地"，因为该厂在被丰田公司重新运营前，已由通用汽车彻底关闭了2年。

第二，日本人并非仅仅为了规避贸易壁垒或暂时性的日元升值的影响才建立移植工厂。日本人发现他们已经能够在北美就像在日本一样地生产汽车。更重要的是，他们在北美市场能够制造出比美国三大汽车公司中的两家更好的汽车。因此，日本的移植工厂在美国汽车公司改进业绩、重新振作或是彻底消灭之前，将一直保持增长的态势。

第三，显然全美汽车工人联合会没有能力将日本的移植工厂组织起来，因为其雇主与美国公司没有直接关联。1989年工会在日产移植工厂的一次选举中遭受惨痛的失利，而在本田公司和丰田公司的移植工厂内，工会连进行选举的申请票数都凑不够。马自达、菱星（三菱—克莱斯勒）和CAMI（通用—铃木）与新联合汽车制造公司一样，由于这些工厂与已有工会组织的美国公司均有联系，所以工会倒是组织起来了。然而，大多数观察家预计日本的三大公司（丰田、日产和本田）将发展得最快。因此，工会不得不开始怀疑，如果没有工会组织的日本移植工厂继续在各方面胜过已有工会组织的美国三大公司，汽车行业工会的前景将会变成怎样。

如果不能把移植工厂组织起来，全美汽车工人联合会的唯一选择将是求助于政治手段限制它们的扩展。最近工会已敦促把日本移植工厂组装的汽车数目从持续的志愿限额协议所允许进口的日本汽车数中扣除。这一政策必将阻碍日本公司建立长期的市场份额。这似乎可以确保加入工会的美国汽车公司的生存。

第四，当日本公司迅速提高在美国生产汽车的国产化比率时（即占在美国生产的汽车价值比例），美国的供应商工厂认识到为日本移植工厂供货是极其不易的，而且很难获得暴利。其原因我们已在第6章中已经探讨过。

把上述因素综合起来理解，我们就不难发现，面对日本在美国移植工厂的无可争辩的成功，美国的国会议员、公司高级经理和工会领导是应该庆祝还是应该警惕。北美汽车工业具备在20世纪90年代振兴且赢得世界一流业绩的种种优势条件。汽车贸易的巨大赤字很可能缩小甚至消失。但是，美国的大批量生产者如不迅速改善他们的营运方式，这种精益的机器很可能主要为他国所有、并无工会参与。

我们相信，从现在起到1992年将是美国汽车公司最为关键的时期。如果通用汽车和克莱斯勒公司没有顺利地渡过这极富创新性的危机，这种危机可以打破旧观念和狭隘利益的束缚，打开通向精益生产方式的道路；如果在这期间经济发生严重的停滞，我们将很担心其后果。我们在前面讨论欧洲大批量生产方式的经历时，就已经展示过完整的计划是怎样误入歧途的。

欧洲向精益生产方式的过渡

当前处于大批量生产方式的包围圈中的精益生产的情况如何呢？正如我们已经看到的，经过50年到从手工生产方式向大批量生产方式的过渡之后，欧洲汽车工业的积极领先者采用旧式大批量生产方式——产量高、产品生产周期长、工种划分细、产品品质"尚可"、库存数量大、工厂数目多。正如我们从那位年轻的法国工厂厂长的经验中所反映的，目前促使其向精益生产方式发展的压力非常小。但是当进入20世纪90年代之后，这种压力将逐渐扩大。

第一，市场将不如20世纪80年代那样繁荣，任何厂商都可以在卖方市场赚取利润。东欧市场的开放可能在20世纪90年代产生持续的繁荣。然而，在西欧，日益拥挤的交通状况、环境问题以及接近饱和的市场，则可能使需求量下滑至当前水平之下。而略微下降的需求量也将使欧洲公司的获利能力大大减少，因为与美国公司相比，欧洲公司是依靠产能高利用率来谋取利润的。

第二，美国人将把在北美的10年艰苦奋斗中学到的东西运用于欧洲市场。事实上，除了在英国的几个运营项目外（例如在达格纳姆，在这些运营活动中，福特从未真正实行过大批量生产），福特已经成为欧洲最有效率的生产者。

第三，也是最重要的，日本人正在逐步进入欧洲汽车市场。20世纪80年代，日本人的注意力是在北美。那时北美大陆没有用本地自制率的要求来限制总装厂的崛起，在贸易壁垒建立起来之前日本人已经在那里取得了22%的市场份额。

与之对照，在欧洲，由于存在着市场限制，如法国只允许日本的进口汽车占市场的3%，意大利只允许日本车占1%，英国允许其占11%，而西班牙对进口汽车征收40%的关税，使日本人总共只得到11%的市场份额。而且对于从事制造业也有规定（英国撒切尔政府的惊人发明），包括要求当地自制率在开办2年内达到60%，几年之后达到80%[21]。这就意味着日本人不能仅仅建立总装厂，他们必须同时建立发动机厂，并开发当地的一大批零部件供应商。

这种做法大大地增加了他们开办新厂的成本。然而正如图8-2所示，日本人现正以惊人的速度使人们察觉到他们的存在。

欧洲的许多公司已庆幸于他们对日本投资所采取的积极进取的姿态。他们认为美国的办法太天真，即对任何想在美国建立总装厂的公司，只要能就地增加车辆总价值的 25%（甚至更少），便可自由地进入美国市场（就是说，在美国的日本移植厂生产的汽车不占据从日本进口的成品车限制。即使总装厂只需做些把日本的汽车零件用螺钉拧在一起的工作，就可以避开整车进口的限制）。他们认为，采用这种办法只能催化"拧螺钉"的工厂的崛起，只能有很少量的生产附加价值，产业的核心还是保留在日本。

这个问题在我们看来，并非冷静或天真能够衡量的，而是在于对精益生产内在本质的理解。这一体制的基本特征是将尽可能多的制造工作留在最后总装厂地区。一旦一个精益生产者在某一个主要的地区市场走上了总装的道路，这个系统就必然会全力完善其完整的生产活动，其中囊括了产品开发等，不久这种情况就会在北美出现。

欧洲政策的实际影响将对 20 世纪 90 年代的过渡造成更大的阻碍。随着这些政策的颁布实施，当日本公司持续完善其精益生产体系时，欧洲公司却在试图完善大批量生产方式，这样的结果将使 20 世纪 90 年代欧洲企业比美国 20 世纪 80 年代的企业更加落后。在许多国家，其基本劳动生产率都将落后美国一大截。

基于以往的经历，精益生产方式的压力将可能导致欧洲壁垒政策的形成，例如对公司的市场份额实行永久性限制，而不管产品在何处生产。事实上，这一政策的草案最近已由标致公司总裁雅克·卡尔韦提出。这样做，势必会巩固欧洲生产者的低效率，并且使他们远远落后于他国的精益生产者，这将导致灾难性的后果。

但是，我们期望能达成某种妥协，以使日本人的发展脚步放慢，但又不至于被来自布鲁塞尔的政策彻底阻断，通过这种妥协使得向精益生产的过渡延长到 21 世纪。例如，欧洲经济共同体可以对日本车的进口规定总体配额，而且如果不将日本人在欧洲总装的汽车考虑在限额之内的话，还可以在当地对总装厂作一些自制率的规定。但是，应当允许日本的汽车公司在欧洲的任何国家进行投资，而且进口的限额也应随时间的推移逐渐放宽。这样欧洲的大批量生产方式企业最终也必将学会如何与精益生产企业竞争。

第 10 章
The Machine That Changed the World

完成转型

大批量生产方式传播到全世界共历时50多年。那么精益生产方式的普及能不能更快些呢？无疑，这种生产方式尽可能快地得到广泛应用是众所关心的，最理想的过渡期是10年之内。

在北美，全面实施精益生产方式能够彻底消除汽车行业巨大的贸易赤字。当北美和日本的汽车工业在生产率、产品品质和对不断变化的市场需求的应变能力等方面不存在任何差异之时，我们坚信贸易将或多或少自然而然地趋于平衡。

欧洲作为当今传统的大批量生产方式的中心，精益生产方式在迅速将汽车工业生产效率提升3倍的同时，也能使工人、工程师和中层管理人员对所从事的工作感到愉快和满足。欧洲的汽车贸易同样会达到平衡。

在许多发展中国家，精益生产方式是将生产制造技术迅速提高至世界级水平的一种手段，并且不需要大量投资。这些国家将只需为其全新的工业生产能力寻找市场。关于这一点我们后面还会提到。

我们坚信，精益生产方式的快速传播是势不可挡的。在最后一章中，我们将针对如何在20世纪末完成向精益生产方式转型的问题，提出一些切实可行的意见。

发展道路上的三大障碍

障碍之一：西方的大批量生产者

显而易见，精益生产走向世界的发展进程中最大障碍来自前一个时代的世界工业留下的众多的大批量生产企业。通用、雷诺、大众、菲亚特等大公司对北美和西欧汽车工业前景的影响力之大、地位之重要，使得任何一个政府都不可能任由其顷刻分崩离析。但在 20 世纪 80 年代的许多事实充分证明，这些企业不具备改革旧式生产方式的能力。

更重要的是，各国政府对其本国企业提供救助的传统方式大都从长期而言是产生相反的效果。我们已经看到，在 20 世纪 80 年代初，美国和欧洲有关国家政府商定的进口限额政策，其效果往往事与愿违。这一政策有助于传递一个信号：从长计议需要在境外建立制造基地（与当时在汇率方面所示的短期性信号恰好相反）。同时这个政策帮助日本公司获取了巨大的利润，从而资助其在北美和欧洲市场进行直接投资。

我们认为，西方大批量生产方式的企业被日本的精益生产方式厂商淘汰是不切实际的，也不是我们所希望的。为此他们必须采用更富有创造性的解决方案，而非传统的解决问题的方式。这些解决方案必须参考下列几种形式：

- 第一，每一个大批量生产方式厂家都需要有一个与之毗邻的精益竞争者。我们一次又一次地发现，大批量生产方式公司中的中层管理人员和普通工人，只有亲眼看到近在咫尺的精益生产方式实例时，才能撇开对精益生产者的成功仅在于文化和经济上的误解，进而开始改变自己。目前，美国、加拿大和英国大批量生产方式的厂家都已有了一个相邻的精益竞争者，而欧洲大陆国家却远远落后了。我们对生产效率的调查结果充分说明了这一点。

尽管如此，美国、加拿大和英国也只是在精益生产实践过程中有可供对照检验的近邻，精益的研究和开发也是从最近才开始在当地形成的。因此，北美和英国在采用精益设计方面并未取得重大进展,但是我们期望在不久的将来能够看到显著的改变。事实上,这种趋势已在北美开始出现,许多北美供应商在与日本移植工厂打交道的过程中学到了更好的办法。然后,他们又用这些办法来改善与美国总装厂的关系。这一改善的过程在我们通常的预期中是自上而下的,即总装厂改善的过程影响供应商工厂,但实际上却是自下而上的。

- 第二,西方大批量生产方式的厂家需要一个更有效的工业金融体制。该体制在向这些大公司提供大量所需资金扭转当前不利局面的同时,还需要做出更多的努力。最近,金融领域争议的焦点是是否对西方公司提供低息资金以及是否设法摧毁日式集团系统。毫无疑问,这种提议的用意是好的,但却忽略了非常重要的一点:以发展的眼光审视,给予大批量生产方式厂家大量的所需资金去低效地开发产品、运营企业以及购置比所需更高精尖的设备,这样的做法只会使情况更糟。而摧毁日式集团系统也意味着抛弃迄今为止最有活力、最有效率的工业金融体制。

- 第三,大部分大批量生产方式厂家需要经历一种"危机"才能真正有所变化,我们称这种危机为"创造性危机"。正如我们看到的,福特公司在1982年就曾经历过这样的危机。当时,福特公司犹如一条极度侧倾的大船,高层决策者顶着大浪坚持站在驾驶台上,几乎已经掉入汹涌的激流中去。结果,先前被诸如管理人员追求晋升、工人追求脱离生产率水平的工资和奖励措施等内部冲突所困扰的公司,突然获得了新的目标和团队精神,将自己从被公众视线遗忘的边缘解救了出来,并极大地推动了原先看来似乎不可能完成的组织机构的改革。相反,通用汽车和欧洲的大批量生产方式厂家虽然同样经历了低利润以及由其他原因引起的危机时期,但并未意识到他们全套的生产方式已注定被淘汰。在这样的形势下,大批量生产方式厂家将在痛苦中逐渐走向灭亡,而包括福特公司在内的全世界的精益生产方式厂商将稳固并扩大市场份额。

在危机出现的时候，投资者和银行家的一贯策略是提供帮助，但这种帮助的前提是公司制定切实可行的计划向精益生产方式转变从而成就世界级业绩。对那些公司不再聘用的雇员，政府还要通过制订带薪培训计划来使企业摆脱困境。安置多余的工人是完成向精益生产转化的核心问题。其原因是工人在大批量生产方式的工厂里学不到任何技能。当工厂倒闭时，大部分工人只能在其他领域从事入门级工作。因此对这些转岗工人进行转业培训，使其适应其他有意义的工作岗位是不可或缺的。

事实上，在大批量生产方式向精益生产方式转化的过程中，一个值得重视的问题是，在激烈的市场竞争中，若想增加市场份额是不切实际的。因此，会有相当一部分过剩的劳动力。如果欧洲的大批量生产厂家要向精益生产方式转化，在市场份额保持不变的情况下，所需的劳动力不到原先的一半。伴随着激烈的竞争，轿车和卡车会大规模降价，这无疑会扩大其市场空间，但是千万不要认为市场扩大可以完全避免劳动力需求的减少。

丰田生产体系中一条最重要的原则是，从不改变工作节拍。所以当工厂或设计室采用了更有效的方法，或生产率下降的时候，其首要的任务是调走生产体系中多余的工人，以保持同等强度的工作量，否则不断改善的目标将会被抛置脑后。这也同样适用于向精益生产方式转化的大批量生产方式的公司，多余的工人必须被迅速彻底地清除出生产系统，以确保努力改进的成果不被拖延。

通用汽车等公司试图通过后备人员库来安置这些过剩的工人。这些工人在这里重新接受培训，以便在公司的其他岗位继续工作。但是事实上，大批量生产方式的公司并无其他的工作，而且公司支付后备人员库所需经费的能力也将日渐衰减。因此，对后备人员库提供某种社会性的扶持是必要的，工人则必须为接受传统制造业之外的岗位而接受培训。这种意见受到西方国家政府官员和工会领导人的极力反对，因为这种做法大大增加了政府的前期支出，而工会也将因工人离开公司而减弱实力。然而，以长远的眼光审视，通过设置贸易和投资障碍来保护大批量生产方式，使之维持低效人力所使用的做法，将会愈发增大其代价。

障碍之二：对世界经济过时的认识

在不久以前，大多数人还都认为，世界经济的发展是因为把标准化的廉价产品，诸如小型轿车和卡车的生产转移到新兴的工业化国家的大批量生产方式的工厂中去。人们通常都是这样解释20世纪70年代日本的崛起的。

5年以前，当我们开始这项研究的时候，许多观察家期望，由于日元升值及其对日本本国工资产生的影响，日本将在小型厢式车和卡车的出口方面失去竞争力；韩国、中国台湾、泰国和马来西亚等又一批拥有低工资、勤劳、有知识等特质的劳动大军的国家和地区会集合为"下一个日本"，并且会像日本那样，通过向美国和欧洲出口小型轿车和卡车，迅速增强经济实力，并在此过程中取代日本的产品。

我们决不认同这种观点，因为我们知道，低工资的大批量生产方式远不及精益生产方式。第一，精益生产方式显著地提高了大批量生产方式下的产品品质的最低限额门槛，这是大批量生产方式，特别是工资水平较低的国家的大批量生产方式不能与之匹敌的。第二，精益生产方式可提供日益增多的产品种类，并可对客户偏爱的变化做出迅速反应，这是低工资的大批量生产方式难以做到的。要想与之竞争，除非持续地降低价格。事实上，不断降价也未必行得通。因为精益生产方式的第三大优势是，能够大大降低生产某种特定产品所需的高薪工时，并且能够通过持续改善使之不断降低，像我们在第4章中看到的那样。第四，精益生产方式还能通过以大批量生产方式无法做到的方法充分利用自动化，进一步抵消大批量生产方式低工资的优势。20世纪80年代韩国汽车工业的发展充分说明了上述观点。

1979年，韩国汽车工业并未进入公众的实现。尽管政府自1962年起就保护国内市场，但由4个小厂商所组成的韩国汽车工业却难以发展。其中现代公司最为领先，它与其竞争对手不同，在很大程度上独立于美国、欧洲和日本的总装厂。现代公司矮马牌车型虽采用了自行设计的车身，发动机和变速器总成则是通过获得许可证采用了三菱公司的设计，该车型完全在国内生产。现代公司在出口方面，特别是在向拉美等第三世界国家的出口方面获得了一定程度的成功，产品能够卖出一个好价钱。大宇、起亚和东亚三公司采用得到欧洲公司许可证的设计，制造面向国内市场销售的产品。它们与现代公司不同，其技术完全依赖于欧洲的合作伙伴。

1979～1980年的世界性金融危机给韩国汽车工业带来了非常沉重的打击。其国内销售萎缩。随着日本公司为维持他们在出口市场的销售量而降低价格，现代公司的出口也崩溃了。然而，这一危机却给韩国工业部带来了天赐良机。正如日本通产省20世纪50年代想要做的那样，韩国工业部借此良机克服了"财团"（即"日式企业集团"在韩国的说法）反对所造成的困难而调整了产业结构。

韩国工业部迫使起亚和东亚两家公司退出汽车工业5年之久，并指定现代公司生产小型轿车，大宇公司生产较大型轿车。现代公司将这一指令当作向大批量生产方式道路迈进的信号，开始设计卓越牌（Excel）这一新车型，安排在蔚山一个规模很大的新厂生产，其产品主要出口到美国和欧洲。这一车型几乎完全模仿从日本三菱公司获得许可证的产品小马车型（Colt），因此，就总体规格而言，它与三菱的小马车型几乎一模一样。现代公司的战略不过是：基于低工资和大批量，就可通过低于日本低档车的价格参与竞争。

在一个短暂的时期内，这第一次世界大战略相当成功。1986年正当日本提高售价以抵销日元升值之时，现代公司的卓越牌车进入了至关重要的美国市场。按美国人的想象，任何亚洲汽车，特别是应用日本设计的亚洲汽车，都会具有日本车那样的品质，再加上卓越牌轿车的售价相比同样规格尺寸的日本车低1 000美元，因而似乎是无与伦比的。于是，卓越牌轿车销售量迅速增长到35万辆。为了扩大其生产能力，现代公司又立即建起一个年产量高达30万辆的总装厂。

现代公司的成功经验给韩国工业部留下了深刻的印象，促使它很快允许起亚公司重返轿车市场。于是，起亚公司基于马自达121的小型轿车开始准备生产，通过福特公司在美国以嘉年华销售。另外大宇被允许生产更小型的以德国欧宝公司的士官生牌（Kadett）为基础的庞蒂亚克莱曼斯牌（LeMans）轿车，通过通用汽车的经销网在美国销售。到1988年，韩国在美国共售出了

50万辆轿车，占整个美国汽车市场的4%。

而后，韩国战略开始分崩离析。主要原因是，现代公司作为一个落后的大批量生产方式厂商，其工资虽低，但每辆车上花费的工时却很多。1988年，当韩国货币对美元的比率迅速上升，国内汽车工人又要求大幅度增加工资时，成本优势便在很大程度上消失了，而正当此时，质量问题又暴露了出来。实际上现代公司最初卖到美国的轿车品质非常差，这一点可从研究总装厂的第4章所引用的J. D. 鲍尔联合公司的数据中看出。

1987年，根据客户调查报告，日本普通轿车的缺陷大约为每车0.6个，现代轿车则为每车3.1个。当这一说法传开时，韩国感到有必要大幅度降低售价以维持销售量，此时也正值其生产成本剧增。结果，1988~1990年，韩国汽车在美国的销售量降低了50%。至此，"第二个日本"已不复存在[1]。

20世纪80年代后期，不会有"第二个日本"这一观点已经显而易见了。对发展中国家来说，即便建立起精益生产方式的工业体系，且产品质量和劳动生产率与最佳的精益生产者不相上下，这一点也将不会改变。这是因为，日本的成功使世界贸易系统对大量工业产品从一个地区到另一地区的流动变得十分敏感，以至于任何一个国家都不可能效仿日本当年的做法。事实上，韩国汽车在美销售登上高峰的1988年，美国政府迫使韩国政府将其不断增长的综合贸易顺差降低了50%，而且韩国人做到了。

现代公司开始认识到，要保护其在北美的市场，需要效法日本移植厂的做法，在北美建立总装厂。布罗蒙特厂是现代公司在魁北克的一家年产10万辆的工厂，于1989年开始组装现代索纳塔牌中型轿车，现代公司希望通过这一新车型在北美市场的上市恢复当年的运气。在5年前，很难想象发展中国家的汽车公司能够在高度发达的高收入国家建立大规模制造厂。那时，大多数观察家预测，包括廉价轿车在内的低技术制造业，将从发达国家转移出去，他们认为这是大势所趋。韩国的全部优势毕竟只是依靠低工资。由于韩国工资与北美工资快速逼近，以及出于一些政治方面的考虑，正是韩国目前在加拿大设厂总装汽车的原因。

从现代公司以及韩国其他公司的经历中，我们可以得出的结论是，世界经济在短时期内发生了翻天覆地的变化。首先，精益生产方式的成功，开创了产品质量的新门槛，这是任何人也不能期望仅仅通过建立在低工资基础上的低价格就能够抵消的。因此，较先进的发展中国家的生产者也必须成为精益生产者。后面我们将会看到，在20世纪90年代，这些国家向这一目标迈进是完全可行的。

其次，就是掌握了精益生产方式的发展中国家，也要重新考虑其产品市场的问题。他们应该着眼于国内市场，因为精益方式所带来的生产率的提高，将会使汽车拥有更大范围的国内客户群体。例如：我们发现，巴西组装所谓普通小型轿车需要50小时，而最佳的日本精益生产厂仅用13小时。由此，巴西的轿车市场多年来徘徊在100万辆左右就不足为奇了。所用工时差别的三分之一，可归因于日本工厂较高的自动化程度，但是不考虑技术进步的因素，仅通过全面引进精益生产方式，即可使巴西的汽车的生产工时数减少一半，从而开辟一个崭新的巨大的国内市场。

此外，发展中国家还应该寻找区域内市场。事实上，近几年世界经济的最显著的特点是贸易格局的突变，即制成品的流动范围；由跨洋地区间流动转向区域内部的流动；即在北美、欧洲和东亚这几大区域内的流动。

汽车工业或许是上述贸易趋势的先导者。如果不把日本公司在美国和欧洲生产的轿车计算在内，那么，日本和欧洲对北美的出口正明显下滑，欧洲对日本的出口从极低的水平显著增加，而日本对欧洲的出口却较为稳定。在20世纪末，区域间的总出口量将大大降低，尚存的跨地区贸易则更为平衡，且贸易重点为一些独特的缺档产品，即特需品。这也正是我们在第8章中，建议"泛国家"精益生产方式厂商应采取的态度。

同时，在大区域内部，国家间贸易会显著上升。我们先看看北美市场。汽车工业的一体化进程是从美国和加拿大在1965年签署的美—加汽车条约生效之日开始的。对加入条约的美国三大汽车公司来说，意味着只要满足加拿大的汽车生产量与销售量大致平衡的要求，就可将在国内生产的汽车免关税运往另一国进行销售。但是随着加拿大对美贸易顺差逐步加大，这一要求是否还存在必要性，就有讨论的余地了。1989年的美—加自由贸易协定触发了两国汽车市场一体化的最后步骤，即到 20 世纪 90 年代中期取消两国零部件贸易的所有关税。

北美地区一个饶有兴趣的议题是墨西哥。在 20 世纪 60 年代以来的 30 年中，墨西哥一直致力于建立一套能完全满足国内市场需求的汽车工业。为了达到这一目标，墨西哥政府于 1962 年起禁止成品车进口，并将很高的国产化率要求强加于在墨西哥汽车生产的 5 个外国公司：福特、通用、克莱斯勒、日产和大众公司。[2]

这项政策的失败与成功之处同样令人感到惊讶。至 1980 年，墨西哥汽车工业已具备年产量 50 万辆的生产能力，国产化率大约为 50%。但不幸的是，尽管有市场份额的限制和针对本国总装厂及供应商工厂的一系列政策保护，墨西哥的汽车工业，无论是价格还是品质，在世界市场上都毫无竞争力。实际上，在这 50 万辆的市场上，5 个生产厂家各自生产三四个不同的车型，即每种产品平均年产量为 2.5 万辆左右。这样的批量，即使对当代的精益生产厂家也实在太小了，远远达不到规模经济。况且，墨西哥的生产方式完全谈不上精益。连日产公司这样的日本精益生产者设在库埃瓦卡的工厂，也只是采用了手工生产和大批量生产结合的生产方式。

若不是 1981 年开始的经济衰退，墨西哥的政策可能会继续实行下去。1983 年，当国内需求下滑，外债激增之时，政府开始反省其汽车工业政策。它的新战略是，在提高国产化要求的同时，限制每个厂家只生产一种产品，以此迫使企业走上大批量生产方式的道路。他们的理由是，虽然墨西哥的汽车客户只有很小的选择余地，但随着批量增大，规模经济的效应会迫使汽车成本降低，而且，随着国产化水平的提高，汽车贸易赤字将会随之减少。

但是，不久之后就看出这第一次世界大战略注定以失败而告终。因为国内市场实在太小，受保护的国内生产厂家效率也过低。因此，墨西哥必须走向世界。它采取的第一个措施是允许福特在北部城市赫默斯洛建一个新的总装厂。只要这个厂的绝大部分产品用于出口，政府对它没有任何国产化要求。

赫默斯洛总装厂提供了在墨西哥进行精益生产方式试验的第一个机会。在这块处女地上，福特运用了从马自达学来的生产方式，也就是在生产由马自达设计在美国作为水星-追踪者牌（Tracer）出售的轿车过程中学到的东西。从生产效率和产品质量来看，赫默斯洛厂取得了巨大的成功。墨西哥汽车生产工人接受精益生产方式的速度，与在北美的日本移植厂和福特在美、加工厂中的工人是一样的。但是，该厂未能达到它预期的成本目标。由于它组装汽车所使用的零部件全部从日本由轮船运输而来，所以随着日元升值，赫默斯洛这个由马自达和福特于 80 年代初设想的、作为对付美国提出限制日本整车进口的办法，此时突然变得毫无意义了。但是，由赫默斯洛厂生产大部分零部件（如发动机、变速器等），供应包括墨西哥在内的整个北美地区市场却是一件有意义且符合精益生产理念的事。

为了提高上述方法对赫默斯洛乃至整个墨西哥汽车工业的可行性，墨西哥政府于 1989 年年底大幅度调整了战略。首先是大大降低每件产品的国产化要求，放松对成品车进口的限制，同时强调在墨西哥生产和销售轿车的公司必须通过同样数量的出口来平衡贸易。[3]

通过采取这一措施，整个北美地区将形成一种新的生产格局。通用、福特、克莱斯勒、日产和大众公司将在墨西哥总装供应整个北美市场的廉价低档车，所使用的零部件来自墨西哥北部距总装厂不远的生产联合体。而墨西哥客户所需要的较大型轿车和卡车则由美国和加拿大中西部供应。这样，虽然墨西哥对美、加的贸易依然会出现顺差，但墨西哥的参与实际上给美国和加拿大的汽车工业带来了净利润。因为在过去 30 年中墨西哥不允许成品车进口，因此如今从美国、加拿大工厂出口到墨西哥的是完全额外的。同时，墨西哥市场将会得到迅速发展，到 2000 年，将由目前的 50 万辆增加到 200 万辆甚至更多。此外，墨西哥将取代日本、韩国和巴西，满足美国和加拿大对小型轿车和卡车的需求。目前，这类进口的小型汽车并未给美国和加拿大增加就业机会。

为了达到上述成果，美国有一项政策需要调整。美国政府应该修改其燃油经济性法规，使美国公司在墨西哥生产的轿车，虽然含有较高的墨西哥制造业的产值成分，也被视作本国的产品。否则，美国公司就不能真正意义上进入墨西哥市场，而将这种潜在利益留给日本和欧洲的公司去达成，因为他们在这方面并无类似的强制性要求。另外，关于美国对小型货车征收25%关税的问题也应想办法调整。墨西哥政府于1990年3月提出的关于进行北美自由贸易区问题谈判的建议，提供了商议这一问题的良机。

同样，欧洲地区一体化的进程预计将在20世纪90年代被推动。首先，欧共体决定从1993年起取消彼此间尚存的贸易壁垒。此举措促使欧洲自由贸易联盟的国家，包括挪威、瑞典、冰岛、奥地利、瑞士和芬兰，纷纷寻找进入欧洲市场的途径。但是东欧和苏联的剧变使得这些历史性决定小巫见大巫，因为这些剧变立刻浮现出具有7.5亿消费者的巨大欧洲市场（包括俄罗斯及苏联在欧洲的其他加盟共和国）的机遇。如果这一机会市场得以实现，它将是美、加市场的3倍，日本市场的7倍。

对汽车工业来说，统一后的欧洲地区，必然会与一体化的墨西哥—加拿大—美国市场一样。我们预测，东欧将取代西班牙成为最廉价的普通轿车和卡车的生产基地。匈牙利、捷克斯洛伐克、波兰，尤其是原东德的经济增长则将为西欧大型轿车和卡车提供市场。比如，大众公司不久前开始在东德塔伯特轿车工厂组装最小型的波罗（Polo）轿车，并计划于1994年达到年产量25万辆；通用汽车和东德另一个生产者，即原来生产瓦特堡牌轿车的厂合资，准备年产15万辆欧宝—士官生牌汽车；菲亚特也已宣称将在波兰和苏联开办年产量高达90万辆的大型合资企业，大部分产品将冠以菲亚特的标志销往西欧国家。

我们认为东欧国家与墨西哥相似也会实现贸易顺差。目前东欧国家都陷于外债之中，几乎无力承担在汽车方面更大的贸易赤字。对他们中的大多数国家来说，汽车仍是高档消费品。与北美地区一样，如果东欧生产的低成本的入门级车能够取代西欧从东亚进口的产品，西欧汽车工业便可从欧洲的完全一体化中获取扩大生产规模的收益。

尽管东亚地区的发展落后于北美和欧洲，但它是即将形成的第三大区。仅在几年前，日本、韩国和中国台湾都极力扩大对北美和欧洲市场的出口，却几乎互不关心彼此，甚至百般抵制邻近国家与地区产品的进口。但这种情况目前正得到迅速转变。一方面是由于贸易壁垒和汇率变化使其对其他地区市场的出口受阻，另一方面也是对欧洲和北美区域化发展趋势的反应。1989

年，东亚地区内部的贸易额总值超过了北美和欧洲的区域间贸易额，这是第二次世界大战结束以来首次出现的情况。

东亚汽车工业的发展结果与北美及欧洲类似，只在一个方面有所不同。我们预计将有更多的基本型汽车，完全由该地区发展中国家的生产制造联合体生产，并面向该区域的所有市场。技术较复杂的豪华汽车的生产则集中在日本，用于向该区域的其他市场出口。实际上这种趋势已经显现。现代、起亚和大宇公司都计划于1991年开始向日本出售低档车。届时，过去对日本成品车大门紧闭的韩国市场也将为日本车开启一条缝。在这种情况下，日本国内的汽车工业虽然不像西欧和北美那样有利可图，但是只要其相对豪华型汽车出口的增长能够抵消国内低档车生产的下降，情况就不会轻易恶化。

中国自然是东亚地区的一个特例。直到1989年春季，中国在经济上和对世界逐渐趋向较为开放的态势，从逻辑上理解，至少应该在一个有限范围内进入东南亚地区市场。可能在20世纪90年代能够做到这一点。但目前，中国市场仍然是以内需为重点，在两个大批量生产企业——长春一汽和湖北二汽中实行极其缺乏灵活性的大批量生产方式，而在遍布全国的上百个其他汽车生产厂中实行低效率、低质量的手工生产方式，两种方式同时并存。[4]

这种灾难性的并存，使中国的汽车工业从就业人数（超过160万人）来看是世界上最大，然而从产量（1990年计划产量为60万辆）来看却是世界上最小者之一。与此形成对比的是日本在1989年拥有50万汽车工业从业人员，年产量却高达1 300万辆。由此看出，这两个被日本海隔开500英里的国家，生产效率之比竟高达70∶1。

上述分析汇总了当前汽车市场90%的三大区域的情况。那么，例如巴西、澳大利亚等拥有较发达汽车工业的国家，以及其他像印度这样具有发展汽车工业强力期望的国家的情况又如何呢？他们在未来区域化世界中和区域化生产系统中又能充当什么角色呢？我们认为，他们首先必须创造性地发现自己所在区域内的市场。下面让我们试以巴西和澳大利亚这两个完全不同的国家为例来分析。

巴西自20世纪50年代后期开始发展完整的汽车生产体系。它允许通用、福特、大众和菲亚特等多国的汽车公司对他们在巴西的生产经营拥有100%的股权，但又坚持他们必须很快从使用进口散件转为全面实现零部件国产化。到20世纪60年代中期，当巴西经济出现奇迹的时候，这一目标达成了。此时，巴西的汽车工业达到了年产100万辆的水平。[5]

不幸的是，此后巴西汽车工业停滞不前了20年。正如我们提到的，巴西所建立的大批量生产方式的生产联合体，与完全依靠进口相比，是一个巨大的成就。然而，就生产效率和产品品质来说，这些企业目前远远落后于世界先进水平。另外，20世纪70年代初期石油价格攀高之后，巴西政府要求汽车工业采用酒精燃料发动机，从而把汽车工业的产品开发方向，集中在世界其他地方毫无市场的技术上。同时，产品换型周期上升为14年之久，这几乎是日本标准化的4倍。

在20世纪80年代中期短暂的一段时间内，巴西汽车工业认为自己找到了一个新的战略，即可凭借低工资的优势向欧洲和美国出口廉价轿车（这里指的是售往美国的大众狐狸牌超紧凑型轿车和售往欧洲的菲亚特杜娜牌汽车）。这是韩国战略的拉丁版变异，它同样经历了如下的过程：首先由于最初的销售状况而满怀希望，而后随着汇率变化和产品缺陷对最初价格优势的抵消逐渐陷入绝望。例如：狐狸牌车在美国市场的销售，从峰值的1987年6万辆降到1989年的4万辆。与此同时，通用汽车取消了超微型厢式车主要出口美国的试验性计划，该车基于德国欧宝公司士官生并在巴西生产。

20世纪90年代巴西较有前途的道路将包括三个组成部分。第一，精益生产者必须向其指明通向世界级制造水平的道路。本田远在亚马孙河上游的马瑙斯摩托车工厂，已经清晰地表明了精益生产方式在巴西最艰难的条件下也仍会有成效。但在巴西工业中心圣保罗附近的汽车工业的例子更为重要[6]。引入精益生产方式可以明显地降低生产成本，进而刺激不景气的国内市场。因为目前只有中上阶层的人才买得起如此低效的大批量生产方式的汽车工业产品。

第二，必须开放包括成品车和零部件在内的汽车产品进口市场，以便将竞争机制引入目前供不应求且由少数制造商垄断的市场。但是，因为巴西已经负有大量外债，几乎再无力承担其汽车贸易赤字，所以还必须对生产者们提出平衡贸易的要求。不过，真正的市场竞争机制的引入需要灵活多样的政策协作。新颁布的墨西哥汽车法令是达成此目的的途径。

第三，巴西有必要将其生产系统与邻国相结合，首先应从阿根廷着手。[7]随着区域化进程的推进和产品成本的降低，巴西可使拉美汽车市场得到巨大的发展，这一市场将不受限于其他大区优惠的贸易政策和汇率。虽然存在扩大与其他大区贸易的可能性，但这并非此项战略的关键所在。重点是巴西及其邻国可自己掌握自己的命运。

澳大利亚或许是最令人费解的案例。一方面，它的汽车工业规模不大却高度发达；另一方面，国内汽车市场容量不足但至今还缺乏区域性观念。20世纪60年代，澳大利亚政府决定建立健全自己的汽车工业系统，以代替从欧洲和北美进口的成品车和全套零件。20世纪60年代末期，它的确这样做到了，但这一措施却正好暴露出大批量生产方式在受到全力保护的小容量市场内的弱点。尽管澳大利亚在20世纪80年代努力将5家制造厂合并为3家更有生存能力的生产体，尽管已有几家日本厂家就在面前，但国际汽车计划总装厂的调研数据表明，其生产效率和质量依然远低于日本和北美精益生产厂家的水平。

20世纪60年代中期，澳大利亚曾一度认为，通过仿效韩国的方法或许能够获得成功。于是，福特公司建议出口一种特种轿车，这是由马自达323改装的、有折叠式上盖的敞篷车，并打算以水星—卡普利牌子（Capri）在美国销售。此时正当澳元非常低迷而美元十分坚挺之时，因此正是出口的好时机。然而，当汽车生产准备完毕，一系列质量问题也得到解决之后，汇率已经发生了变化，这种车也就不再有利可图了。[8]这一尝试再次说明，在一个汇率波动不定的世界里，区域间的出口战略存在高危险性。

澳大利亚理应使其汽车工业转向大洋洲地区，包括印度尼西亚、新加坡、菲律宾等国在内的市场。对本地区的任一国家来说，这个做法可以使各国达到汽车贸易的平衡。对整个区域来说，通过允许彼此间成品车和零部件的贸易，可以降低成本，并达到普及精益生产方式所需的生产规模。澳大利亚作为这一地区最发达的国家，应全力生产技术复杂的豪华汽车，而在另一端应由欠发达的印度尼西亚生产廉价的入门级产品。

遗憾的是，情况并非如此。澳大利亚将自己视为发达世界的一员，自然而然地想要将出口做到北美、欧洲甚至日本。而印度尼西亚则认为，自己既然是东南亚国家联盟这一发展中世界的一部分，就应该着眼于发展与马来西亚、菲律宾和泰国等国的贸易。但是，通过使用每个国家不同公司的零部件，发展"东盟汽车"的一系列尝试都未能成功。因为这一做法对多国总装厂和零部件企业的商业战略来说毫无意义。

所以，由南半球的大洋洲国家组成的大区尚未形成，印度次大陆和非洲南部亦是如此。我们坚信，在20世纪90年代，当世界其他地区逐步走上区域化发展道路之时，区域化观念也会在上述地区生根发芽。总之，区域化规模和精益生产方式相结合，再加上正确的政策引领，将会极大地推动地区的发展。

障碍之三：日本精益生产厂家关注内部

事实上，精益生产方式在走向世界的道路上的最后一个障碍是日本精益生产厂商本身。为什么会这样说呢？许多人或许武断地认为，与西方大批量生产厂商相比，精益生产厂商所做的一切都显得完美无缺。这在某种程度上是正确的。因为这些日本公司所开创的全新的卓越生产方式，给世界献上了一份无价的礼物。但是另一方面，他们缺乏最后一步也是至关重要的创新：那就是从全球的观点而非从狭隘的民族观点出发，进行思考并采取行动的能力。

任何一个经常看报的人都会了解到，对日本在北美和欧洲进行直接投资的反感情绪日益激增，日本人把这称之为投资阻力。我们认为，相比于针对成品车和零部件的贸易壁垒，投资阻力将使精益生产在走向世界的道路上面临更大的威胁。这是因为在我们最坏的打算中，强烈反感所导致的投资障碍，会永远隔绝北美、欧洲和其他地区同日本精益竞争者的接触，而正是这些接触才能迫使大家都精益起来。

日本公司新建的制造企业为其他国家提供了新的就业机会，而且所生产的轿车、卡车和零部件具有与日本国内相同水平的质量和生产效率。为什么还会遭到人们的强烈反对呢？一部分原因是这些企业对现存的大批量生产方式厂商和大批量生产方式下的工会等机构形成了威胁。由于这些因素，变革和进步道路上所遇到阻力是不可避免的。

然而，阻力的产生还有其更深层次的原因。西方的许多政府官员、经理和工人都感到，日本精益生产厂商的组织结构中存在两个阶层的公民，一层是日本人，第二层是外国人；一层是日本供应商，另一层是外国供应商；一层是日式企业集团成员，而全然不顾外国公司。当西方人看到日本企业无止境地发展扩张，便开始觉得二等公民的地位不可接受了。正如通用汽车的一位管理人员的评论："在通用汽车，我可以希望得到最高级的职位，但在日本的开设在外国的子公司中，无论我的业绩多么出类拔萃，也不能够指望越过中等职位。"这样的结果是投资阻力的不断增大，公司的命运前程未卜。

日本公司的高层管理人员已经敏锐地察觉到了这点，并针对问题进行了仔细考虑。目前一些汽车公司的做法是，指定本地出生的管理人员负责他们在北美和欧洲的生产运作。类似地，许多日本公司指定当地的零部件公司作为他们某类零部件的供应商。北美和欧洲国家的政府通过限制新厂中日籍雇员的签证发放来支持这类做法；欧洲对这些企业不断施压，使其尽快达到高国产化率（后一个政策会大大地增加成本和新厂投产时间，除非能够从现有的国内厂家那里获得其中大多数零部件）。

我们担心的是，这样做的后果将重蹈1915年后福特在英国的覆辙。在那时，为了减少投资阻力，福特公司大规模聘任当地的管理人员，与当地的零部件公司合作，而福特生产体系的效能却很快降低，趋于当时英国水平。也就是说，福特虽促使英国生产厂商采用新的大批量生产方式，但大批量生产方式的优越性却并未得到展现。

这并非基于历史事件的凭空担忧。我们通过对北美和欧洲移植总装厂的调查，获得确凿的证据，那些运行状况最佳的企业是在经营开展初期由日本人进行强有力的管理，然后有条不紊地逐步建立当地零部件供应基地的企业。那些将大部分管理权移交给从西方汽车厂吸收来的高阶层北美人和欧洲人，而这些人又急于组织零部件供应网络的企业，其运行情况虽略高于西方平均水平，但却在很多方面不如例如福特这类的认真推行精益生产方式的西方汽车公司。

当然，这并不是说管理模式与供应商体系的"日籍化"是应该被推崇的目标。更重要的是，移植厂的管理人员和供应商对精益生产方式达到何种程度的理解，以及他们为实施这种生产方式做出了何种程度的承诺。遗憾的是，目前世界上精通精益生产方式并投身其中的，大部分都是日本人。

我们认为，建立名副其实的全球性人事体制对于日本公司来说是个好方法。在这个体制下，来自北美、欧洲以及所有其他地区中设立设计、工程和生产等部门的公司的工人，他们必须在很年轻时便被雇用，授予他们成为公司"完全公民"所需的各种技能，包括语言技能，并让他们接触不同区域的管理。对这些员工来说，这意味他们获得了平等机会，有朝一日将担任公司要职。

类似地，日本的精益总装厂也有必要通过与供应商交换股份以及提供"完全公民"的方法，在其经营地区内建立供应商集团。他们还应该在当地发行股票或进行融资。这样，汇率的波动就再也不是任何地区以最适当的方式安排生产的阻碍了。最后，能够看得见的最重要的进步是他们的"日式企业集团"也容纳外国公司为成员。例如以五十铃和铃木这样较弱小的汽车公司为成员的"日式企业集团"——第一劝业银行⊖，不妨邀请一个强大的西方汽车公司加入其中。另一方面，不附属于任何"日式企业集团"的日本汽车公司，如本田公司，或许可以尝试着建立一个由一些西方的制造公司和一家西方银行组成的国际性"日式企业集团"。

若要使上述创新成为可能，必须建立清晰的双向理解：西方公司和员工需要树立相互间承担义务的观念，对公司或集团履行长期义务。日本公司则需要摒弃狭隘的民族观点，迅速学会如何将那些履行义务的外国人视为自己的"完全公民"。

我们已清醒地意识到，实施这些创新是巨大挑战。几十年来，美国和欧洲的公司虽然进行了多方面的努力来容纳这些外国人，并使他们成为组织中的"完全公民"。但在通用汽车的高级管理层中或董事会里，至今还是没有外国人。大众公司最近指定一位法国人丹尼尔·古德韦成为其管理董事会的成员，他是第一位外籍的管理董事会成员，这条新闻登上了报纸的头版头条。

⊖ 第一劝业银行（Dai-Ichi Kangyo Bank）是第一银行和日本劝业银行于1971年10月1日合并而成的，总行设在日本东京。——译者注

另外，在提供外国雇员公民身份的努力中，日本人还必须解决种族背景和性别问题，这是他们在日本国内不曾遇到过的（日本实际上没有少数民族，日本妇女自古就不会出现在高层管理的名单中）。在这方面，日本人的实践与西方标准相去甚远。

然而，日本人注定是创建跨国界、跨区域的联合体，并对其在世界各国各地区的员工和供应商提供"完全公民"身份的革新者。他们具备西方国家所缺乏的财力，而且他们也有这样做的需要，因为如果他们不这样做，其生产体系的发展将面临包括投资障碍在内的各种障碍。

他们应当立刻找到一条合适的路去做这些事，首先他们应宣布建立"泛国家"公司的意图（在此类公司里，国籍将不再限制升级提职等有关个人前途的事），他们还需实施可供外界检验的"泛国家"公司的人事、供应商、金融乃至"日式企业集团"制度。

"某个系统"若要得到西方的认可，重要的是提高系统的"透明度"，让外界能够清楚了解其运转方式，懂得其规律，并易于验证其成效。因为从引进体系到证明体系确实有效，中间需要经历很长的一段时间（比如基层的年轻职员得到高级职位）。日本公司证明其意图的最清晰可见的办法是将新雇用的西方人派往日本工作若干年，那里的大公司目前几乎找不到非日籍的长期雇员。

对于日本精益公司乃至全球的精益公司，唯有广泛坚决地参与这些创新性组织结构的最终变革（包括西方公司的配合），才能保证精益生产方式在全世界取得成功。此外，这种参与还将成为形成中的世界性区域划分（即北美、欧洲和亚洲的三大区）的强力黏合剂。到 21 世纪，这些区域将不再按照通常东西方冲突的需要而联合了，同时也将不再存在分离的威胁。

结　　语

当亨利·福特与阿尔弗雷德·斯隆创造出大批量生产方式之时[1]，他们所体现的概念实际已经弥漫在周围的"空气"中。站在每一寸土地都可以感受到，过时的手工生产方式已经穷途末路。更重要的是，大批量生产方式的很多环节早已在其他产业中得到了验证。例如肉制品包装工业在19世纪末为了分割牲畜和禽类，已领先使用了移动的"分解"生产线。在19世纪80年代，自行车工业已率先应用了很多钢铁冲压技术与日后被福特公司采用的专用机床。甚至在更早的时候，洲际铁路已经发展了各种组织机构来管理在极为广阔的区域内运营的大企业。

但是，福特和斯隆是最早完善整个系统的人。这个系统包括整个企业的工厂运行、供应商的协调、管理整个企业。他们还把全部系统与新的市场概念和新的销售体系结合于一身。因此，汽车工业成为了全球大批量生产方式的象征。

20世纪20年代的美国，这种生产方式迅速传播到其他行业，并很快被几乎所有批量制造的行业所接受。此外，大批量生产方式还曾在"一个产品一个样"的单件生产工业——特别是房屋建筑工业中作过尝试，很多企业家都想成为该行业的"亨利·福特"，但这些尝试都未能成功。

在欧洲，大批量生产方式的想法不仅对汽车工业，而且对所有的行业都是个问题。在知识分子中，特别是受左派思想较深的群体，接受了大批量生产方式的概念，并将其视为提高公众生产水平的有效方法。不久，大批量生产方式的形象与现代化就成了欧洲艺术的中心议题。但是，如果回头看一下工厂，在每个制造业类别中，大批量生产方式的要求与工人和管理人员对手工生产的倾向性并不合拍，从而放缓了新技术引入的节奏。缺乏一个整体的欧洲市场则是更深一层次的阻碍。直到第二次世界大战后，大批量生产方式才逐渐得到了欧洲工业界的完全认可，而在很多情况下是通过雇用具有不同文化背景的外籍工人来实现的。这些人相比之下更易于忍受典型的大批量生产方式工厂的单调工作。

正当福特与斯隆沉醉于大批量生产方式的成功扩散之时，日本战后无秩序的情况为另一种崭新的思想创造了一片肥沃的土壤。事实上，丰田英二与大野耐一在他们的精益生产体系中使用的不少技术都是同时被尝试于其他工业中。例如，美国顾问W.爱德华兹·戴明的提高产品质量的概念，差不多同时被日本不同行业的众多公司所追捧。其他一些概念则由于强大的社会压力被强加于这些发明者，特别是当地工人被当成不变成本，一旦这些问题被表面化后，"雇用与解雇"的劳工政策就立即受到雇员的竭力抵制。

但是，像福特与斯隆那样，丰田和大野的成就是把各个环节关联到一起，创造出一个精益生产方式的完整体系。这个体系从产品计划开始，通过制造的全过程、供应商系统的协调一直延伸到客户，因而，汽车工业再度改变了世界，并且成为精益生产方式的全球性范例。

更进一步，正如读者在本书中看到的，精益生产方式综合了手工生产方式与大批量生产方式的最优秀的特质：降低单台成本的能力、大幅改进产品质量，同时为世人提供了范围更广的产品种类与更富挑战性的工作。对于这个体系发展的终点，我们尚不能清晰地道出。而且，不论在汽车工业内还是在其他行业中，目前精益生产方式都还处于最初期阶段，与20世纪20年代初期大批量生产方式的处境类似。最后，我们坚信精益生产方式必将在工业的各个领域内取代大批量生产方式和残存的手工生产方式，成为20世纪的最为标准的全球生产体系。世界将因此变得大不一样，变得更加美好。

2007年修订版后记

1990年以来我们对精益生产的新认识

《改变世界的机器》是对相隔遥远的广泛领域进行研究的一次认真尝试。当初我们撰写本书时，丰田和本田的业务主要在日本，因而对它们创造价值体系的研究和对细节的描述就有所局限。那么，在我们几乎20年不间断的研究过程中，我们自然而然对精益生产方式得出大量超越原来研究发现的新认识。此外，如果现在来写《改变世界的机器》的话，对于其中一些观点，我们会以一种不同的和更好的方法进行论述。

由于本书在商学院和工程学院长期拥有大量读者，通常作为工商管理学方面的核心教科书，因此我们更加希望把有关历史沿革和技术发展的最新情况反映出来。

首先，要对精益生产方式的由来进行更详尽的阐述。写《改变世界的机器》的时候，我们对丰田的历史颇为熟悉，却对亨利·福特的情况缺乏了解，我们所知道和在书中描写的是位于底特律南部的大型红河联合企业中的老亨利·福特。该大型综合企业始建于第一次世界大战时的1917年，是为美国政府生产鱼雷艇的工厂。到1927年当从T型车生产转为A型车生产时，综合企业已全部建成。这里就是我们所说的大规模生产方式的发源地。

本书出版后不久，我们偶然看到有贺拉斯·阿诺德和费伊·福洛特所著的名作：Ford Methods and the Ford shops，这是《工程》杂志于1915年发表的，早已绝版多年（本书的表2-1间接应用了这篇文章，该表基于戴维·豪恩谢尔的总结，但我们未能找到原书）。

这一发现对我们后来的写作是一件幸事，因为我们由此知道实际上有两位亨利·福特。第一位是底特律高地公园新工厂那个精悍的亨利·福特，

1914年由于他采用所谓的"流动生产"而达到了成就的巅峰。他的"流动生产"不仅意味着优化了连续流动的总装生产线，而且对加工T型车零部件所需的各种类型的金属加工设备设置了严格的工序。这种安排使得从原材料到最终产品的生产有可能达到近似于连续流动生产的程度。

举例来说，T型车脚踏板的加工过程是，每次使一件脚踏板钢坯依次经过清理机、深拉压力机、碾压机、清洗机、油漆槽和烘烤炉，所有这些工作都是在距总装线上安装脚踏板的位置不远的一小块区域内进行的（细节和图片见阿诺德和福罗特所著的 *Ford Methods and the Ford shops* 第251～256页）。这是一个典型的生产单元，其规模大小是由总装线所需的生产速率决定的。

汽车上许多组件（如仪表板、脚踏板、前悬架、后悬架和车轴、发动机、变速箱、油箱及燃油管等）的生产布局都是类似的：布置在总装线附近，按照准确的生产线速率以近乎连续流动的方式运行，从开始到完成所需的工作时间很短，这使得福特的生产控制系统可以非常简单。在很多情况下，只是简单地要求组件单元进行生产，直到总装线上的相应位置的库存量达到允许限值。然后生产被叫停，直到"短缺催办人"告知重新开始。"短缺催办人"在整个工厂里不断巡视，从总装线到零部件生产单元，随时发出生产指令。这就是原始的拉动生产系统（详见阿诺德和福罗特所著 *Ford Methods and the Ford shops*，第63～72页）！

第二位亨利·福特是全部建成的红河联合企业里那个易怒的亨利·福特。在那里，规模巨大的加工群或更准确地说加工城是其占主导地位的组织模式。这些加工城位于一幢建筑里或一片区域内，整个综合企业的某类加工任务如冲压、油漆、焊接或机加工等全部在这里进行。按高地公园新工厂的设计，所用的设备为小型清洗系统、小型油漆间、单个冲压机等，每一种主要零部件的生产设备都按工艺顺序依次排列在生产现场，加工好的零部件往往只需移动很短的距离就可经过通道到达总装线上的装配点。而红河联合企业则不同，它配备的是大型清洗系统、大型油漆系统、巨大的冲压车间和焊接车间等，用于很多不同零部件的生产，而且这些机器只顾高速地运转，生产出无数的零件。在红河联合企业里，这些零件从一个生产阶段转到下一个生产阶段，运输距离达数英里，然后再运往全世界总装厂。到20世纪20年代末期，福特的总装厂已超过50家。

为使系统正常运行，红河联合企业需要制定庞大的生产总计划，通知每一个加工城下一步的生产安排。因为每一个零件都要经过相当远的行程才能从一个加工工序到达下一个加工工序。1926年接近年末，当红河联合企业差不多全面面世之际，福特为《大不列颠百科全书》写了一篇著名的文章，文章中他对他的这一新概念起了一个一直沿用至今的名字—— 大规模生产方式。

在战后的丰田，大野内一和其他革新者显然是借鉴了亨利·福特而起步的，但他们也许更多借鉴了高地公园新工厂而非红河联合企业。（我们的同事约翰·舒克在丰田城的丰田档案馆里发现了一本旧的 Ford Methods and the Ford shops，这表明丰田对第一个亨利·福特有很好的了解。）

就在福特公司转向错误方向的同时，丰田公司却进行了一次具有决定意义的大跳跃。在完全不同于福特的市场条件下，丰田找到了以连续流且往往是单件流方式生产产品的方法。在高地公园新工厂，福特的每一个T型车底盘都完全相同，而丰田则需要为其零散的国内市场提供许许多多不同的产品；在日本经济螺旋式发展的背景下，丰田不能准确估计市场需求，而高地公园新工厂的福特却在连续10年时间里能够立即卖出它所能生产的每一件产品。此外，日本车型的生命周期短，因而全新产品的供货时间就需要缩减，这也是与高地公园新工厂完全不同之处。在高地公园新工厂，基本型产品持续生产了19年，从T型车转产A型车时，整个福特公司被迫停产了9个月。这次转产还意味着高地公园新工厂的关闭，其时，大部分零部件的生产转到红河联合企业，大部分总装工序转到世界各地。

丰田在多样的产品、多变的市场和短暂的产品生命周期条件下创造出连续流生产方式，实在是一项了不起的功绩，但这是它以超乎我们想象的执着借鉴高地公园新工厂那个亨利·福特做法的结果，这一事实让我们对近年来福特公司的持续衰落尤感悲伤。丰田总是认为自己是以福特为蓝本的，而当我们写作《改变世界的机器》时，福特汽车公司则表现出通过采用精益生产方式来重回自己原有道路的兆头，正像它先前仿效通用汽车进行自救的20世纪40年代后期一样，福特开始仿效丰田。可惜的是，福特公司20世纪80年代后期的那点干劲在20世纪90年代消失殆尽，同时伴随着悲剧性的结果。

如果我们今天写《改变世界的机器》的话，我们要说的第二点是关于团队、劳动力的分工及管理者的作用。在《改变世界的机器》里我们多次谈到工作团队解决问题的事，好像工作团队的主要职责就是解决问题；我们还经常谈到专业人员轮岗，好像丰田的每一个管理人员都是全才，在漫长的职业生涯中总是从一个部门转到另一个部门。此外，我们几乎没有谈过生产、设计、采购和销售等方面的专业管理人员的作用。差不多20年后的今天我们才懂得，团队解决问题的工作对公司非常有用，但这是丰田实行的精益体系的最后内容。正如大野耐一所说："没有标准就不可能有改善。"生产过程本身及其管理过程必须首先由管理人员及制造工程师和设计工程师予以完全标准化后，工作团队才有可能对其进行改善。这里的标准化是指，对每一个工作过程的每一个基本工作步骤的工作方式，都要予以明确的规定，并使这一规定得到广泛了解。

我们还知道，解决问题是管理人员的一项主要职责，它所占管理工作的比例超过我们的想象。丰田的管理人员从开始工作起，就要学习如何识别所管理的工作领域的问题。识别出问题后，要判定工作过程的哪些方面是产生当前问题的原因，然后设想对工作过程的改进，以便解决问题。最后，管理人员还要制定实施计划，评判实施结果，并对改进后的过程进行必要的调整。这显然是改进版的PDCA模式（计划—实施—检查—处置），是丰田从爱德华·戴明学来的。丰田的贡献是把它转化成一种叫作A3分析的超级管理工具。

此外，我们还了解到，就职业路径而言，丰田是相当重视专业化的，这也超出了我们的想象。大多数专业人员始终都在从事某一项专业，就如同在传统的大规模生产组织中一样。也就是说，职业路径是一样的，不同之处在于重视跨专业的横向联系。

我们原有的认识导致一个很大的误解，我们在1990年的时候认为，像丰田这样的精益企业的大多数员工都按项目或产品分派到相应的产品开发团队或产品生产团队，他们都听命于Shusa（主任工程师或项目主管）或Kacho

（生产线管理），因为Shusa或Kacho掌握着他们的职业前途。

事实上，员工的确隶属于项目，但是他们的个人档案从不随项目而变动，他们服从于项目主管是因为项目主管主持该项目。产品或过程主管的真正作用是对产品的开发和生产负责，而支撑产品开发和生产的则是由不同职能部门共同制定出的设计和生产过程，是不可更改的。其结果是，产品开发和生产团队的需求一经明确提出，各职能部门就能够与团队主管进行卓有成效的跨部门横向合作，既定的过程得以遵守，一切均按部就班地进行。当然，如果有问题的话，项目主管或过程主管也可上报上一级主管（我们获得这些见解要再次感谢我们的同事约翰·舒克，他在丰田城为丰田工作了很多年）。

对于那些试图采用精益生产方式的组织来说，这真是个好消息。20世纪90年代，我们认为企业要获得突破，需要实实在在地对准它们自己，因为价值在各职能部门间的横向流动要求对组织机构进行巨大变革。现在我们知道，问题的关键不是改变组织机构图，而是改变项目主管（如产品开发主任工程师）及职能部门主管在共同解决问题时的行为方式。

我们会以不同方式加以论述的第三个方面是关于加工过程技术。我们认为，亨利·福特在高地公园新工厂的流水线生产时期，即丰田在多数情况下，都不以大量增加设备的加工能力为重，而是注重按加工顺序布置加工设备（往往呈网格状布局），且使加工设备尽可能简化，甚至不惜以增加材料搬运工人为代价。这是我们提出的观点，但对此我们并未了解根本原因。福特在红河联合企业迷失了方向，就连丰田也不时左右摇摆，丰田在日本的Tahara组装厂和20世纪90年代在芝加哥的零部件配送仓库都是过度自动化的例子。一般的成功之道都强调，要尽可能地增加设备的加工能力和加工效力（丰田把这两项特性合并称为稳定性），尽可能地缩短整个生产过程的完成时间，但增加设备加工能力和加工效力会降低设备利用率。如果制造系统设计者以加速流动和消除浪费为着眼点，就可不断降低生产单位产品所需的资金投入和人工数量。

然而，在书中我们大胆预言，到20世纪末汽车生产过程中大部分直接人工将不复存在，这完全是我们在对所描述的精益生产方式理解不充分的情况下的臆想。实际上，1990年以来整车总装生产的自动化程度提高不大，零部件组装生产也如此。尽管理论上说机器人具有灵活性和按程序工作不走样的特点，但实际上训练有素的生产团队更具有灵活性和更加程序化。因此丰田总是在十分必要的情况下才提高自动化程度。

我们论述的第四点不同是关于工业融资的作用。1973年后住友银行成功挽救马自达的行为（结果证明只是暂时挽救）让我们印象深刻，而20世纪80年代美国金融机构极力拯救克莱斯勒时表现出的无计可施又让我们心灰意冷。我们据此得出结论，长期投资以日式企业集团的形式通过核心银行与众多行业形成紧密关系是工业金融的一次巨大进步。同时我们还信奉一种观点，企业及其供应商之间的相互参股即纵向日式企业集团（在供应集团中取代旧的纵向一体化的通用汽车模式）极大地促进了它们之间的协作关系。

《改变世界的机器》出版后不久，福特公司前董事长菲尔·考德威尔平静地告诉我们，如果企业的基本过程没有管理好，而金融家们又不大可能懂得它们业务之外的过程（除非是他们本行的企业），那么不管什么样的资金融通"系统"都没有多大差别。这是我们在20世纪90年代懂得的道理。更有甚者，目前日式企业集团内高额的金融储备金一般还会减弱金融家们对理顺问题企业基本过程这一艰苦工作的兴趣。

在20世纪90年代发展过程中，我们逐渐发现，把银行和其他金融机构与不同行业的工业企业网联系在一起的连锁日本股权，常常成为进行必要改革的一个障碍。因此，横向日式企业集团在创造价值的有效性方面，看起来与西方20世纪70年代和20世纪80年代的联合大企业不分伯仲。

如此说来，像丰田和日产供应商集团这样的纵向日式企业集团又如何呢？在日产，对表现欠佳的供应商进行改革是明显的事情，但日产却拖延到公司落入雷诺控制之下那灾难发生的一刻（这是我们1990年时无论如何也想不到的结果）才进行。而丰田的供应商集团却是丰田成功的重要组成部分。实际上，丰田向全球发展的最大障碍是找到与丰田传统供应商同样有着十足干劲的外国供应商，使他们加入到过程改善中来。

丰田和日产对供应商管理上的最大区别不在于供应商集团的结构，而在于丰田对供应商的每一个设计、生产和物流过程都进行严格的监管，每天都要提出有关业绩的严肃问题。与此相反，日产则像是创办了一所轻松自在的俱乐部，为了保持集团和谐而容忍不良业绩。当精益生产方式向全世界扩散的时候，我们仍然缺乏的是一种长久性的办法，这种办法应使同属相同产品价值流的公司和独立供应商一起认真完善整个价值流的业绩，而非其中某些部分的业绩。

除了上述综合性的问题之外，还有若干处细小的修改及解释也是有益的。由于15年来本书在商科和工科的学生和学者中拥有大量读者，因此理应提供一个简明勘误表，以供那些对精益生产方式的微小细节感兴趣的人士参阅。

调试（Set-ups）：在第18～19页我们应该对调试问题说得更清楚些。我们指的是开始生产另一种编号的零部件时对生产设备所做的调试，而不是生产下一件相同编号零部件时对生产设备进给原材料所花费的时间和劳务。由于福特早年在高地公园新工厂时，这样的调试非常少，因而产生一些混淆，那时，大多数机器多少年来专门为某种无可选择的标准化产品生产单一编号的零部件，只是后来当福特需要用同一台高速加工机械生产多种编号产品时，才出现了调试问题，而福特在处理这个问题上进展不大。

快速换模（Quick changovers）：在第34～35页我们关于丰田著名的大型冲压机械3分钟换模的说法，时间上大约错了10年。后来遇到一些当初实现这一突破时就在现场的人，我们现在认为，在最大的冲压机械上的快速换模是到20世纪60年代后期才得以完善的。但是我们关于缩短调试时间的努力早于快速换模很多年的说法，并不受影响。

大野的学习过程（Ohno's learning process）：在第37页我们关于大野耐一去美国的时间也错了10年。我们现在知道，他在1955年前没有到过美国。他那个由紧邻的上游生产过程提供零部件"超市"的著名概念，是基于另外的旅游者对他的讲述以及他本人对当时在日美式超市的观察，而非他亲临美国日杂商店的直接见闻。

生产控制（Production control）：我们在第42～43页上解释了生产过程的不同环节是如何获得生产指令的，对此我们需要进行一些改善。称大野的生产控制系统为"准时生产"（JIT）或"恰当的零件、恰当的时间、恰当的数量"是非常准确的（近来使用相当普通的说法是"拉动"系统）。看板仅仅是指令卡的名称，是实现拉动的工具。指令卡的作用是告知从紧邻的上游零部件存放处取用物料，或是告知紧邻的上游生产过程补充生产零部件。

而大多数应用拉动的情况要复杂得多，既需要看板卡，也需要其他形式的信号来触发紧邻的上游生产过程。读者们因此可能没有在意我们在第42～43页表达的内容，总装厂把空零件箱送回到相隔很远的供应商处，作为供应商补充生产零部件的信号（当我们了解到大野在20世纪50年代实验过这种想法后才意识到不可行时，我们多少感到点安慰）。而目前发送看板就是发送电子信号，通常称之为电子看板。

这方面要做的最后一处改善位于紧接着的一个段落，我们说到大野的JIT消除了几乎所有库存。事实上，丰田的JIT远不是零库存系统，因为一些被丰田称为"标准库存"的库存仍然是每一个生产过程都需要的，特别是接近终端的生产过程。这一库存是与客户订单的波动性及上游生产工序的供货稳定性相协调的。尽管丰田在尽力平缓来自客户的订单，且上游生产过程是世界上最稳定的，适当的库存还是需要的。否则，客户需求的突增或某一上游生产工序发生意外不能按时供货都会令丰田的客户对他们按承诺时间供货的能力感到失望，这是绝对不能接受的事情。

然而接下来，丰田试图持续迫使整个生产系统通过改进来降低库存，这是丰田仍然坚持并不懈追求的事情。问题不在于要不要而在于如何不断地降低库存。许多想要精益化的企业已经知道，在减小订单波动性或提高上游生产稳定性之前，只是早早地把大部分库存消除掉，得到的将是害处，而不是好处。

平准化（Heijunka）：在第117～118页，我们对平准化的讨论只谈了问题的一半。平准化是与平衡每一天、每一周产量的总水平有关的，但是我们没有谈到在总产量稳定的情况下，多种产品混合生产的平衡问题，这往往是平准化的一项更加重要的任务。

举一个最简单的例子，老式的大规模生产企业以大致相等的比例生产A产品和B产品，那么该企业就会先生产一天、一周甚至一个月的A产品，然后再转为生产同样数量的B产品。由于每一种产品都是大批量生产，所以几乎不必进行任何设备调试，设备利用率很高，这是标准成本会计体系的基本规则（当然，隐性成本包括：生产系统中的额外库存、发现质量问题不及时、供货时间长等）。如果精益方法能使设备调试时间减少为零，就会以ABABABAB的顺序进行生产，从而不再有一拨一拨的订单送往上游工序，生产与实际十分接近，库存也降到最低。现实中，由于技术本身特性的缘故，往往还是需要一定的生产批量。精益生产企业希望尽可能地不断减小批量的规模，按客户需求对产品实行多批次小批量生产。

在细数我们新见解的最后，关于精益生产方式我们还要提出很重要的两点，这是我们以前没有涉及的：《改变世界的机器》几乎没有提供大规模生产企业如何转为能真正解决客户问题的精益企业的操作指南；也几乎没有对创建拉动、引入流动及针对浪费分析价值流的技术细节提供任何帮助。

这些题目对短小的后记来说太长了，难以述及。然而，《改变世界的机器》出版后的这些年，我们中的两位（丹尼尔·琼斯和詹姆斯·沃麦克）在后来的著作中详细地论述了这些问题。《精益思想》[1]（1996年第1版，2003年第2版）详细探究了将通用汽车那样大规模生产转变为丰田那样的精益企业所需的步骤，《精益解决方案》[2]（2005年）把创造价值过程的分析一直做到了消费者，分析表明，消费者为解决问题而进行的消费过程和供应者的供应过程的所有步骤都必须是同步的，然而目前难以做到。所幸的是，由丰田和其他精益企业首创的过程分析工具能够适于解决消费者和供应商两方面的问题。这三部分合起来形成了精益思想和精益实践的三部曲。

我们还以系列工作手册的形式论及了实施过程中的技术问题，这些工作手册分别由丹尼尔·琼斯领导的英国精益企业研究院和詹姆斯·沃麦克领导的美国精益企业研究院提供。与此同时，丹尼尔·鲁斯在麻省理工学院建立了工程系统部，这是一个跨学科机构，集合了与精益生产方式有关的学术和研究单位。

我们相信，我们后来的工作以及许多其他作者的工作已经提供了很多精益工具，以供显著改善产品设计、供应链管理、生产运作和客户关系之需。现在真正的问题是使管理者使用这些工具，我们希望本书的读者抓住这个机会。

---

[1][2] 本书中文版已由机械工业出版社出版。

注　释

前言

1. Alan Altshuler, Martin Anderson, Daniel Jones, Daniel Roos, and James Womack, *The Future of the Automobile*, Cambridge: MIT Press, 1984.

第1章

1. Peter Drucker, *The Concept of the Corporation*, New York: John Day, 1946.
2. 举例来说，参见福特汽车公司董事长哈罗德·波林1990年1月7日在 *Auto motive News* 杂志世界会议的报告中的预测，世界范围内汽车工业"供大于求"，在1990年将达到840万辆。
3. 对通用公司的一项精辟评估，见 Maryann Keller, *Rude Awakening: The Rise, Fall and Struggle for Recovery at General Motors*, New York: William Morrow, 1989.

第2章

1. 本节中关于伊夫林·埃利斯和他汽车的资料是根据伦敦科学博物馆的档案，其中包括记载有埃利斯开拓的报纸以及博物馆的工作人员为该馆内一辆1894年的潘哈德汽车所撰写的内部背景材料。
2. 关于潘哈德·勒瓦瑟公司的材料，根据 James Laux, *In First Gear: The French Auto Industry to 1914*, Liverpool: Liverpool University Press, 1976.
3. 1987年福特购买了阿斯顿马丁的大部分股份。同年，福特还收购了一家小型的英国跑车制造商AC公司。20世纪80年代，同被跨国汽车公司收购的一些其他手工制造商有莲花（被通用收购）、法拉利（被菲亚特收购）和兰博基尼（被克莱斯勒收购）。
4. 福特在1926年为《大不列颠百科全书》撰写的文章中提出了"大规模生产"这一名词。（13th edition, Suppl, Vol. 2, pp.821-823）当时很多人将这项技术称为"福特生产方式"。

5. 对于福特在工厂里所倡导的大规模生产，有两项研究报告极为有用。一项是 David Hounshell, *From the American System to Mass Production, 1800-1932*, Baltimore: Johns Hopkins University Press, 1984 年，特别是其中的第 6 章和第 7 章。另一项是 Wayne Lewchuk, *American Technology and the british Vehicle Industry* Cambridege: Cambridge University Press, 1987，特别是其中的第 3 章。除另外说明，本章内所述福特生产方式的起源均引自这两处。

6. 1919 年，福特高地公园工厂的整个汽车总装部门的资产仅为 3 490 美元（Lewchuk, *American Technology*, P.49）。

7. William Abernathy 总结了福特在 T 型车的生产期内削减售价的能力，见其所著 *The Productivity Dilemma: Roadblock to Innovation in the Automobile Industry,* Baltimore: Johns Hopkins University Press, 1978, p. 33.

8. *The Ford Manual*, Detroit: Ford Motor Company (no date), pp. 13, 14.

9. 这个调查引自 Daniel Raff, "Wage Determination Theory and the Five-Dollar Day at Ford," Ph. D. dissertation, Massachusetts Institute of Technology, 1987。这是一篇很有趣的关于福特生产方式社会影响的研究报告。

10. 这一失察可能说明为什么整个工厂的生产率并没有像总装线的生产率提高得那么多。见 Lewchuk, pp. 49-50。

11. Alfred D. Chandler, *The Visible Hand: The Managerial Revolution in American Business*, Cambridge: Harvard University Press, 1977.

12. 此处及随后关于福特的组织和经营情况的材料来自：Allan Nevins and Frank Ernest Hill, *Ford: The Times, the Man, the Company,* New York: Scribner's, 1954; Allan Nevins and Frank Ernest Hill, *Ford: Expansion and Challenge,* 1915-1932, New York: Scribner's, 1957; and Mira Wilkens and Frank Ernest Hill, *American Enterprise Abroad: Ford on Six Continents,* Detroit: Wayne State University Press, 1964. 关于美国的总装厂的具体资料引自内 Nevins and Hill, *Ford: Expansion and Challenge,* p. 256. 关于国外的总装厂数据则根据 Wilkens and Hill, Appendix 2.

13. 引自 Alfred P. Sloan, *My Years with General Motors,* Garden City, New York: Doubleday, 1963. 1946 年，彼得·德鲁克就开始编写《公司的概念》一书。这一年亨利·福特二世继承了他祖父的事业，阅读了此书，决定要以通用的形象来改造福特。

14. 对于大规模生产的工会主义，其逻辑的最好解释请参阅 Harry Katz, *Shifting Gears: Changing Labor Relations in the U.S. Automobile Industry*, Cambridge: MIT Press, 1985.

第 3 章

1. *Toyota: A History of the First 50 Years*, Toyota City: Toyota Motor Corporation, 1988, 该书对

丰田的历史提供了有用的概述。
2. 丰田总产量是根据 Toyota: A History, p. 491. 的数据计算的。丰田在 1937～1950 年间还曾生产了 129 584 辆货车，主要供军用。红河工厂的生产数字包括了在那里总装的 700 辆汽车以及福特公司交付给美国各地总装厂的 6 300 套散件。
3. Toyota: The First 30 Years, Tokyo: Toyota Motor Company, 1967, pp. 327-328 (in Japanese).
4. 为了精简，本文略去了创建丰田汽车的天才丰田喜一郎在概念上的许多贡献。他在 20 世纪 30 年代就有许多精辟的见地，其中一部分是他本人于 1929 年到底特律访问福特后所感悟的，这包括适时供应协调系统，但是 20 世纪 30 年代日本的动荡情况使他的大部分想法都无从实现。
5. 关于丰田汽车的发展以及精益生产的技术，见 Michael Cusumano, The *Japanese Automobile Industry: Technology and Management at Nissan and Toyota*, Cambridge: Harvard University Press, 1985.
6. 西口敏宏的博士论文集 "Strategic Dualism: An Alternative in Industrial Societies," Ph. D. dissertation, Nuffield College, Oxford University, 1989, pp. 87-90, 该文对于在美军占领日本期间实施新劳工法的后果有详细的分析。在日美关系中有许多极具讽刺意味之事，其一就是对劳资关系的新方式和工业金融的新制度，都是由对富兰克林·罗斯福总统新政抱有好感的美国占领军官员们施加于日本的。这位总统的类似措施在美国未能得到政治上的支持，在劳工法改革方面，反对罗斯福总统最为强烈且有效的就是阿尔弗雷德·斯隆和亨利·福特。
7. 丰田汽车和其他的汽车公司多年来都雇用了相当数量的临时工人，以便跟上不断增长的市场需求。由于不能确定是否持续这种市场需求，而拒不准予那些工人以终身雇用的身份。但是这种惯例到 20 世纪 70 年代就结束了，因为日本的公司坚信他们的发展是可以持续的，而非一时机遇使然。
8. 在 Michael Cusumano's *Japanese Automobile Industry* 一书前言中，对日本贸工部 20 年来改组汽车工业的努力及其失败的原因提供了简洁的说明。
9. 对大野耐一创新的细节有兴趣的读者可以直接参阅他本人的著作：Taiichi Ohno, *The Toyota Production System*, Tokyo: Diamond, 1978 (in Japanese). 门田安弘在大野耐一的帮助下用英文编写了 The Toyota Production System, Atlanta: Institute of Industrial Engineers, 1983.
10. 在本书第 6 章内还将谈到，这种体制的另一个关键问题在于设置了一种切实可行的簿记制度，如此可知厂内自制零部件的实际生产成本。而对于外部供应商来说，似乎往往是公司日常管理费用的任意分配使得"自制或外购"的决定变成有利于内部供应商的装模作样的舞弊议程。
11. 大野耐一和门田安弘在《丰田的生产系统》一书中，对这种体制给出了详细的解说。
12. 我们将车型定义为车身外部钢板与制造商的产品系列中的其他产品完全不同的汽车。

13. 对于他们所作的努力，详见神谷正太郎的 *My Life with Toyota*, Tokyo: Toyota Motor Sales Company, 1976.
14. 丰田汽车销售公司是在 1949 年的危机中，由丰田的银行家们坚持建立起来的。他们认为独立的销售公司不太可能像过去的体制那样作出过于乐观的销售预测，导致生产过剩。在过去的体制中，市场销售只是丰田下属的一个分部。的确，1949 年库存积压了大量滞销的产品，这种创伤促使丰田去思量如何建立一个没有库存的体制，而这种体制最终成为现实。20 世纪 80 年代后期，丰田汽车销售公司又重新与丰田汽车公司合并成为今天的丰田汽车。

第 4 章

1. 这是 20 世纪 70 年代初期镰田慧对丰田工厂工作条件的猛烈批评后的主要变化（*Japan in the Passing Lane: An Insiders Account of Life in a Japanese Auto Factory*, New York: Pantheon, 1982 (originally published in Japan in 1973.)）。在 20 世纪 60 年代初期，丰田的工人有 40% 以上是没有永久职务保证的临时工。到 1975 年全部临时工转为永久职工，这一情况持续到 1989 年。由于丰田竭力满足日本汽车需求的剧增，再次在雇用工人时不提供永久职务的保证。在第 9 章中我们将再次讨论有关需求波动为精益生产所带来的问题。
2. 在整个国际汽车计划项目和本书中我们使用由 J.D.Power 咨询公司这家专门研究消费者对汽车评价的美国公司所提供的有关产品质量的信息。但是，我们不采用目前在北美汽车广告中常规引用的"J.D. Power 缺陷数"。这种"J.D. Power 缺陷数"是用来表示整个汽车缺陷的。由于我们感兴趣的只在于制造系统中的一部分——总装厂的活动，我们从 J.D. Power 获得的数据，仅限于与总装厂活动直接有关的质量缺陷。特别是漏水、电线接头松、油漆瑕疵、钢板的损伤、外部和内部零部件不齐和吱吱嘎嘎的噪声。

   由于只在美国销售的汽车才有 J.D. Power 数据，对欧洲、日本和新兴工业国的工厂，我们所报告的质量数据比生产率数据和制造绩效的其他指标的美国要小。
3. 这是汽车行业中许多公开的对比生产率所采用的方法。例如，Harbour Associates, *A Decade Later: Competitive Assessment of the North American Automotive Industry, 1979-1989*, 1989.
4. 为充分解释我们的方法，读者可以参阅 John Krafcik, "A Methodology for Assembly Plant Performance Determination," IMVP Working Paper, October 1988.
5. 我们曾保证不公开有关工厂的名称，按逻辑引申开来，也不公开公司的名称。但是，20 世纪 80 年代福特工厂级绩效引人注目的改善，目前已众所周知，不予承认似不实际。

6. 邻近的供应商能够把高品质的零部件每一小时或两小时就直送总装线，这样做的好处巨大。在美国的日资工厂里，大多数零部件发送次数少得多，零部件到厂验收，然后把零部件转运到总装线的安装点上，仍需花费大量的劳力。

7. 这项调查结果在其他行业和许多调研中也同样正在得到证实。例如，Joseph Tidd, "Next Steps in Assembly Automation," IMVP Working Paper, May 1989, for a comparison of recent experience with automation in the automotive and electronics industries, and R. Jaikumar, "Post Industrial Manufacturing," *Harvard Business Review*, November/December 1986, pp. 69-76, for a study of flexible automation in machine shops and the watch industry.

8. 为了解调研的细节，请参阅 John Krafcik, "The Effect of Design Manufacturability on Productivity and Quality: An Update of the IMVP Assembly Plant Survey," IMVP Working Paper, January 1990.

9. 作为总装厂生产率和质量的预测，有关混合车型生产的复杂性和覆盖件下的复杂性细节，请参阅 John Krafcik and John Paul MacDuffie, "Explaining High Performance Manufacturing: The International Automotive Assembly Plant Study," IMVP Working Paper, May 1989.

10. 我们并非暗示福特没有最终将重新协商其死板的职务控制合同的计划。美国密歇根州韦恩总装厂的合同最近就重新按照小组概念的方向谈判过，作为福特把新的 Escort 汽车安排到这个总装厂的决策的先决条件。

11. 请参阅 Mike Parker and Jane Slaughter, "Managing by Stress: The Dark Side of the Team Concept," in ILR *Report*, Fall 1988, pp. 19-23, and Parker and Slaughter, *Choosing Sides: Unions and the Team Concept*, Boston: South End Press, 1988.

第 5 章

1. 克拉克小组的调查结果报告如下：

　　Kim B. Clark, W. Bruce Chew, and Takahiro Fujimoto, "Product Development in the World Auto Industry," Brookings Papers on Economic Activity, No. 3, 1987.

　　Takahiro Fujimoto, "Organizations for Effective Product Development: The Case of the Global Automobile Industry," Ph. D. thesis, Harvard Business School, 1989.

　　Kim B. Clark and Takahiro Fujimoto, "The European Model of Product Development: Challenge and Opportunity," IMVP Working Paper, May 1988.

　　Kim B. Clark and Takahiro Fujimoto, "Overlapping Problem-Solving in Product Development," in K. Ferdows, *Managing International Manufacturing*, Amsterdam: North Holland, 1989.

Kim B. Clark and Takahiro Fujimoto, "Product Development and Competitiveness," paper presented at the OECD Seminar on Science, Technology and Economic Growth, Paris, June 1989.

2. Takahiro Fujimoto, "Organization for Effective Product Development," tables 7.4 and 7.8
3. 他们的调查结果总结在：

Antony Sheriff, "Product Development in the Auto Industry: Corporate Strategies and Project Performance," master's thesis, Sloan School of Management, MIT, 1988.

Kentaro Nobeoka, "Strategy of Japanese Automobile Manufacturers: A Comparison Between Honda Motor Company and Mazda Motor Corporation," master's thesis, Sloan School of Management, MIT, 1988.

4. Clark and Fujimoto, "Product Development in the World Auto Industry," p. 755.
5. This example is based on material presented in Clark and Fujimoto, "Overlapping Problem-Solving in Product Development." 所提供的资料。
6. Clark and Fujimoto, "Overlapping Problem-Solving in Product Development," Table 2.
7. Clark and Fujimoto, "Product Development in the World Auto Industry," p. 765. In addition, although Clark and Fujimoto do not report data on this, the downtime during which a plant is not running at all during a model changeover is much briefer in lean-production plants.
8. 早期结果和采用的方法见：

Antony Sheriff, "The Competitive Product Position of Automobile Manufacturers: Performance and Strategy," IMVP Working Paper, May 1988.

Antony Sheriff and Takahiro Fujimoto, "Consistent Patterns in Automotive Product Strategy, Product Development, and Manufacturing Performance," IMVP Working Paper, May 1989.

9. Alfred P. Sloan, *My Years with General Motors*, Garden City, New York: Doubleday, 1963, p. 72.
10. This dilemma is one of those spelled out in William Abernathy, *The Productivity Dilemma: Roadblock to Innovation in the Auto Industry*, Baltimore: Johns Hopkins University Press, 1978.
11. 本节资料基于 Andrew Graves, "Comparative Trends in Automotive R&D," IMVP Working Paper, May 1987.
12. 这些数字更新了先前的 Andrew Graves, "Comparative Trends in Automotive R&D," and Daniel Jones, "Measuring Techno-logical Advantage in the World Motor Vehicle Industry," IMVP Working Paper, May 1988 中的数据。
13. 关于本领域内有关欧洲和美国成就的信息，请参阅 Andrew Graves, "Prometheus: A New Departure in Automotive R&D," IMVP Working Paper, May 1988, and Hans Klein,

"Towards a U.S. National Program in Intelligent Vehicle/Highway Systems," IMVP Working Paper, May 1989.
14. Perhaps the most interesting, among the vast outpouring of literature on the greenhouse effect, is James Lovelock, *The Ages of Gaia: A Biography of Our Living Earth*, New York: Norton, 1988.

第 6 章

1. Toshihiro Nishiguchi, "Competing Systems of Automotive Components Supply: An Examination of the Japanese 'Clustered Control' Model and the 'Alps' Structure," IMVP Working Paper, May 1987.
2. "供应商成本较低"是日本的竞争优势这一说法事实上混淆了两个问题。第一个问题是完成一系列工作所需要的工时数。正如我们将看到的，有充分的理由认为日本的供应商花费的人力要少得多，就和日本的总装厂设计汽车和总装零部件需要很少的人力一样。第二个问题是单位工时的成本。在日本曾经有一段时间，总装厂的工资和供应商体系中的水平相比差距极大。但是，西口敏宏最近指出（《战略二元论》，1989年牛津大学博士论文，第155-256页），这一差别到20世纪60年代已缩小到20%左右，恰巧与现今在美国的总装厂和供应商工资水平差别的总体水平相当。对于高度垂直整合的总装厂——通用就是明显的一例——相对于外购件比重大的竞争对手——例如克莱斯勒——这一工资差异的确仍会产生大的成本差别。
3. Richard Lamming, "The International Automotive Components Industry: Customer-Supplier Relationships, Past, Present, and Future," IMVP Working Paper, May 1987, provides a good historical overview of the changing relations between assemblers and suppliers in North America and Europe. 此文对北美和欧洲变化中的总装厂与供应商之间的关系做了全面的历史性概述。
4. 理查德·拉明记得10年前在捷豹的情况，当时公司曾要求他通过"节省他的薪水"来证明他的工作是合理的，也就是说，他要找到直接降低外购件成本的途径，降低的成本足够代替公司支付给他的金额。此外，大家都明白，下一次的晋升机会将留给降低成本成效最大的采购人员，这可能为他带来2～3倍的工资。直到最近，这仍是西方公司的采购部门中所用的典型方法。它使得牺牲长期的成本开支以及总装厂与供应商的关系而求得短期内挤压价格的体系制度化。
5. 这一节中的大部分材料取自国际汽车计划研究人员西口敏宏的研究结果：
    "Competing Systems of Automotive Component Supply," IMVP Working Paper, May 1987.

"Reforming Automotive Purchasing: Lessons for Europe," IMVP Working Paper, May 1988.

"Strategic Dualism," Ph.D. dissertation, Oxford University, 1989.

6. Richard Lamming, "The Causes and Effects of Structural Change in the European Automotive Components Industry," IMVP Working Paper, May 1989, pp. 22-23.
7. Toshihiro Nishiguchi, "Strategic Dualism," p. 210.
8. 关于该体系的全面说明请参阅 Nishiguchi, "Strategic Dualism," p. 191.
9. 作者对西格玛联合公司的 Richard Hervey 表示感谢，是他提醒作者注意到这点。
10. 西口敏宏"Strategic Dualism," p. 202.
11. 对于总装厂与供应商患难与共的众多例子，请参阅西口敏宏"Strategic Dualism," pp. 281-311.
12. 具体事例请参阅西口敏宏："Strategic Dualism," pp. 281-311.
13. 进入生产有关零部件的那片厂区。重要的是要记住，在日本，大多数供应商为多家总装厂工作，并且常常也为汽车行业以外的公司工作。为其他总装厂所做的工作是不受限制的。因为该供应商必须同样与那些公司保持紧密且保密的关系。
14. Konosuke Odaka, Keinosuke Ono, Fumihiko Adachi, "The Automobile Industry in Japan: A Study of Ancillary Firm Development," Oxford: Oxford University Press, and Tokyo: Kinokuniya, 1988, pp. 316-317.
15. 西口敏宏：《战略二元论》(*Strategic Dualism*)，第 203-206 页，提供了很多实例。
16. 值得注意的是各总装厂的做法泾渭分明。对于大多数较小零部件，如花冠基本车型的前轮盘式制动器卡钳，丰田指定两家或两家以上的供应商。相比之下，日产和本田对同一类零部件，例如所有前轮制动器卡钳、与好几家供应商保持联系。但是对于一个特定零部件，例如某个具体车型上用的前轮制动卡钳，日产和本田只有一家供应商供货。他们委托每家供应商生产一个特定零部件并对他们的表现进行比较。如果某家供应商有所懈怠，很容易将一部分订单转给另一个生产同类零部件的供应商。因此，实际上日产和本田的系统与丰田的系统作用一致。
17. Nishiguchi, "Competing Systems of Automotive Components Supply."
18. Takahiro Fujimoto, "Organizations for Effective Product Development," Table 7.1. Also see, Figure 6.3 in this chapter.
19. Nishiguchi, "Competing Systems of Automotive Components Supply," p. 15.
20. 理查德·拉明将其发现写入"Structural Options for the European Automotive Components Supplier Industry," IMVP Working Paper, May 1988; "The Causes and Effects of Structural Changes in the European Automotive Components Industry," IMVP Working Paper, 1989, and "The International Automotive Components Industry: The Next Best Practice for Suppliers," IMVP Working Paper, May 1989.

21. 这项调查是由波士顿大学管理学院的苏珊·黑尔珀（Susan Helper）完成的。她将调查结果写在"Supplier Relations at a Crossroads: Results of Survey Research in the U.S. Automobile Industry," Boston University School of Management Working Paper 89-26, 1989.
22. Richard Lamming, "Causes and Effects of Structural Change in the European Automotive Components Industry," pp. 22-23.
23. Toshihiro Nishiguchi, "Strategic Dualism," p. 197.。
24. Susan Helper, "Supplier Relations at a Crossroads," p. 7.
25. Helper, "Supplier Relations," p. 12.
26. Nishiguchi, "Strategic Dualism," pp. 116, 203, 204.
27. Helper, "Supplier Relations," Figure 7.
28. Nishiguchi, "Strategic Dualism," p. 218.
29. Helper, "Supplier Relations," Figure 7.
30. Helper, "Supplier Relations," p. 7.
31. Nishiguchi, "Strategic Dualism," pp. 313-347, and Nishiguchi, "Is JIT Really JIT?" IMVP Working Paper, May 1989.
32. John Krafcik, "Learning from NUMMI," IMVP Working Paper, September 1986; and Nishiguchi, "Strategic Dualism," p. 213.
33. Krafcik, "Learning from NUMMI," p. 32.
34. This section is based on Richard Lamming, "Causes and Effects of Structural Changes in the European Automotive Components Industry."
35. Takahiro Fujimoto, "Organizations for Effective Product Development," Table 7.1.
36. Lamming, "Causes and Effects," p. 39.
37. Lamming, "Causes and Effects," p. 43.

第 7 章

1. *Automotive News Market Data Book*, various years.
2. John J. Ferron, "NADA's Look Ahead: Project 2000," IMVP Working Paper, May 1988.
3. *Automotive News Market Data Book*, various years.
4. Calculated by the authors from *Automotive News Market Databook*, 1989 edition, p. 38.
5. John J. Ferron and Jonathan Brown, "The Future of Car Retailing," IMVP Working Paper, May 1989, and Jonathan Brown, "What Will Happen to the Corner Garage?" Brighton Polytechnic, Inaugural Lecture, 26 June 1988.
6. SRI International, *The Future for Car Dealerships in Europe: Evolution or Revolution?*,

Croydon, U.K.: SRI International, July 1986.

7. Ferron and Brown, "The Future of Car Retailing," p. 11.
8. Data supplied by Professor Garel Rhys of Cardiff Business School.
9. 本届汲取了法政大学下川浩一教授所做的工作，并参考了萨博公司 Jan Helling 所做的一项关于丰田销售系统的实例分析。
10. *The Automobile Inclustry: Japan and Toyota*, published by Toyota Motor Corporation, Tokyo.
11. Koichi Shimokawa, "The Study on Automotive Sales, Service and Distri- bution Systems and Its Further Revolution," IMVP Working Paper, May 1987.
12. Koichi Shimokawa, "The Study of Automotive Sales," p. 30; *Automotive News Market Data Book*, and Japan Automobile Manufacturers Association, *Motor Vehicle Statistics of Japan*, Tokyo: JAMA, 1989.
13. Ferron and Brown, "The Future of Car Retailing," pp. 4-5.
14. Ferron and Brown, "The Future of Car Retailing," p. 11, and private communication with Koichi Shimokawa.
15. 其他必要的变化是最近取消了对装有大排量发动机的汽车征收特别商品税（它曾使在在日本最畅销的此类大型进口汽车处于极为不利的境地）以及在巨大的国际压力下几家日本汽车厂商表示愿意通过他们自己的经销渠道销售进口汽车。例如本田最近开始通过它的弗农渠道在日本销售罗孚牌汽车。

第 8 章

1. Allan Nevins and Frank Ernest Hill, *Ford: Decline and Rebirth*, New York: Scribner's, 1963.
2. We are indebted to Maryann N. Keller of Furman Selz Mager Dietz and Birney for an explanation of the Japanese system of capital formation in the 1980s and for the specific figures cited.
3. For an excellent summary of the Ford Motor Company's foreign operations between 1905 and the early 1960s, see Mira Wilkens and Frank Ernest Hill, *American Business Abroad: Ford on Six Continents*, Detroit: Wayne State University Press, 1964. Unless otherwise indicated, the information on Ford's foreign operations cited here and in Chapter 9 is from this source.
4. Martin Adeney, *The Motor Makers: The Turbulent History of Britain's Car Industry*, London: Collins, 1988, p. 216.
5. 1990 年初，本田汽车销量实际上已经超过克莱斯勒。但更重要的是克莱斯勒也在大规模生产的微型厢式车与载货汽车，所以本田要在总产量上超过克莱斯勒还需采用一些必要措施。

第 9 章

1. Lawrence Seltzer, *A Financial History of the American Automobile Industry*, New York, 1928.
2. The material in this section is based on Wayne Lewchuk, *American Technology and the British Car Industry*, Cambridge: Cambridge University Press, 1988.
3. Lewchuk, *American Technology*, p. 153.
4. Lewchuk, *American Technology*, p. 155.
5. Lewchuk, *American Technology*, p. 157.
6. Mira Wilkens and Frank Ernest Hill, *American Industry Abroad: Ford on Six Continents*, Detroit: Wayne State University Press, 1964.
7. Thomas Husher, *American Genesis: A Century of Invention and Technological Enthusiasm*, New York: Penguin Books, 1989, p. 474.
8. 这张照片取自 David Hounshell, From the *American System to Mass Production, 1800-1932*, Baltimore: Johns Hopkins University Press, 1984, p. 320.
9. Quoted in Lewchuk, *American Technology*, p. 175.
10. Quoted in Lewchuk, *American Technology*, p. 176.
11. 这个词是卢查克创造的。
12. 欧洲大陆已经远远超越了英国的汽车工业，事实上，英国工业从没有完全实现大规模生产（直到 20 世纪 80 年代），并且在德国、法国以及意大利工业还没有与之竞争前就迅速没落了。
13. 这一资料引自"Cost of Building a Comparable Small Car in the U.S. and in Japan — Summary of Consultant's Report to the UAW."。这份摘要选自保密而详尽的研究报告，该研究是在咨询人员的协助下由福特公司和美国汽车工会完成的。
14. This quote is from Maryann N. Keller, *Rude Awakening*, pp. 87-88.
15. 在英国，日本公司只能限制在 11% 的市场份额，在法国则为 3%，在意大利，每年只能进口 2 000 辆日本汽车，而在西班牙则需要缴纳 40% 的关税。另外，在以德国和瑞典为主的其他一些"自由贸易"国家中已经定期多次声明，他们继续支持对日本汽车开放市场是以日本公司"适可而止"的行为为前提的，这实际上意味着日本公司的市场份额只能非常缓慢地增长，而且不能对这些国家的本国生产者构成严重威胁。
16. 在 1963 年、1964 年期间，克莱斯勒公司收购了鲁茨（英国）和西姆卡（法国），并把它们合并为欧洲克莱斯勒公司。1978 年，克莱斯勒公司把它卖给了标致集团。
17. J. J. Servan Schreiber, *The American Challenge*, New York: Atheneum, 1968.
18. 通用公司在 1990 年中，在田纳西州斯普林希尔开设了它新的土星综合企业。这是通用公司唯一且雄心勃勃的尝试，实施包括产品开发，协作厂协调等在内的全套精益生产技术，而且工厂将在铲除了旧式思维的"绿城"环境下开始生产。但对我们这项研究来讲，土星企业开办得太晚了，我们还无法在本书中加以评论．

19. 统计在北美的总装厂的完整数目时，应加上现代公司于 1989 年在魅北克布罗蒙特开设的年产 10 万辆的总装厂以及 1989 年大众公司在宾夕法尼亚州威斯特摩兰关闭的年产约为 25 万辆的总装厂（该厂随后卖给了索尼公司，转产电视机显像管）。经此调整后，北美汽车工业的总装能力将减少 15 万辆。

20. 由于世界经济形势的变化，日本的各工业部门都经受了萧条的磨难。钢铁工业和造船工业是 20 世纪 80 年代两个突出的案例。当经济萧条出现时，日本政府和工业界通过"萧条卡特尔"的机制表现出很强的产业重组和合理化的能力，该机制将某种产业和过剩能力有秩序地转移到其他部门，使相关工业部门共同分担萧条引起的财政困难。在日式企业集团中，宁可将过剩的生产能力和工人转移到兴旺的公司，而非永久性削减开支。不过，这种情况在汽车工业内还没有出现过。

21. 英国政府在非官方地解释这个做法的必要性时说，为了保证这些轿车在发运到法国或意大利时，没有被计入进口限制内。然而，政府还是意识到了当日本移植厂大量涌入英国时，罗孚以及英国福特的生产将下滑，同时英国零部件工业的命运也已受到了政府的关注。

第 10 章

1. 读者不应匆匆作出结论，认为韩国在国际市场竞争中气数已尽。虽然现代公司产品最初品质较差，但后来却得到了稳步的改善。直到 1989 年时，鲍尔对它评价的等级已接近世界平均水平。这表明，他们有吸取以往教训并迅速改进的愿望和能力。此外，韩国汽车企业已迅速成熟起来。其中一个企业引进了许多精益生产方式的技术，在 1989 年，仅需 25.7 小时即可完成我们所谓的普通型轿车的标准总装工序。如果考虑韩国的自动化程度相当低，那么这一工时水平与日本的平均工时水平已经相当接近了。这样，韩国的主要问题是能否在技术上独立于日本和美国，在即将形成的东亚地区中扮演一个稳定的角色。关于第一个问题，参照 Young-Suk Hyun, "A Technology Strategy for the Korean Motor Industry," IMVP Working Paper, May 1989.

2. 关于对墨西哥形势的评论，参看 James P. Womack, "The Mexican Motor Industry: Strategies for the 1990s," IMVP Working Paper, May 1989.

3. See the "Mexican Auto Decree" promulgated by the government December 19, 1989, in *Diario Official*.

4. 关于中国形势的评论，参看 Oiang Xue, "The Chinese Motor Industry: Challenges for the 1990s," IMVP Working Paper, May 1989.

5. 关于巴西形势的评论，参看 Jose Ferro, "Strategic Alternatives for the Brazilian Motor

Vehicle Industry in the 1990s," IMVP Working Paper, May 1989.

6. 国际汽车计划项目研究联系人乔斯·费罗参观了在马瑙斯的本田摩托车厂，该厂远在秘鲁边界的亚马孙河上游。他们征用一些原先毫无工业经历的农村移民，却能把精益生产方式贯彻到那样的程度，乔斯·费罗对此感到非常吃惊。这无疑是迄今为止进行精益生产方式试验最艰难的条件。这有力地证明：精益生产方式的基本思想是具有普遍性的。

7. 这种思想已被巴西和阿根廷正式接受，但时至今日，其国内的经济混乱延误了认真贯彻实施的进度。关于对阿根廷形势的评论，参考 Javiar Cardozo, "The Argentine Automotive Industry: Some Unavoidable Issues for a Re-entry Strategy," IMVP Working Paper, May 1989.

8. 这种汽车最终于 1990 年中期进入美国市场。

结语

1. 关于大批量生产方式对欧洲思想冲击的评论请见 Thomas Hughes, *American Genesis: A Century of Invention and Technological Enthusiasm*, New York: Penguin Books, 1989, particularly Chapter 6, "Taylorismus + Fordismus = Amerikanismus," and Chapter 7, "The Second Discovery of America."

附 录

附录 A 国际汽车计划赞助机构

AKZO nz
Australia—Department of Industry, Technology and Commerce
Automotive Industry Authority of Australia
Canada—Department of Regional Industrial Expansion
Chrysler Motors Corporation
Commission of the European Communities
Committee of Common Market Automobile Constructors
Daimler-Benz AG
Du Pont de Nemours & Co. Automotive Products
Fiat Auto SpA
Ford Motor Company
General Motors Corporation
Japan Automobile Manufacturers Association
Japan Automotive Parts Industry Association
Mexican Association of the Automobile Industry
Mexican Autoparts National Industry Association
Montedison Automotive Corporate Group
Motor and Equipment Manufacturers Association
Motorola, Inc.
Ontario—Ministry of Industry, Trade and Technology
Peugeot, SA
Quebec—Ministry of Industry and Commerce
Regie Nationale des Usines Renault
Robert Bosch GmbH
Rover Group
Saab Car Division
Swedish National Board for Technical Development
China—Competent Department of Economic Affairs of Taiwan

TRW Automotive
United Kingdom—Department of Trade and Industry
United Kingdom—Economic and Social Research Council
United States—Department of Commerce
United States—Department of Transportation/NHTSA
United States—Office of Technology Assessment
Volkswagen AG
Volvo Car Corporation

附录 B　国际汽车计划研究人员

Caren Addis, MIT
Jonathan Brown, Brighton Business School—United Kingdom
Javier Cardozo, University of Sussex—United Kingdom
Matts Carlsson, Chalmers University of Technology—Sweden
Al Chen, MIT
Joel Clark, MIT
Kim Clark, Harvard Business School
Michael Cusumano, MIT
Dennis DesRosiers, DesRosiers Automotive Research—Canada
Jose Roberto Ferro, Universidad Federal de Sao Carlos—Brazil
John Ferron, JD Power and Associates
Frank Field, MIT
Takahiro Fujimoto, Harvard Business School
Lars-Erik Gadde, Chalmers University of Technology—Sweden
Andrew Graves, University of Sussex—United Kingdom
Susan Helper, Boston University
Gary Herrigel, MIT
John Heywood, MIT
Young-suk Hyun, Han Nam University—Korea
Masayoshi Ikeda, Chuo University—Japan
Daniel Jones, Cardiff Business School—United Kingdom
Trevor Jones, MIT Senior Advisor
Christer Karlsson, European Institute for Advanced Studies in Management—Belgium
Harry Katz, Cornell University
Hans Klein, MIT
Thomas Kochan, MIT
John Krafcik, MIT
Donald Kress, MIT Senior Advisor
Richard Lamming, Brighton Business School—United Kingdom
Richard Locke, MIT
John Paul MacDuffie, MIT
Dennis Marler, MIT
Lars-Gunnar Mattsson, Stockholm School of Economics—Sweden
Noah Meltz, University of Toronto—Canada

Gian Federico Micheletti, Politecnico di Torino—Italy
Roger Miller, University of Quebec—Canada
Toshihiro Nishiguchi, MIT
Kentaro Nobeoka, MIT
John O'Donnell, MIT
Taku Oshima, Osaka City University—Japan
David Ragone, MIT Senior Advisor
David Robertson, MIT
Daniel Roos, MIT
Charles Sabel, MIT
Shoichiro Sei, Kanto Gakuin University—Japan
Luba Shamrakova, MIT
Antony Sheriff, MIT
Haruo Shimada, Keio University—Japan
Koichi Shimokawa, Hosei University—Japan
Joseph Tidd, University of Sussex—United Kingdom
Konomi Tomisawa, Long-Term Credit Bank—Japan
Kung Wang, Central University of Taiwan—China
James Womack, MIT
Victor Wong, MIT
Qiang Xue, MIT

附录 C 国际汽车计划政策论坛参加人员

UMBERTO AGNELLI—Chairman, Fiat Auto SpA
SHOICHI AMEMIYA—Director General, Nissan Mexicana, S.A. de C.V., Mexico
JOHN BANIGAN—Director General, Automotive, Marine and Rail Branch (FAMR), Department of Regional Industrial Expansion, Government of Canada
THEODORE BARDOR—President of Board of Directors, TEBO, S.A. de C.V. and TEBO Group, Mexico
T. R. BEAMISH—Chairman, The Woodbridge Group, Canada
FERNAND BRAUN—Director General for Internal Market and Industrial Affairs, Commission of the European Communities
GIANCARLO BERETTA—Director, Automotive Corporate Group, Montedison
STEPHEN BOWEN—Assistant Secretary, Department of Trade and Industry, U.K.
MICHAEL CALLAGHAN—Manager, Business Strategy, Ford of Europe, U.K.
CARLOS CALLEJA PINEDO—Chairman of the Board, Mac Electronica, S.A. de C.V., Mexico
MAURICIO DE MARIA Y CAMPOS—Subsecretaria de Fomento Industrial, Secretario de Comercio y Fomento Industrial, Government of Mexico
FRANÇOIS CASTAING—Vice President, Vehicle Engineering, Chrysler Corporation
JAY CHAI—Executive Vice President, C. Itoh & Co. (America) Inc.

* Titles of individuals are shown as they were at the time of participation in IMVP.

附　录　257

CHEN ZUTAO—Chairman, China National Automotive Industry Corporation, People's Republic of China
JUNE-SUK CHOO—Director, Industrial Policy Division, Ministry of Trade and Industry, Republic of Korea
MICHAEL COCHLIN—Under Secretary, Department of Trade and Industry, U.K.
ROBERT DALE—Managing Director, Automotive, Lucas Industries plc, U.K.
MICHAEL DRIGGS—Special Assistant to the President for Policy Development, The White House, Washington, D.C.
MANUEL DE LA PORTILLA—Director, Comercial Transmisiones y Equipos Mecanicos, S.A. de C.V., Mexico
JOHN EBY—Executive Director, Corporate Planning Office, Ford Motor Company
DONALD EPHLIN—Vice President, International Union, UAW
GUSTAVO ESPINOSA CARBAJAL—Director General, Fabrica de Autotransportes Mexicana, S.A. de C.V., Mexico
CESAR FLORES—Executive President, Asociacion Mexicana de Industria Automotriz, Mexico
JOSE ANTONIO FREIJO—Group Director, Finishes Division, Du Pont, S.A. de C.V., Mexico
PETER FRERK—Member of the Board of Management, Volkswagen AG
JULIO ALFREDO GENEL GARCIA—Director General of Industry, Secretaria de Comercio y Fomento Industrial, Government of Mexico
VITTORIO GHIDELLA—President and Chief Executive Officer, Fiat Auto SpA
ALEXANDER GIACCO—Vice President and Chief Executive Officer, Montedison SpA
JOHN GILCHRIST—Director Ejecutivo de Finanzas, Chrysler de Mexico, S.A.
KATHERINE GILLMAN—Deputy Project Director, Office of Technology Assessment, U.S. Congress
GORDON GOW—Deputy Minister, Ministry of Industry, Trade and Technology, Government of Ontario, Canada
JOHN GRANT—Executive Director, Corporate Strategy Staff, Ford Motor Company
DONALD GSCHWIND—Executive Vice President, Product Development, Chrysler Corporation
HENRIK GUSTAVSSON—Vice President, Technical Relations, Saab-Scania AB, Sweden
MICHAEL HAMMES—Vice President, International Operations, Chrysler Corporation
MICHAEL HAWLEY—Business Planning Associate, Ford of Europe, U.K.
HIROSHI HAYANO—President of Honda of Canada Manufacturing, Inc.
KAN HIGASHI—President, New United Motor Manufacturing, Inc.
LOUIS HUGHES—Vice President and Chief Financial Officer, General Motors Europe AG
MARTIN JOSEPHI—Presidente del Consejo Ejecutivo, Volkswagen de Mexico, S.A. de C.V., Mexico
KENICHI KATO—Director, Member of the Board, Toyota Motor Corporation
YOSHIKAZU KAWANA—Member of the Board of Directors, Group Director, Europe Sales, Nissan Motor Co., Ltd.
MARYANN KELLER—Vice President, Furman Selz Mager Dietz & Birney

JEAN-PIERRE KEMPER—Director General, Automagneto, S.A. de C.V., Mexico
ALEXANDER VON KEUDELL—Vice President, TRW, Inc., Federal Republic of Germany
JOHN KIRSCHEN—External Relations Department Director, Fiat Group Delegation with the European Community
SHOHEI KURIHARA—Senior Managing Director, Toyota Motor Corporation
MICHEL LASALLE—Assistant Deputy Minister, Ministry of Industry and Commerce, Government of Quebec, Canada
PATRICK LAVELLE—Deputy Minister, Ministry of Industry, Trade and Technology, Government of Ontario, Canada
RAYMOND LEVY—Chairman and Chief Executive Officer, Regie Nationale des Usines Renault
JOHN LEWIS—Managing Director-Designate, E. I. du Pont de Nemours & Co., Inc.
CARLOS MADRAZO—President, Corporacion Industrias Sanluis, S.A. de C.V., Mexico
JUAN IGNACIO MARTI—Director General of the Automotive Industry, Secretaria de Comercio y Fomento Industrial, Government of Mexico
GIAN PAOLO MASSA—Senior Vice President, Strategic Marketing, Fiat Auto SpA
KEN MATTHEWS—Assistant Secretary, Automotive and Chemicals, Department of Industry, Technology and Commerce, Government of Australia
SADAO MATSUMURA—Senior Managing Director, General Manager, International Operations, Akebono Brake Industry Co., Ltd.
JOHN MCANDREWS—Group Vice President, Automotive Products, E. I. du Pont de Nemours & Co., Inc.
EMILIO MENDOZA SAEB—General Director, Direcspicer S.A. de C.V., Mexico
HANS MERKLE—Chairman, Supervisory Board, Robert Bosch GmbH
PARVIZ MOKHTARI—Corporate Vice President and Assistant General Manager, Motorola, Inc.
HEINRICH VON MOLTKE—Director, Directorate General III Internal Market and Industrial Affairs, Commission of the European Communities
HIROSHI MORIYOSHI—President, Mazda R&D of North America, Inc.
HUMBERTO MOSCONI CASTILLO—Chief Executive Officer and Director General, Diesel Nacional, S.A., Mexico
KARL-HEINZ NARJES—Vice President, Commission of the European Communities
RICHARD NEROD—President and Managing Director, General Motors Mexico
YASUSADA NOBUMOTO—Chairman, Japan Auto Parts Industries Association
ROLANDO OLVERA—President, Industria Nacional de Autopartes, Mexico
WILLIAM PAZ CASTILLO—Automotive Director, Ministry of Development, Government of Venezuela
FRANÇOIS PERRIN-PELLETIER—Secretary General, Committee of Common Market Automobile Constructors
WOLFGANG PETER—Senior Director, Car Division, Daimler-Benz AG
GONZALO PEREYRA—Vice President, Champion Interamericana, Ltd. Bujias Champion de Mexico, S.A. de C.V.
KARL H. PITZ—c/o IG Metall, Federal Republic of Germany
WILLIAM RAFTERY—President, Motor and Equipment Manufacturers Association

Gregorio Rampa—Chairman, ANFIA, Italy
Herman Rebhan—General Secretary, International Metalworkers Federation, Switzerland
Erick Reickert—President and Managing Director, Chrysler Mexico, S.A.
Robert Reilly—Executive Director, Corporate Strategy Staff, Ford Motor Company
Pedro Ruiz Mendoza—Executive Vice President, Condumex Automotive, Grupo Condumex, Mexico
Gustav Rydman—Director, Policy and Industrial Development, Saab-Valmet AB, Finland
Fernando Sanchez Ugarte—Secretaria de Comercio y de Fomento Industrial, Government of Mexico
Dominique Savey—Director, Plans and Products, Peugeot S.A.
Nicholas Scheele—President and Managing Director, Ford Motor Company of Mexico
Louis Schweitzer—Executive Vice President, Finance and Planning, Regie Nationale des Usines Renault
William Scales—Chairman, Automotive Industry Authority of Australia
Gerhard Schulmeyer—Senior Vice President, General Manager, Automotive and Industrial Electronics Group, Motorola, Inc.
Hyun Dong Shin—Executive Advisor, Hyundai Motor Co.
Werner Siebert—Chief Economist, Volkswagen AG
Clemente Signoroni—Senior Vice President, Corporate Development and Controller, Fiat SpA
John Smith, Jr.—President, General Motors Europe AG
John Stephenson—Rover Group
Hideo Sugiura—Advisor, Honda Motor Company, Ltd.
Takao Suzuki—Chief, Automotive Section, Machinery and Information Bureau, Ministry of International Trade and Industry, Japan
Carl-Olof Ternryd—Association of Swedish Automobile Manufacturers and Wholesalers
Shoichiro Toyoda—President, Japan Automobile Manufacturers Association
Peter Turnbull—Managing Director, Lex Service plc, U.K.
Daniele Verdiani—Director, Commission of the European Communities
Roger Vincent—Managing Director, Bankers Trust Company
Robert Watkins—Deputy Assistant Secretary, Automotive Affairs and Consumer Goods, U.S. Department of Commerce
Dan Werbin—Executive Vice President, Volvo Car Corporation
Robert White—President, CAW-TCA Canada
Marina Whitman—Vice President and Group Executive, General Motors Corporation
Jack Withrow—Executive Vice President, Product Development, Chrysler Corporation
Shigenobu Yamamoto—Chairman, Hino Motors, Ltd.
Yang Lincun—Official of Department of Science and Technology Policy, State Science and Technology Commission, People's Republic of China
Yang Shih-Chien—Official of Competent Department of Economic Affairs of Taiwan, China
Taizo Yokoyama—Director, Deputy Executive General Manager, Office of the

President, Mitsubishi Motors Corporation
CARLOS ZAMBRANO—Executive Director, Grupo Industrial Ramirez, S.A., Mexico
ENRIQUE ZAMBRANO—General Director, Metalsa, Mexico
ZHU SUI YU—China National Automotive Industry Corporation, People's Republic of China

国际汽车计划成员

HANS AHLINDER—Project Manager, Purchasing, Volvo Car Corporation
PIERO ALESSIO—Fiat Auto SpA
DAVID BECK—Managing Director, Lex Retail Group Ltd, U.K.
MAUREEN BEARD-FREEDMAN—Senior Policy Analyst, Department of Regional Industrial Expansion, Government of Canada
AL BOSLEY—Chief Engineer, Engineering Program Planning, Chrysler Corporation
LAURETTA BORSERO—Manager, Strategic Planning, Fiat Auto SpA
CHEN, LIZHI—Senior Engineer, China National Automotive Industry Corporation, People's Republic of China
HARRY COOK—Director, Automotive Research, Chrysler Corporation
MICHAEL DUBE—Senior Consultant, Automotive, Ministry of Industry, Trade and Technology, Government of Ontario, Canada
NEBOJSA DIVLJAN—Director of Strategic Planning, Zastava, Yugoslavia
ELIE FARAH—Industrial Consultant, Ministry of Industry and Commerce, Government of Quebec, Canada
MICHAEL FINKELSTEIN—Associate Administrator for Research and Development, National Highway Traffic Safety Administration, U.S.A.
ROBERT FITZHENRY—Vice Chairman, The Woodbridge Group, Canada
MONTGOMERY FRAZIER—Director, Sales and Marketing, TRW Automotive
SHELDON FRIEDMAN—Research Director, International Union, UAW
GERMAINE GIBARA—Alcan Ltd., Canada
SAM GINDIN—Assistant to the President, Canadian Auto Workers Union
SHINICHI GOTO—Group Manager, Toyota Motor Corporate Service of North America
BASIL HARGROVE—Assistant to the President, Canadian Auto Workers Union
CLAES-GORAN HELANDER—Quality Manager, Volvo Passenger Cars AB
JAN HELLING—Manager, Corporate Strategy, Saab Car Division, Saab-Scania AB
MARK HOGAN—New United Motor Manufacturing, Inc.
JOHN HOLLIS—Assistant Secretary General, Committee of Common Market Automobile Constructors
DAIROKU HOSOKI—Senior Executive Vice President, Corporate Liaison, Subaru of America, Inc.
JEAN HOUOT—Deputy Director for Long-Range Planning, Peugeot, S.A.
CANDACE HOWES—International Union, UAW
HANS-VIGGO VON HULSEN—Secretary General and Chief Foreign Law Department, Volkswagen AG
ALONSO IBANEZ Y DURAN—Executive Vice President, Industria Nacional de Autopartes, Mexico

TSUTOMU KAGAWA—Associate Director, Japan Automobile Manufacturers Association
STUART KEITZ—Director, Office of Automotive Industry Affairs, U.S. Department of Commerce
REMI KELLY—Head, Automotive Division, Ministry of Industry and Commerce, Government of Quebec
SUNGSHIN KIM—Chief Engineer, In-One Development Corporation, Republic of Korea
MINORU KIYOMASU—General Manager, Tokyo Research Dept., Toyota Motor Corp.
REIJIRO KUROMIZU—Assistant Corporate General Manager, Office of International Affairs, Mitsubishi Motors Corp.
GEORGE LACY—President, Ontario Centre for Automotive Parts Technology, Canada
BOERJE LENAS—Principal Administration Officer, Planning Department, Swedish National Board for Technical Development
MANUELA LeROY—Assistant Secretary, Japan Automobile Manufacturers Association, Paris, France
ED LEVITON—Senior International Economist, Motor Vehicle Division, U.S. Department of Commerce
LI SHOUZHONG—Director, Administrative Office, China National Automotive Industry Corporation, People's Republic of China
LI YIN HUAN—Vice Chairman, China National Automotive Industry Corporation, People's Republic of China
MARVIN MILLER—Senior Research Scientist, Department of Nuclear Engineering and Center for International Studies, MIT
MUSTAFA MOHATAREM—Director of Trade Analysis, General Motors Corporation
ALFRED MOUSTACCHI—Vice President of Planning and Control of Investments, Regie Nationale des Usines Renault
MARTIN NONHEBEL—Vehicles Division, Department of Trade and Industry, U.K.
INDRA NOOYI—Director, Corporate Strategy, Motorola, Inc.
JUDITH O'CONNELL—Business Policy Analyst, Automotive Industry Authority of Australia
CHARLES OU—Official of Competent Department of Economic Affairs of Taiwan, China
ROGERS PEETERS—Head of Division, Internal Market and Industrial Affairs, Commission of the European Communities
CARLOTA PEREZ—Planning Office, Ministry of Industry, Government of Venezuela
MARY POWER—Vice President, Bankers Trust Co.
DORIAN PRINCE—Internal Market and Industrial Affairs, Commission of the European Communities
GUALBERTO RANIERI—Vice President, Corporate Communications, Fiat USA Inc.
DAVID REA—Director, Technology and Planning, E. I. du Pont de Nemours & Co., Inc.
GORDON RIGGS—Director, Strategic Studies, Corporate Strategy Staff, Ford Motor Company
STEPHEN ROGERS—Director of Planning, Magna International, Inc., Canada
YOSHIAKI SAEGUSA—Vice President, Nissan Motor Co., Ltd. Head, Washington

Corporate Office

ROBERT SAMARCQ—Assistant Secretary, Automotive, Electrical Equipment, and Consumer Products Branch, Department of Industry, Technology and Commerce, Australia

SHINICHI SETO—Manager, Operations Support Dept., Parts and Accessories Division, Hino Motors, Ltd.

SHEN XIJIN—Senior Engineer, Information Division, China National Automotive Industry Corporation, People's Republic of China

SHI DINGHUAN—Department of Industry Technology, State Science and Technology Commission, People's Republic of China

MORIHARU SHIZUME—General Director, Japan Automobile Manufacturers Association, Paris, France

SLAWEK SKORUPINSKI—Director, Automotive Directorate, Department of Regional Industrial Expansion, Government of Canada

MARK SNOWDON—Booz Allen and Hamilton, Paris, France

STEPHEN SODERBERG—Partner, Wellington Management Co.

NICOLE SOLYOM-DEMESMAY—Deputy Secretary General, Committee of Common Market Automobile Constructors

RICHARD STROMBOTNE—U.S. National Highway Traffic Safety Administration

TAKEO TAKAMI—Deputy General Manager, International Planning Office, Honda Motor Company, Ltd.

SEIJI TANAKA—Director and General Manager, Mazda Motor Corporation Europe, R&D Representative Office, Federal Republic of Germany

SHINICHI TANAKA—Assistant to the Senior Vice President, Corporate Public Relations, American Honda Motor Co., Inc.

BENGT TIDHULT—Principal Program Manager, Swedish National Board for Technical Development

JAMES TRASK—Director, Competitive Analysis, Economics Staff, General Motors Corporation

FRED TUCKER—General Manager, Automotive and Industrial Electronics Group, Motorola, Inc.

YOSHINORI USUI—Assistant General Manager, Corporate Planning and Research Office, Toyota Motor Corporation

GERARDO LOPEZ VALADEZ—Director de la Industria Automotriz y Coordinacion, Secretaria de Comercio y Fomento Industrial, Government of Mexico

STEPHEN WALLMAN—Chief Engineer, Powertrain, Volvo Car Corporation

AL WARNER—Director, Motor Vehicles Division, Office of Automotive Industry Affairs, U.S. Department of Commerce

FRANK WHELAN—Chief Engineer, Engineering, Resources Planning and Control, Chrysler Corporation

JOHN WILLIAMSON—Business Planning Associate, Corporate Strategy Office, Ford Motor Co.

DAVID WORTS—General Manager, Japan Automobile Manufacturers Association (Canada)

MICHAEL WYNNE-HUGHES—Executive Director, Automotive Industry Authority of Australia

KENICHI YAMASHIRO—General Manager, Research Group, Office of Corporate Planning, Mazda Motor Corp.

TOSHIAKI YOSHINO—General Manager, Secretariat, Hino Motors, Ltd.

鸣　　谢

以一个重大研究过程中的发现为基础的写作，与利用许多不同技术和制造工艺开发一辆新车一样，都会呈现许多相同的问题：它们特别需要一个紧密合作的项目团队、清晰易懂的领导力、许多专家愿意把个人的知识和洞察力贡献给团队的成果。

国际汽车计划项目的三位高级经理詹姆斯·P.沃麦克、丹尼尔·T.琼斯和丹尼尔·鲁斯领导团队完成了这本书。他们得到了国际汽车计划项目经理约翰·奥唐纳（分享了他在汽车工业大量的知识）和国际汽车计划项目秘书安·罗伯瑟姆（在五年的时间里掌握了复杂项目的每个细节）的日常帮助。

团队的其他成员包括我们的编辑顾问唐娜·卡朋特及其副手艾比·所罗门，我们的文学代理海伦·里斯和我们在罗森协会的编辑埃莉诺·罗森。

对于我们中的每一位而言，这项工程有时是尝试，但最终是富有回报的体验。沃麦克、琼斯和鲁斯从未为大众写作过。同时，在商业出版界有着经年累月经验的卡朋特、里斯和罗森在初期发现学术界的许多习惯都稀奇古怪甚至不可理喻。最后，我们都从彼此受益匪浅。我们希望这个混合物——基于严谨研究项目，但是针对大众——反映了两个截然不同文化的成功融合。

如果没有国际汽车计划研究成员极其慷慨大方地免费分享他们的知识，所有的一切都会是水中月、镜中花。由于我们三位把文字写在纸上，我们成为了本书的作者。但是，这确是来自许多背景和国家成员的集体努力。我们极力在书中、注释中相关之处感谢他们的贡献。读者要时刻记得本书是真正集体努力的结晶，如同在"精益"的汽车公司开发一辆新车。

丹尼尔·鲁斯，国际汽车计划主任
丹尼尔·T.琼斯，国际汽车计划欧洲主任
詹姆斯·P.沃麦克，国际汽车计划研究主任

关于作者

詹姆斯·P. 沃麦克，位于美国马萨诸塞州剑桥市的非营利教育和研究机构精益企业研究所（www.lean.org）的高级顾问和创始人。

丹尼尔·T. 琼斯，英国古德里奇市非营利教育和研究机构精益企业学会（www.leanuk.org）主席。

丹尼尔·鲁斯，美国麻省理工学院机械系系统分部创始人，日本钢铁工业工程教授。

如果你今年读一本有关商业的书，这将是一本使你获益最多的书

这本书第一次揭示了……

- 日本人如何能在全球的汽车大战中脱颖而出。
- 他们的秘密武器：第一次在本书中得到深度介绍的称之为精益生产的制造方法。
- 没有实施精益生产如何导致美国和欧洲的汽车生产商逐渐失去了优势。
- 西方一些聪明的公司如何开始采纳精益生产。
- 各地的工业必须从精益生产中学到什么。
- 精益生产如何不仅改变制造产品的方法，而且改变了公司和国家的命运，我们如何生活、工作和思考。
- 全球各个国家的首席执行官、各级的经理和工人，以及政府官员、工会领导、在金融界的就业者和消费者，能从这份深度的研究报告中学到什么……

精益思想丛书

ISBN	书名	作者
978-7-111-49467-6	改变世界的机器：精益生产之道	詹姆斯 P. 沃麦克 等
978-7-111-51071-0	精益思想（白金版）	詹姆斯 P. 沃麦克 等
978-7-111-54695-5	精益服务解决方案：公司与顾客共创价值与财富（白金版）	詹姆斯 P. 沃麦克 等
7-111-20316-X	精益之道	约翰·德鲁 等
978-7-111-55756-2	六西格玛管理法：世界顶级企业追求卓越之道（原书第2版）	彼得 S. 潘迪 等
978-7-111-51070-3	金矿：精益管理 挖掘利润（珍藏版）	迈克尔·伯乐 等
978-7-111-51073-4	金矿Ⅱ：精益管理者的成长（珍藏版）	迈克尔·伯乐 等
978-7-111-50340-8	金矿Ⅲ：精益领导者的软实力	迈克尔·伯乐 等
978-7-111-51269-1	丰田生产的会计思维	田中正知
978-7-111-52372-7	丰田模式：精益制造的14项管理原则（珍藏版）	杰弗瑞·莱克
978-7-111-54563-7	学习型管理：培养领导团队的A3管理方法（珍藏版）	约翰·舒克 等
978-7-111-55404-2	学习观察：通过价值流图创造价值、消除浪费（珍藏版）	迈克·鲁斯 等
978-7-111-54395-4	现场改善：低成本管理方法的常识（原书第2版）（珍藏版）	今井正明
978-7-111-55938-2	改善（珍藏版）	今井正明
978-7-111-54933-8	大野耐一的现场管理（白金版）	大野耐一
978-7-111-53100-5	丰田模式（实践手册篇）：实施丰田4P的实践指南	杰弗瑞·莱克 等
978-7-111-53034-3	丰田人才精益模式	杰弗瑞·莱克 等
978-7-111-52808-1	丰田文化：复制丰田DNA的核心关键（珍藏版）	杰弗瑞·莱克 等
978-7-111-53172-2	精益工具箱（原书第4版）	约翰·比切诺等
978-7-111-32490-4	丰田套路：转变我们对领导力与管理的认知	迈克·鲁斯
978-7-111-58573-2	精益医院：世界最佳医院管理实践（原书第3版）	马克·格雷班
978-7-111-46607-9	精益医疗实践：用价值流创建患者期待的服务体验	朱迪·沃思 等